Venture Business

ベンチャー ビジネス総論

イノベーションによる成長経営戦略

宮脇敏哉 著

税務経理協会

まえがき

　2009年度は経済状況が乱高下し，非常に厳しい年度であった。2008年9月のリーマンショックから2009年4月のトヨタショック，さらに，11月にはドバイショックと「スリーショック」の経済状況であった。世界を見渡すと日本の株式市場だけが，低迷を続けている状態である。このような状況から，早く脱出するにはベンチャービジネスにおける定義「果敢に挑戦する先端技術開発型企業および新ビジネスモデル型企業」の起業家育成が要諦であると考える。

　2009年度の新潟県起業家育成事業において筆者が責任者を務めるコンソーシアムが始動した。起業家育成プログラムとしては，小学生，中学生教育からスタートして高校生，大学生と段階を通して起業家育成をする。そして，大学生に対するアントレプレナー教育がスタートした段階でNPO法人を起業して，アントレプレナーが起業する際のサポート体制を構築する。起業時には，できるだけ株式会社を設立させる。事業内容を評価していただける中越地域企業，県内各地域企業に出資をしていただき将来のIPO企業を育成し，地域の雇用創出に繋げたいと考える。

　これまでに各地のインキュベーション施設を見学して，実際に行われている起業教育を修得している。起業を行う時のテーマ設定が重要であると思う。神奈川サイエンスパーク（川崎市）における光科学産業創造とアントレプレナー教育，早稲田大学インキュベーション施設（新宿区・旧早稲田実業）におけるアントレプレナー育成事業ならびにベンチャーキャピタル活動，インキュベーションマネージャー（IM）活動，そして，京都リサーチパーク（京都市）のアントレプレナー育成教育による教育プログラム・教材，福岡リサーチパーク（福岡市）のインキュベーション施設などを参考にしている。

　情報技術の将来を見据えて，最新のクラウド，SNS等を駆使したアントレプレナー教育を行う。また，スタンフォード大学周辺にクラスター化した情報

技術企業群（雇用創出約30万人）を見本に中越地域におけるクラスター化戦略を提案して，実行できる人材育成を行う点が先進的取組のポイントとなる。つまり，新潟県央地域に根ざした企業の育成に取り組むことである。

　起業家育成教育における小中学生に対しては，起業について理解させるために，架空の花屋，ケーキ屋，本屋他を開店して，営業する。それに，先立ち地域の商店街の協力を得て，実際の商店を見学する。その後，地域の商店街の空き店舗を，借用して実際に2週間ほど営業して，各小中学校から1日単位で参加させ，商店運営の実際を学んでもらう。小学生には商店運営の教育を行い，中学生には商店運営方法を教育する。教材は起業プログラムを中心とする。運営には新潟経営大学経営情報学部の学生，教職課程の学生を中心に行う。また，地域商工会議所，商工会の青年部に協力を得たいと思う。

　高校生に対しては，プログラム上において仮想現実の会社を設立して，企業の起業から運営方法を修得させる。講義と演習を中心にして，会社設立ができるプログラムを取得して教材とする。実習を地域企業の協力を得て，実際の企業とはどのようなものか，またどのように運営されているかを学習していただく，運営には新潟経営大学経営情報学部の学生，地域の各商工会議所に所属する企業の情報技術者にボランティア参加していただき運営する。

　大学生に対しては，プログラム上において仮想現実の社会を構築してアバターとして仮想の会社を設立する。仮想現実の社会のなかにおいて課金システムをつくる。演習を行い情報技術を修得して，いつでも起業できる体制にする。そのためには，大学の講義に対応できるプログラムを開発して提供する。運営には新潟経営大学経営情報学部の学生や地域企業の情報技術者にボランティア参加してもらい運営を行う。

　本書はこれらの起業家育成教育に対応できるように編集している。第1部はベンチャー企業とベンチャーキャピタルを中心としている。第2部は起業家とエンジェルおよびエンジェルファンドを中心としている。起業家育成教育において重要となるのがベンチャービジネスという概念を理解し修得することである。

まえがき

　今回，本書が刊行できるのは，新潟県産業労働観光部・加茂商工会議所・新潟経営大学・その他のコンソーシアム構成団体のご協力によってである。感謝申しあげる。さらに，出版事情の厳しいなか，出版を引き受けていただいた株式会社税務経理協会大坪嘉春社長および，ご担当の峯村英治氏に感謝申しあげる。最後に筆者の研究活動に協力をしてくれる宮崎の父昇，母ツル子，福岡の妻智代，奈良の長男広哉に感謝する。

2010年1月1日

　　　　　　　　　　　　　　　　　　　　　　　新潟県田上町にて
　　　　　　　　　　　　　　　　　　　　　　　　　　宮脇　敏哉

目　次

まえがき

第1部　ベンチャー企業とベンチャーキャピタル

第1章　アントレプレナーとベンチャー企業

1. アントレプレナーの発生 …………………………………………… 3
2. アントレプレナーの出現と理念 …………………………………… 6
3. アントレプレナーの能力と考察 …………………………………… 10
4. アントレプレナーの地域と考察 …………………………………… 13
5. 日本のベンチャー企業における循環と資金調達 ………………… 16
6. アメリカのベンチャー企業への資金提供者と提供の条件および
ファイナンスの実際 …………………………………………………… 20

第2章　日本のベンチャーキャピタル

1. 創造法とベンチャーキャピタル …………………………………… 27
2. ベンチャーキャピタルの投資プロセス …………………………… 30
3. ベンチャーキャピタル資本の回収 ………………………………… 33
4. 日本における新規株式公開（IPO）とベンチャーキャピタル …… 35

第3章　アメリカのベンチャーキャピタル

1. アメリカでのベンチャーキャピタルの形成と役割 ……………… 41

| 2 | ベンチャーキャピタルの直接金融と事業形態 …………………44 |
| 3 | ベンチャーキャピタルの変容 ……………………………………49 |

第4章　新規公開企業のベンチャーキャピタルからの投資状況

1	ベンチャーキャピタルの至福から苦悩への道 …………………53
2	IPOメカニズム，配分と価格設定 ………………………………57
3	株式公開時の過小価格と資本市場の罠 …………………………59
4	日本の新規公開企業におけるベンチャーキャピタルの役割の実証分析 ……………………………………………………………64
5	ベンチャーキャピタル・ジャフコのベンチャー投資とMBO経営戦略 ……………………………………………………………76

第5章　投資ラウンドごとの機関と投資総額についての回帰分析

| 1 | 投資ラウンドの回帰分析 …………………………………………89 |
| 2 | ベンチャーキャピタルの投資総額と投資回数についての回帰分析 …………………………………………………………91 |

第6章　中小企業投資育成会社のインベスト

1	ベンチャー企業の資金調達 ……………………………………103
2	東京中小企業投資育成株式会社の組織 ………………………107
3	ベンチャー企業に対する中小企業投資育成会社の投資実際 ………109

第7章　総括と結論

| 1 | 総　　括 …………………………………………………………119 |
| 2 | ベンチャー企業とベンチャーキャピタルの課題と展開について …123 |

第2部 エンジェルファンドとベンチャーキャピタル

第8章　ベンチャー企業の研究と時代背景
－ベンチャー企業の成り立ち－

1. はじめに …………………………………………………………131
2. ベンチャー企業とは何か ………………………………………132
3. ベンチャー企業の発展 …………………………………………138
4. ベンチャー企業の現状と課題 …………………………………143
5. まとめ ……………………………………………………………146

第9章　ベンチャーファンドの研究
－ベンチャーキャピタル形成についての検証－

1. はじめに …………………………………………………………151
2. ベンチャーキャピタルの登場と形成 …………………………152
3. ベンチャーキャピタル・ブーム ………………………………157
4. ベンチャーキャピタルとキャピタリスト ……………………161
5. まとめ ……………………………………………………………169

第10章　ベンチャーファンドの一形態
－エンジェルファンドの日本，アメリカ，ヨーロッパでの形成－

1. はじめに …………………………………………………………173
2. エンジェルファンドの定義と形成 ……………………………173
3. エンジェルとアントレプレナー ………………………………179

| 4 | 日本，アメリカ，ヨーロッパのエンジェルファンド……………193
| 5 | エンジェルファンド ……………………………………………205
| 6 | まとめ ……………………………………………………………214

参考文献 ………………………………………………………………219

索　引 …………………………………………………………………227

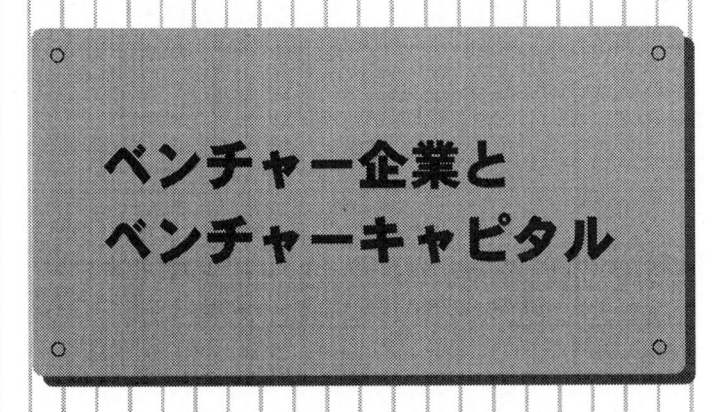

第 1 部

ベンチャー企業と
ベンチャーキャピタル

第1章
アントレプレナーとベンチャー企業

1　アントレプレナーの発生

　萌芽企業を多く発生させている起業家（アントレプレナー：Entreprener）について検討する。起業家がどこで発生し，どのような新企業を形成するのかを歴史から紐解く。果敢に挑戦する起業家なくして，果敢に挑戦するベンチャー企業は発生しない。まず起業家の定義をあげ，経済学者，経営学者全般の考え方を提示した。次に起業家の出現から成長，発展を見てその人物像，資質と性格，能力と理念を検討した。さらに，起業家の教育と学歴，地域を検討してベンチャー企業発生の根源を検討した。検討の結果，起業家の出現には地域における影響が大きいことがベンチャー企業クラスター地域の京都，浜松を検討することにより理解できた。地域ビジネスあるいはベンチャー企業クラスター地域の特性を起業家を検討することにより解明したと考える。

　起業家の歴史をみると語源はフランス語にさかのぼる。アントレプレナーシップ（Entrepreneurship）を英語でいえば，'Between taker'あるいは'Go-between'であり，日本語に直訳すれば「仲介者，仲立ち」という言葉に相当する。アントレプレナーの典型はマルコポーロ親子であると考えられる。中世ベネチアよりシルクロードを隊商を率いて旅し，元王朝に交易を求めた。このようなマーチャント・アドベンチャー（冒険的商人）の資金源はヨーロッパの富豪資本家であった。貿易が成功した時，利益の4分の3を資本家が回収し，残りの4分の1を隊商が得た[1]。大航海時代においてもイギリス，スペイン，ポ

ルトガルなどは世界中へ進出し，交易を行った。一隻に対して資本家が多額の資金を出し，帰ってこなければ出資金は全て損失となり，帰ってくれば莫大な利益を得た。

　起業家は中世より活動し，今日に至るまで各地で高いリスクを負いながら，目標達成のために出現し続けてきた。

　これまで経済学者と経営学者により，新しく事業を立ち上げていくチャレンジャーである起業家について，さまざまな表現で定義されてきた。たとえば，1917年ウェーバーはアントレプレナーの特徴を「権力の源」，1934年シュンペーターは「イノベーション（Innovation），進取の気性」，1961年マクリーランドは「リスクを取る」，1978年ティモンズは「目標の設定，適度にリスクを取る人間，イノベーション」などと表現してきた[2]。最近の日本の起業家の人物像の研究では，1997年，明治大の百瀬・森下により「新規事業分野に果敢にチャレンジする」と定義された[3]。その他の定義は図表１－１に提示する。

　起業家が求める基本的要素としては，特にシュンペーターの「新結合」による郵便馬車のイノベーション事例さらに，ドラッカーの「断絶の時代」のイノベーションがあげられる。起業家は経営戦略を駆使し起業家ミックスを行う必要が求められる。

第1章 アントレプレナーとベンチャー企業

図表1-1 経済学者と経営学者による起業家(アントレプレナー)の定義

西暦	著者	起業家の表現
1848	ミル	リスクを負う
1917	ウェーバー	権力の源
1934	シュンペーター	イノベーション,進取の気性
1954	サットン	自己責任願望
1961	マクリーランド	リスクを取る
1963	デービス	野望,独立願望,責任感,自信
1964	ピックル	衝動,人間関係,コミュニケーション能力,技術の知識
1971	パルマー	リスクの把握
1971	ホナディ,アボウド	達成,独立,反抗心
1973	ウィンター	権力願望
1974	リレス	達成要求
1977	ガッセ	個人の価値観の方向づけ
1978	ティモンズ	目標の設定,適度にリスクを取る人間,イノベーション
1980	セクトン	精力的,野心的
1981	ウェルシュ,ホワイト	支配願望,責任を求める人間,自信,挑戦心
1982	ダンケルバーグ,クーパー	成長指向,独立指向,職人指向
1983	パベット,ラウ	個人的,政治的能力,専門能力
1985	マクラシン,シーゲル等	市場の認知,努力できる能力,リーダーシップ
1986	アブラハム,グットウィン	従業員や顧客に対応できる能力
1987	ホーファー,サンドバーグ	企業の創業から目標達成までを見届ける
1987	ティモンズ,ムジカ等	機会を認識し,利用できる力
1989	ウィーレン,ハンガー	予定・予算・評価に従った経営戦略を策定できる能力
1992	チャレンダー,ジャンセン	機会を自分で評価できる能力
1992	マクグラス,マクミラン等	高い独立心,不確実性の軽視,男らしさ

出所:J.A.ティモンズ, New Venture Creation, p.189

第1部　ベンチャー企業とベンチャーキャピタル

2　アントレプレナーの出現と理念

　萌芽企業の時代をむかえている今日であるが，新規事業を立ち上げていく起業家は，いつ，どこに出現するのであろうか。ある日突然生まれるわけではない。松田［1977］は「人生のある時点で潜在的に起業意識が生まれその意識が顕在化し，自己の起業スキルを高め，特定の事業や人との出会いにより起業する[4]」と出現のメカニズムを表現した。人間が生きていく過程で人生選択として「起業家への道」を考え，起業するのは「環境・人格・社会・文化」とのかかわりあいの中で生まれる[5]。図表1－2を参照されたい。

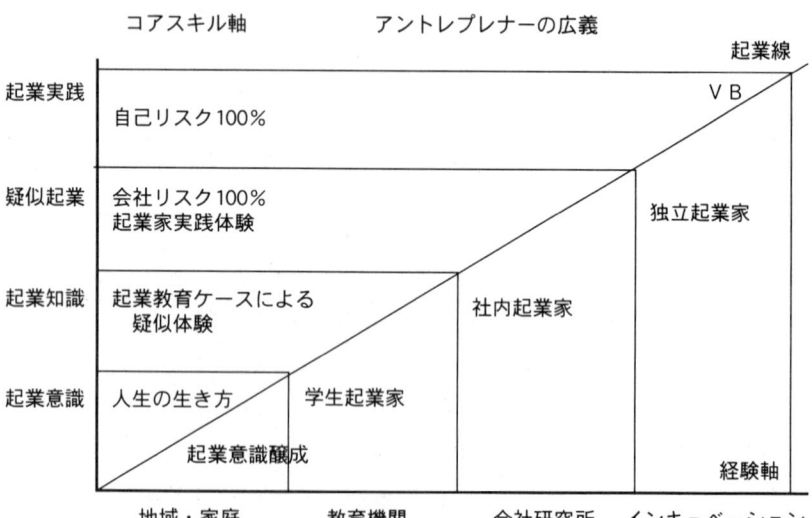

図表1－2　起業家（アントレプレナー）の起業

出所：松田［1996］，97頁

　新規事業が起業家により起業されるプロセスは，個人の資質，社会，組織，環境のなかで営まれるが，バイグレイブの1994年の「引き金を引く出来事」（日本では爆発する）により「事業を始める」（日本では意思決定する）と分析された。プロセスについては図表1－3を参照されたい。起業家の輩出にとって重要な

第1章　アントレプレナーとベンチャー企業

図表1－3　起業家へのプロセス

個人の資質	個人の資質	社会	個人の資質	組織
達成してきたこと	リスクをとる	ネットワーク	起業家	チーム
コントロール	仕事への不満	チーム	リーダー	戦略
不確実性に耐えられる	失業	両親	管理職	組織構成
リスクをとる	教育	家族	熱意	文化
個人の価値観	年齢	ロール・モデル	展望	製品
教育	熱意			
経験				

↓　　　　　↓　　　　↑　　　　↑　　　　↑
発案　→　「引き金を引く仕事」　→　事業を始める　←　事業の成長
↑　　　　　↑　　　　　　　　　　　　　　↑

環境	環境		環境
機会	競争		競争
ロール・モデル	資源		顧客
創造力	孵化する場所		仕入先
	国の政策		投資先
			銀行家
			弁護士
			資源
			国の政策

出所：Based on Carol Moore's model. presented in "Understanding Entrepreneurial Behavior", inj. A Pearcelland R. B. Roubinson, Jr., eds., Academy of Management Best Papers Proceedings, Forty－sixth Annual Meeting of the Academy of Management, Chicago, 1986

施設や機関をインキュベーション（Incubation）という。しかし，インキュベーションに入っても全ての人が起業家になるわけではない。育った地区，学校，職場も，インキュベーション機能を持っている。起業家は多くの場合，個人的な信念や大望，あるいは使命からスタートする[6]。

　起業家はビジョン設定を行い，ミッションを持つ，さらにドメイン設定がしっかりとできている。ここで必要不可欠な経営戦略はイノベーションとコアコンピタンスといえる。

　萌芽企業を起業家は強い意志をもって起業する。必ず成功するという目標に向かって突き進むタイプが多い。リーダーシップ力があり，バイタリティあふ

れるタイプである。意思決定能力に優れ，即行動に移すタイプが多い。自分自身の直感を信じ，何年も先のことを描き，日々寝ることも忘れたように仕事をする。それは「執念」ともいえる。反面，技術力は優れているが経営に関しては素人同然の起業家が多く，このため外部の経営コンサルタントやベンチャーキャピタル（Venture Capital），エンジェル，メンターに経営指導を依頼したり，経営者自体をスカウトすることがある。

　萌芽企業の起業家に向いている人は，ベンチャー企業を客観的条件が整っていなくても成功への道に導くことができる人である。起業家は「好きなことへ」が一番の成功の源になっている。ビル・ゲイツは，中学生の頃からコンピュータでゲームを楽しみ，16歳でプログラミングを始め19歳でパソコンのOSを作成した。起業家が望む仕事は「好きな仕事で」あり，自分自身のために，日々仕事に取り組み前進する。

　エイチ・アイ・エス（HIS）の澤田秀雄は，西ドイツ・マインツ大学へ留学し，その間に世界50か国をリュックを担いで旅行し，1980年に創業した。ハドソンの工藤裕司・治はアマチュア無線ショップからマイコン用ゲームソフトと，「好きなことへ」がそのまま会社になった[7]。「好きなことへ」の次に「生き甲斐ある事業を求める」起業家が多い。ベンチャー企業の80%は，「生き甲斐ある仕事をするために」独立を決意している[8]。

　起業家は強い意志と変わらない信念をもった人物であり，ドメインのなかで事業創造をすると考える。さらに起業という難事業を実行できるアノマリーを備えていると考えられる。

　起業家は独立心が強く，「必ず自分は成功する」という信念の元に起業する。起業家が起業する決定をすることを「爆発」という。バイグレイブが言うように，「起業家は自分自身の運命を自分の手でコントロールしたいという強烈な情熱を秘めている」。この独立志向が起業する最大の動機となる。松田修一の起業家の性格の分析において最も多いのが「バランス型」であり，アメリカ，イギリス，日本でナンバーワンである。

　起業家が成功するには，いかに能力ある経営チームを組成し，一定の目標に

第 1 章　アントレプレナーとベンチャー企業

図表 1 － 4　起業家の性格

(単位：%)

性格区分	米国（全）	米国（SV）	英　国	ドイツ	日　本
バランス型	30.3	31.2	20.8	19.1	15.2
攻　撃　型	28.2	14.3	14.6	0.0	13.9
合理主義型	8.8	13.1	8.3	42.9	8.9
温　情　型	0.0	1.8	2.1	0.0	14.4
即断即決型	10.9	9.7	16.7	7.1	14.9
熟慮慎重型	3.8	9.1	10.4	9.5	8.4
有効回答数	204	151	46	46	348

出所：松田［1977］，152頁
注：米国（全）とは全米をサンプルに，米国（SV）とはシリコンバレーをサンプルにしている。早稲田大学アントレプレヌール研究会（WERU）調査報告書「世界のアントレプレナー調査からみた日本のベンチャー支援の課題と方向性」1977年より

彼らの英知を結集させるかが重要である[9]。図表 1 － 4 を参照されたい。バランス型の対極が「攻撃型」であり，この性格が最も強いのがアメリカ，反対にドイツではゼロに近い。ドイツでは「合理主義型」が多い。多くの国の起業家の性格は攻撃型であり，そうでなければ成長分野を把握し，常にイノベーションで競争し続けることはできないのである。

起業家は，自己の性格を認識することにより，どの方向の事業に向いているのか，どの規模の事業が合うのか，自己分析をしなければならない。自分自身の性格を把握する方法として「エコグラム・テスト[10]」がある。エコグラムでは，起業家は天真爛漫な部分を表すＦＣ〔free- child ＝「自由な子供」〕が高いといえる。起業家の行動のうち性格以外を図表 1 － 5 に提示するので参照されたい。

第1部　ベンチャー企業とベンチャーキャピタル

図表1－5　起業家の10の行動－起業家の10の「やるべきこと」

夢	起業家は，自分自身や自分の事業がこれからどうなるのか，見通しを持っている。もっと大切なのは，彼らがその夢を実現させる力があるかということだ。
判断力	起業家は躊躇しない。素早く決断する。素早さも成功の要因の1つとなる。
実行力	一度決めたら可能な限り早く動き出す。
決意	起業家は事業に全身全霊を注ぐ。たとえ困難な障害にぶつかってもあきらめない。
献身	起業家は，時に友人や家族との関係を犠牲にしても事業に打ち込み，疲れることなく働く。事業を立ち上げようと必死になっている時は，1日20時間，週7日働く事も珍しくない。
思い入れ	起業家は自分の仕事を愛している。困難な時でも耐えられるのは好きだからこそだ。また，自分の製品やサービスに思い入れがあるから，効果的に売ることができる。
ディティール	悪魔はディティール（細かな部分）に棲むと言われる。これはまさに事業を立ち上げ成長させる時に当てはまる。起業家は，細かな部分にまで注意を払わなければならない。
目標	起業家は従業員に頼るよりも，自分で目標を達成しようとする。
お金	金持ちになることが，起業の主な動機とはならない。お金はむしろどれだけ成功したかを測る指標だ。起業家は，成功すればその分報われると考えている。
分配	起業家は事業の成功に欠かせない従業員たちに会社の所有権を分け与える。

出所：バイグレイブ［1976］，19頁

3　アントレプレナーの能力と考察

　人の能力には判断力，統率力，先見力，調整力や説得力などがあり，起業家はその器量に合わせて自己脱皮して企業を急成長させる。アントレプレナーが起業する年齢は，現在までの経験，楽天性，エネルギーとの間のバランスで決まる。この決定する能力，決断力は重要である。バイグレイブが述べたように「全く新しい視点から状況を捉えること，つまり，やればできるという精神で状況と向き合うことである。」ベンチャー企業には起業家の全面的献身が必要である。ほとんど例外なく立ち上げの煩雑さをくぐり抜けて存続に苦慮し，そ

第1章　アントレプレナーとベンチャー企業

図表1－6　起業家の能力　　　　　　　（単位：％）

能力区分	米国（全）	米国（SV）	英　国	ドイツ	日　本
判　断　力	19.6	15.1	18.7	11.6	16.8
統　率　力	17.8	11.1	11.6	8.7	6.1
先　見　力	13.1	11.1	13.1	5.1	12.8
調　整　力	11.3	10.1	7.1	16.7	5.8
説　得　力	10.3	10.1	10.1	10.9	6.9
情報収集力	9.5	12.5	12.3	15.2	12.5
忍　耐　力	9.5	10.4	5.1	8.7	10.3
強　運	3.9	5.8	8.1	2.2	10.1
体　力	0.7	2.2	0.6	2.2	9.4
有効回答数	204	151	46	46	348

出所：松田［1977］，155頁

して成長を実現するために起業家は絶えず大きなプレッシャーの中を生きなければならない[11]。いつもプレッシャーを押しのける能力が必要である。起業家の能力については図表1－6を参照されたい。

　起業家には，曖昧性，不確実性に対する許容度が求められる。明日，明後日の売上の確証がないまま，経営を続ける能力はスタートアップ期に重要視される。起業時に起業家によって理念の制定が不可欠である。ベンチャー企業は大企業と比較して，起業家によって制定された革新的理念に基づいた経営を行う比率が高いが，理念浸透のための制度化，共有化の面においては十分な取り組みがなされてない。起業家が計画やビジョンを作成すること，あるいは現在満たされてはいないが将来満たすことが可能なニーズ，しかもそれを満たすことによって起業家のみならず，全ての人に利益がもたらされるようなニーズを認識することは発明の一つと見なされるべきである[12]。

　アメリカでは起業家教育のために各大学で多くの企業論講座が開講されている。特に大学院での企業論講座は約400校で開講されている。ほとんどのMBA修了者は大企業には行かずに起業家への道へ進む者が多い。その反面日本の

第1部　ベンチャー企業とベンチャーキャピタル

MBA修了者は，ほとんどが大企業及びシンクタンクへと進んでいる。その理由としては，日本での専門経営者に対する評価が低いことによる。専門経営者が日本の上場企業群を牽引するようになれば，さらなる発展が見込まれる。

バブソン大学，ウィリアム・D・バイグレイブが日本を訪れて述べた。「アントレプレナーシップに対する興味には幅広く，かつ深いものがあり，強い印象を受けた。日本でも，いまやアメリカと同じく，生活の向上の源泉となる起業家になるために，もっと学びたいという若者たちに多く出会った。日本の大学においても起業家コースを次々と開設して，このようなニーズに応え始めている。」起業家の学歴を見てみると，アメリカ，ドイツでは大学院出身が多いことがわかる。図表1－7において起業家の学歴を提示したので参照されたい。

図表1－7　起業家の学歴　　　　　　　　（単位：％）

	日　本	ドイツ	米国（SV）
高校まで	47.9	26.1	12.9
専門学校・短大	9.7	15.2	7.5
大　　学	39.6	17.4	46.0
大 学 院	2.8	41.3	33.6

出所：松田・白倉［1977］
注：「世界の起業家調査から見た日本のベンチャー支援の課題と方向性」
　　早稲田大学アントレプレヌール研究会調査報告書
　　早稲田大学ビジネススクール1977年から抜粋

ドイツはマイスター制度があり，早くに技術を磨き起業する起業家がいる。アメリカの約80％の起業家は，大学，大学院出身であり，世界の経済の機関車になっている理由が分かる。日本では高校出身と大学出身が約90％を占めている。若くして起業する風土があり，経済状況，地域状況，家庭環境で若くして行動しなければならなくなる場合もある。日本で大学院出身の起業家がアメリカ，ドイツに並んだ時に世界経済を引っ張る2台目の機関車となれると考える。起業家の育成状況研究はアメリカ一辺倒でいると，世界の状況判断にまちがいをおこす。特にヨーロッパにおける起業家，ベンチャー企業，産学官連携などの急速な発展は目をみはるものがある。

第1章　アントレプレナーとベンチャー企業

 アントレプレナーの地域と考察

　起業家が発生するメカニズムを検討すると，住んでいる地域は起業家の起業に大きな影響を与えている。アメリカでは，ルート128，シリコンバレー，オースチン，日本では京都，浜松である。ベンチャークラスター（Venture Cluster）地域では多くのエンジェル，ベンチャーキャピタル，弁護士，会計事務所，シンクタンク，コンサルタント，大学が集まり，地域全体に起業の芽を植え付けている。このような起業家的な地域に住んでいると，何かしら周囲に影響されて自ら事業を起こそうという意志を持つ人が多くなる[13]。実際に起業家のまわりには，多くの起業家が取り巻いている。シリコンバレーには多くの起業家関係のステークホルダーが集積しているが，近年はR128への集積があまり見られなくなってきている。日本においても京都，浜松に行くことによって起業が叶えられることはない。やはりクラスター地域よりもインキュベーションへ向かうほうが，起業する確立は高まると考えられる。

　アメリカが1980年代の経済低迷期から，1990年代に一気に脱出できたのはIT関連の起業家による影響が大きい。マサチューセッツ工科大近くのルート128，スタンフォード大近くのシリコンバレーにおいて現在のIT関連大企業が次々と起業した。一番早く起業したヒューレットパッカードは2人のコンピューター好きの学生によりスタートした。そして，アップル，インテル，デル，マイクロソフト，サンマイクロソフト，ネットスケープ，ヤフー，グーグルなど20代前後の若者により起業されたベンチャー企業が多い。スタンフォード大関係だけでも約30万人の雇用を創出している。スタンフォード大学は巨大なインキュベーションである。

　本稿は，今後の世界経済につながる起業家の中で特に人物像についてに検討している。世界で最も多くの起業家を出現させているアメリカおいてドラッカーが述べたように「1970年～1980年の20年間に単に3,500万人の雇用を創出しただけでなくて，大企業が失った500万人の雇用を補ったことを考慮に入れ

ると，4,000万人以上の新規雇用を創出した」のである。アメリカの起業家が全て成功したのではなく，次から次に起業の芽が出て，失敗を上回る成功があって，初めてイノベーションが可能になっている。

　起業家の戦略は4つある。①総力による攻撃，②弱みへの攻撃，③隙間（ニッチ）の占拠，④価値の創造，これらの4つの戦略は互いに相容れないものではない。1人の起業家が，これら3つを組合わせれば，4種類の戦略とすることができる[14]。ここに起業家戦略論が発生したと考える。さらに起業家ミックスであると考える。起業家体制を拡充するためには，ベンチャー企業を積極的に生み出して育てていかなければならない。このためには起業家の人数を増すことが重要で，起業家予備軍（公務員，会社員，学生）をバックアップして，起業できるシステムを作ることが急がれる[15]。

　起業家の検討を行ったが以下の点が明らかになった。

① 何もない所から，起業家が起業するには確固たる自信とゆらぐことのない信念をそなえていることがコアとなる。
② ベンチャー企業のクラスター地域に生まれ育つと必然的に起業家の要素をもつことになる。
③ IPO，M&Aまでに到達するというビジョン設定ができている。
④ 人から使われるのではなく，人を使う立場にあこがれる人が起業する。
⑤ コアコンピタンスとなる新技術および新ビジネスモデルを所有している。
⑥ ミッションをもち，それを達成したいという欲望が強い。
⑦ 人から認められたいという願望が強い。

これまでも多くの起業家を面接してきたが，①～⑦要素を備えた人物が多かった。自然と起業し，出口経営戦略まで到達することは，まれであり，周到なプロセスをフロー化し，通過していける人物のみ，起業家として成功できるのである。図表1－8にて起業家の入口から出口までのフローを提示する。

　今後も起業家の出現を具現化した概念について調査し，検討して行く必要があり，われわれは特に以下のような点に留意して行っていく予定である。①起業家の出現をクラスター地域から特定及び業種調査する。②起業家の出現に重

第1章 アントレプレナーとベンチャー企業

図表1-8 起業家の入口から出口

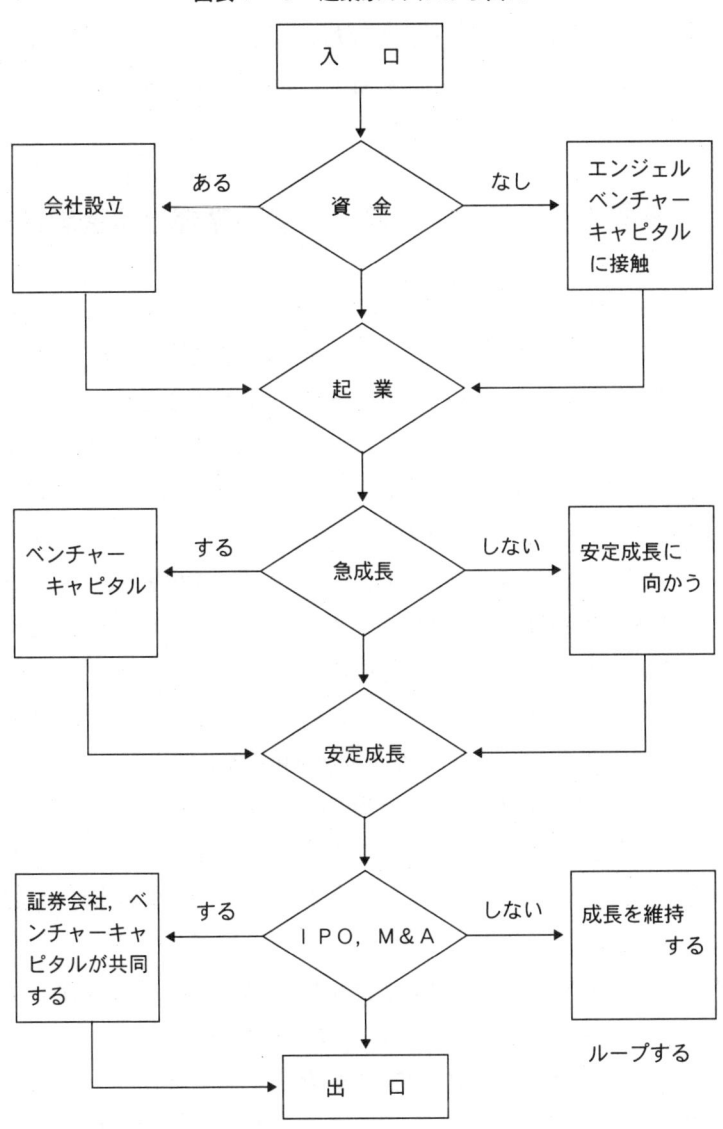

出所：筆者作成

要な制度，さらにインキュベーションについてハード面からケーススタディを行い検討する。現在の起業家に対する研究はまだ萌芽期の域を出ていないと考えられる。起業家論から起業家経営戦略までの体系的な研究を目指して行きたいと考える。

5　日本のベンチャー企業における循環と資金調達

　ベンチャー企業とは，イノベイティブな現代的中小企業をいう。現代的という意味は，知識集約的ということである。知識集約度を高めて製品やサービスの高付加価値化をはかり，高いコストを吸収するのである。したがって，ベンチャー企業の存立分野はハイテク産業に限定されない。ファッション産業や流通サービス業にもベンチャー企業は存在しうる。もちろん，ここでいうベンチャー企業は，いわば理念型である。

　現実に存在する特定の企業がただちにベンチャー企業であるわけではない。具体的な企業は，どの程度ベンチャー企業にあてはまるかが問題になる[16)]。ベンチャー企業の増加は先進諸国に共通の現象であるが，それは脱工業化社会への移行と深くかかわっている。経済のグローバライゼーションが進展する過程で，先進諸国の産業はオリジナルな高付加価値産業にシフトせざるをえなくなっている。創造活動によって高い付加価値をあげ，高いコストを吸収せざるをえないのである。大企業であれ中小企業であれ，研究開発やデザイン開発を重視しなければならなくなっている。この場合，顕在的な需要を掘り起こし製品開発をおこなうことが重要となっている。

　また，市場は細分化され，需要の変化も激しくなっている。それだけに中小企業のチャンスは広がっているし，同時にリスクも大きくなっている。したがって，リスクに挑戦する企業家活動の重要性が一段と増している。ただ，企業の成長をはかるためには，エコノミーズ・オブ・スコープ（多角化の経済性）を追求することが不可欠になっている。独自の専門能力を数多くの産業に展開し，複数の市場を統合して企業規模の拡大を進めるのである。それだけに，90

第1章　アントレプレナーとベンチャー企業

年代には，以前よりはるかに厚い経営資源の蓄積をはかることがベンチャー企業に要求されることになる[17]）。

　1982年から1986年は技術革新による新規企業の成長とリスクキャピタルの供給増加によるベンチャー循環が初めて形成された。この循環は日本経済の石油ショックの回復とともに次のような要因を背景としていた。第1には再びアメリカを起点とする新たな技術革新の展開であった。半導体のＬＳＩ，ＣＰＵの開発が技術革新の上昇波を創りだした。アップル，デル，コンパックなどのパソコンメーカーやマイクロソフト，ロータスなど関連ソフトベンチャーが創業成長した。

　また90年代のＩＴ革命の基盤技術を開発したサンマイクロシステムズ，シスコシステムズなどの創業もみられた。情報，ソフト分野以外でもジェネンテックスなどバイオ産業，フェデラルエキスプレスなど新サービス産業の成長が牽引力となって世界的なイノベーションの潮流が発生した。第2にアメリカでは産学官連携の推進のためのバイドール法（1980年），ベンチャーキャピタルへの活性化のための税制改革，投資顧問法，証券取引法の改正などが実施された。とくにERISA法改正による年金基金のベンチャーキャピタル投資の解禁（1979年）のインパクトは大きくベンチャーキャピタルによる投資実行額は1979年の投資先数375社，投資金額4.6億ドルから1987年には投資先1,740社，投資金額40億ドルへと急増した。ベンチャー企業の資本市場であるNASDAQにおける上場が急増するとともに，それらの企業の株価も大きく上昇した。

　その潮流は日本にもトランスファー（Transfer：移転）されてきた。そのなかで日本でも半導体製造装置関連，パソコンハード，ソフトのベンチャー企業のスタートが増加した。パソコンソフトの流通を目指して1981年にソフトバンクが設立されたのは，この時期を象徴するベンチマークといえよう。特に日本では任天堂が市場開発を主導した「ファミリーコンピュータ」向けのゲームソフト開発ベンチャーのスタートアップが目立った。第3に市場の変化である。消費市場の成熟，拡大はサービス経済化の進展をもたらし，そこで出現した新市場向けのサービス型ベンチャー企業の成長も目立った。旅行サービスのＨＩＳ，

第1部　ベンチャー企業とベンチャーキャピタル

人材紹介のパソナ，ビデオデンタルのＣＣＣ，レコードのエイベックスなどが代表例である。第4にはリスクキャピタルの供給の増加である。1983年に店頭市場の公開基準が緩和されて公開企業の増加への期待が高まった。特に公開前企業に出資して公開幹事を目指す証券会社によってベンチャーキャピタルの設立が相次いだ。中小，中堅企業の取引開拓を目指す大手都市銀行による設立も活発となった。またベンチャーキャピタルの投資資金調達の手段としてジャフコによって投資事業組合方式が開発された（1982年）。

　この方式によってベンチャーキャピタルの投資資金がその自己資金の限界から開放される一歩を拓いた。商法改正（1981年）によってベンチャー企業への投資手段として未公開企業に対する分離型新株引受権付き社債（ワラント債）が可能になったこともリスクキャピタルの供給増をもたらした[18]。

　1994年から2000年は公的政策からみれば，1955年に研究開発型ベンチャー企業などを支援する中小企業創造法，赤字企業でも株式公開可能な第二店頭市場が開設された。1996年には都道府県別の第3セクター方式によるベンチャーキャピタルであるベンチャー財団が設立された。1997年にはベンチャー企業への人材流入のインセンティブとして「ストックオプション」の導入，エンジェル税制の創設，国立大学教員の兼職禁止規制の緩和，1998年に入ると「大学等技術移転促進法」によりＴＬＯの推進，新事業創出促進法の制定，1999年の中小企業基本法の改正によってベンチャー企業の意義が「経済活力の源泉」と明確にされた[19]。

　2001年から2005年は2001年に発足した小泉内閣の構造改革プログラムの柱として「創業，起業の支援強化」を打ち出した。これをうけて，大学発ベンチャー1,000社計画（2002年），知的財産基本法（2002年），中小企業挑戦支援法（2003年），産業クラスター，知的クラスター推進計画の策定（2003年），国立大学等独立法人化（2004年），さらに2005年には新会社法が制定された[20]。2002年の大学発ベンチャー企業創設1,000社計画は，2007年時点ですでに1,500社を達成し順調に発展している。

　ベンチャー企業は，事業リスクが高く，担保力が不足しがちなことから，間

第1章　アントレプレナーとベンチャー企業

接金融は本来的には向いておらず，エクイティの形態である資金調達ができないことが重要である。しかし，わが国の場合には，ベンチャー向けの株式市場が未整備であったこと，ベンチャーキャピタルを始めとするプライベート・エクイティ・ファイナンスの市場が未成熟であったという問題があった。

　このため，公的機関が関与したエクイティ資金調達制度を整備する一方で，ベンチャー向けのプライベート・エクイティ・ファイナンス発展のための環境整備を行ってきている。他方，エクイティ形態のみでは，必要な資金ニーズにすべて対応できるわけではない。ベンチャー企業の場合には，前述のように事業リスクが高く，担保力が不足しがちであることから，民間金融機関による各種融資制度や信用保証協会による信用補完制度を整備してきている。

　官製のベンチャーキャピタルといえる機関として，中小企業投資育成会社がある。同社は1963年に制定された中小企業投資育成会社法に基づいて設立され，元々は中小企業全般の自己資本充実を図るための組織であった。1984年にベンチャー企業に対する投資業務が追加され，その後官製ベンチャーキャピタルとしての性格を強めている。また，設立当初の政府出資金はその後償還され，現在は，特別法に基づく民営化された機関としてベンチャー支援の政策的役割を担っている。民間のベンチャーキャピタルなどが組成するベンチャーファンドに対して，民間資金の呼び水として，中小企業基盤整備機構と日本政策投資銀行が出資を行う制度がある。

　官民共同出資によるベンチャーキャピタルとしては1989年に制定された特定新規事業創出促進臨時措置法に基づき産業基盤整備基金と民間企業との共同出資で設立された(株)新規事業投資会社がある。同社はその後，日本政策投資銀行から出資を受け，2004年7月以降は，同行と民間企業による共同出資会社となっている。同社が政策的に設立された面が強いのに対して，現在の官民共同出資の制度は，民間主導で組成されるファンドに対して，呼び水効果を狙って補完的に政府系機関が出資するところに特徴がある。

　ベンチャーファンドの組織形態として，かつては，民法組合制度を活用する場合が多かったが，出資する組合員が無限責任を負うことから，出資者の裾野

が広がらないという問題があった。そこで組合員を有限責任とすることによって，より出資を募りやすくするため，1998年に中小企業等投資事業有限責任組合制度が創設された。これによって無限責任を有する業務執行組合員（GP：General Partner）と有限責任組合員（LP：Limited Partner）からなるファンドを組成することができるようになり，より円滑にファンド組成が行い得るようになった。この制度は更に，2004年の改正により投資事業有限責任組合制度となり，ファンドの投資内容として，出資に加えて融資や債権取得もできるようになり，また，投資対象範囲も拡大することによって，ベンチャーキャピタルのみならず，バイアウトファンドや事業再生ファンドも活用できる組合制度となっている[21]。バイアウトファンドは日本において急速に発展してきているが，1997年の産学連携投資活動，1998年にバイアウト活動がはじまった。バイアウトは既存企業内部の人材が取引を主導し，新会社の経営者，主要株主になる行為である。また対比するバイインでは外部の人材が買収後の新会社の経営者，主要株主になる行為である。

6 アメリカのベンチャー企業への資金提供者と提供の条件およびファイナンスの実際

　高成長ベンチャーとはいえど成功確立はきわめて低いため，彼らは本来的に銀行の融資対象にはなりえない。その一方で開発に成功し，株式を公開できるまでに成長すれば，株主は巨額の富を得る。ここにベンチャー企業の特性を前提として，企業の急激な成長と莫大なキャピタルゲイン取得の可能性を担保に資金提供を行う機関をベンチャーキャピタルという。このほか，事業経験豊かな富裕層の個人もベンチャー企業に資金を提供しており，彼らは一般にビジネスエンジェルと呼ばれる。
　日本においても，ベンチャーキャピタルを中心としてアメリカにおけるベンチャーファイナンスのあり方が種々議論されているが，その多くはベンチャーキャピタルにかかわる経営組織論にとどまり，ベンチャーキャピタルによる資

第1章　アントレプレナーとベンチャー企業

金の提供方法や彼ら自身の資金調達状況についてはほとんど議論されていない。高成長ベンチャーに対する資金提供者は，一般に，次に掲げる3つのカテゴリーに区分できる。

　第1は創業者自身，家族，親戚，友人などの3Ｆ（founder, family, friend）による出資であり，通常25万ドル程度が限界とされる。第2は，ベンチャーキャピタルによる出資であり，500万ドル以上の大口資金の調達が必要となった際に登場する事例が一般的となっている。第3はビジネスエンジェルによる出資であり，ちょうどその中間に相当する25～500万ドル規模の投資が実行される。また，時系列的にみると，最初は3Ｆによる出資，次いでビジネスエンジェル，ベンチャーキャピタルという順になることが多いとされている。またベンチャー企業の成長段階との関係でいうと，エンジェルは，創業時から事業化という初期の段階にある企業に出資するのが一般的であるのに対し，ベンチャーキャピタルの場合には創業あるいは事業化から成長段階にあるベンチャー企業にまで幅広く出資するという相違が見出される。

　このようにベンチャーキャピタルとビジネスエンジェルとは投資金額や企業の成長段階を基準として，事業化段階から成長後期までの大口案件はベンチャーキャピタル，創業時から事業化に至る初期の中型案件はビジネスエンジェルという一種の棲み分けがなされている。加えてベンチャーキャピタルが事前審査を重視する一方で，ビジネスエンジェルは事後的な監視に重点をおくという点で対照的な行動原理を有していると指摘されることが多い。

　たとえば，ベンチャーキャピタルとビジネスエンジェルの投資行動を比較したオスナブラック（Osnabrugge）の研究は，ベンチャーキャピタルの担当者は投資決定に際しベンチャー企業経営者との面談を何度も求めるとか，第3者に案件の可能性について照会するというようにベンチャー企業から持ち込まれた投資プロジェクトの収益性や将来性を厳しく見積もるなど，慎重に投資先を選定していることを明らかにしている。しかしベンチャーキャピタルやビジネスエンジェルに決して慈悲深くはない。優れた技術や事業コンセプトを有しているのは当然として，商品化戦略，財務戦略など当面の経営戦略が資金提供者の

第1部　ベンチャー企業とベンチャーキャピタル

期待要求水準を上回っていなければ，資金提供など絶対にコミット（Commit：かかりあう）しないからである。

　その一方で，彼らの場合，資金提供に一旦コミットすると，エンジェル自らが出資したベンチャー企業の社外取締役になるとか，ベンチャーキャピタルにおいても同じく役員を取締役として派遣するとか，あるいはマーケティングの専門家を派遣してアドバイスを行うなど，資金面にとどまらず，被投資企業の経営にも積極的に関与する。そうしたほうが，投資先企業の早期かつ期待以上の成長が見込まれるからである。

　実際，ベンチャーキャピタルの場合，出資金の原資は投資家から運用を委託された資金であるため，案件の採択に際しては慎重な姿勢を維持しているほか，審査体制も充実しており，銀行などの融資担当部署を上回ることが多い[22]。次に，ベンチャーキャピタルによる投資規模を検証しよう。図表1－9はSBA（Small Business Administration：アメリカの中小企業庁）の資料に基づきベンチャーキャピタルによる投資の推移を示したものである。

図表1－9　ベンチャーキャピタルによる投資額の推移

（単位：億ドル）

	新規コミット額	実行額	実行率		出資残高
			初回	2回目以降	
1995	100	77	35.8	41.0	407
1996	122	116	43.3	72.6	493
1997	190	151	48.9	102.5	632
1998	297	215	72.4	142.2	914
1999	628	549	161.4	387.9	1,459
2000	10.58	10.63	291.1	771.8	2,272
2001	379	410	74.0	336.3	2,543
2002	77	212	43.3	168.9	2,532

出所：鹿野嘉昭［2006］，17頁
原典：SBA, The Small Business Economy, 2002－2003

　この表からも明らかなように，1999年～2000年にかけては折からのITブームを反映して投資額が急増したが，その後はITバブル崩壊とともに落ち着き，

第1章　アントレプレナーとベンチャー企業

　新規コミット額は現在，年間100億ドル前後で推移している。またベンチャーキャピタルによる出資残高は2002年末時点で2,532億ドルとなっている。この出資残高の多寡を評価する際には，中小企業全体の資本金残高が必要となる。1998年末時点での中小企業の資本金残高は8,714億ドルである。これに対し，同一時点でのベンチャーキャピタルの出資残高は914億ドルであるため，中小企業全体の1割程度を占めることがわかる[23]。

　新株予約権付証券は，ベンチャーキャピタリストが若いベンチャー企業に投資を行う際の有力な手段である。しかしながら，新株予約権付証券は，よりしっかりと確立されたリスクの少ない中小企業の大部分と大企業に資金提供する銀行や受動的な外部株主にはあまり利用されていない。銀行との対比で，ベンチャーキャピタリストは投資対象となるベンチャー企業の多くにおいて，より積極的な役割を演じ，ベンチャーキャピタリストの貢献がベンチャー企業の究極的な成功にとって非常に重要である，ということがしばしば強調される。

　したがってベンチャー企業とベンチャーキャピタリストの間の関係を統治する最初の契約は，ベンチャー企業とベンチャーキャピタリストの双方にプロジェクトに効率的に投資するように促す必要がある。このことは，われわれのモデルの枠組みに適合しているように思われる。しかしながら，われわれがベンチャーキャピタル業界において観察する実際の契約は，まず第一に，ベンチャーキャピタリストは典型的にベンチャー企業の株式の100％を得るようなオプションを持っておらず，実際には100％よりもかなり小さな割合しか持っていない。資本構成や株式の所有権構造の変化がベンチャー企業とベンチャーキャピタリスト双方の行動に影響を及ぼすかもしれないという問題を回避するために，初期投資額はすべて転換社債型新株予約権付社債で資金調達され，それぞれの株式所有比率を単純化した[24]。

　日本のストックオプション制度は1995年より制度化がはじまり，1997年に新株引受方式が可能となった。この時に導入された制度はＩＰＯを目指すベンチャー企業にとって極めて効果的なインセンティブ付与手段であったが，問題点として付与対象者が自社取締役および使用人に限定されていたため，部外者

にはワラント債を利用して対応するしかなかった。

　さらに1998年には税制改正の一環として，これまで新規事業法に基づくストックオプションについて認められていた税制上の優遇措置が一定の条件の下で一般的なストックオプションにも適用されることになった。2002年に対象者の名前の開示をしなくてよいことになり優秀な人材確保の手段として用いられるようになった。現在の問題点として税制により，一時所得および給与として認定するかの課税問題があり，ストックオプション制度にかげりがみえてきた。しかし今後のベンチャー企業振興においては，強力な武器としてストックオプション制度の改革が迫られている。

【注】
1）　小野［1997］『ベンチャー企業と投資の実際知識』，31頁
　　　Robert Hisrich & Michiel Peters, Entrepreneurship pp. 5－6
2）　小野［1997］『同掲書』，32頁
　　　J. A. ティモンズ New Venture Creation, p. 189
3）　百瀬・森下［1997］『ベンチャー型企業の経営者』，211頁
4）　松田［1997］『起業論』「アントレプレナーは起業までに，人生で多くのことを学ぶ。」(87－88頁)
5）　三井［2001］『現代中小企業の創業と革新』，15頁
6）　田中［1997］『起業に関する理論的枠組みの再考』，83頁
7）　柳［1997］『起業力をつける』，63頁，65頁
8）　百瀬・森下［1997］『同掲書』，212頁
　　　「自分の能力を発揮するために，自分の力で事業を実現したかったのである。その理由には，人に使われたくないという独立志向がある。」
9）　松田［1997］『前掲書』
　　　「急膨張する組織を破綻することなく調整する能力がなければならずこの能力を引き出す性格がバランス感覚である。ベンチャー企業は一人で成り立つものではない。」，151頁
10）　松田・大江［1996］『起業家の輩出』
　　　「エコグラムは，交流分析による自己分析の1つの方法で，自己を5つの部分（批判的な親／養育的な親／知的な大人／自由な子供／適応した子供）に分けて分析し，対人関係のあり方を理解できる。」，51頁
11）　ジェフリー・A・ティモンズ［1997］『ベンチャー創造の理論と戦略』
　　　「アントレプレナーの全面的献身は，自分の財産の担当部分をベンチャーに投資する意欲，ベンチャー企業の大株主であることから，創業にあたり，自分の報酬が減る

第1章　アントレプレナーとベンチャー企業

ことを受け入れる覚悟，自分のライフスタイル・家庭における犠牲などがある。」，189頁

12) A・H・マズロー［2001］『完全な経営』
「ペルーのように状況が悪化しつつある社会に100人の人間を派遣する場合，最も価値ある100人となるのは，100人の化学者や政治家，大学教授，技術者などではなく，100人のアントレプレナーである。」，323頁
13) ジュフリー・A・ティモンズ［1997］『同掲書』
「ＩＰＯをビジネスとする投資銀行や証券会社，弁護士のオフィスもある」，51頁
14) ドラッカー［1985］，103頁
　　"INNOVATION AND ENTREPRENEUR SHIP"
15) 日本経済新聞社［2000］日経大予測』，20頁
16) 清成忠男［1993］『中小企業ルネッサンス』96-97頁を参照。
　　ベンチャービジネスといえる企業の数は，70年代を通じて増加し続け，さらに80年代に入ってからは一段と増勢を強めている。70年代初頭に第一次ベンチャービジネスブームが，80年代初頭に第二次ベンチャービジネスブームが到来したといわれるが，これはジャーナリズムが勝手につくりあげたブームにすぎない。現実には連続性が認められるのである。ベンチャービジネスは，中小企業の一類型としてすでに定着している。
17) 同上97-98頁を参照。
18) 前田昇・安部忠彦［2005］『ベンチャーと技術経営』13-14頁を参照。
19) 同上15頁を参照。
　　ベンチャーキャピタルの分野においても1994年には公正取引委員会が独占禁止法のガイドラインを改正した。1998年の持株会社解禁によって持株比率の制度も撤廃された。
20) 同上17頁を参照。
　　日本の遅れていた起業家教育も起業家講座，ＭＯＴ講座を開設する大学が増加した。
21) 同上101-103頁を参照。
　　2003年度改正において，ベンチャー企業への投資額をその年の他の株式譲渡益から控除して課税の繰り延べができるようになった。
22) 同志社大学経済学会［2006］『経済学論叢第58巻第1号』14-16頁を参照。
　　ベンチャーキャピタルというと，一攫千金を狙う我利我利亡者のイメージされることが多いが，それは大きな誤解である。むしろベンチャー企業が提案する技術開発戦略や経営財務戦略の実効性を多角的な観点から審査，評価のうえ，改善すべき点が見つかれば改善を求めるなどして，投資プロジェクトをより完成度の高いものへと仕上げる努力を払っている。
23) 同上17-18頁を参照。
　　ベンチャー企業，ベンチャーキャピタルは，株式公開を好まない一般的な中小企業とはまったく別の世界に棲んでおり，事実，ベンチャー企業では，将来の株式公開を念頭において創業当初から上場企業に適用される会計基準であるＳＥＣ基準にした

第 1 部　ベンチャー企業とベンチャーキャピタル

がって財務諸表を作成のうえ，出資者には詳細な経営財務情報を定期的に公開している。
24)　関東学院大学経済学会［2005］『研究論集経済系第225集』26－27頁を参照。

第2章
日本のベンチャーキャピタル

1 創造法とベンチャーキャピタル

　日本におけるベンチャー企業ブームは第1次から第3次までとこれまで3回発生したが，ブーム自体が官主導で作られたものであると考える。このブームにはアメリカにおけるベンチャー企業の登場，ナスダック，ベンチャーキャピタル，エンジェルの活発な行動の影響を受けているものである。アメリカのベンチャー企業制度を日本や韓国は，即座に導入し，時間差なしで追いかけている。

　しかし，日本におけるアントレプレナー，ベンチャー企業，ベンチャーキャピタルに十分に対応できるだけの支援制度はまだない。それは，アントレプレナー，ベンチャー企業などに対する社会的評価が低いことにも影響している。ベンチャー企業が多く発生しているアメリカを越えた支援制度が次々と打ち出され，それによって先端技術開発，新ビジネスモデル型企業が日本において数多く発生すると考える。

　1980年代は日本の開業率の低下傾向に対処するため，1990年代に入ると通商産業省（現経済産業省）と中小企業庁は創業を支援する施策を打ち出した。まず1994年に制定された「創業支援事業」がそれであるが，これは第3次ベンチャーブームを引き起こす発端になったと言われている。さらに1995年4月には「創造的中小企業」への支援を目的に「中小企業創造活動促進法」が施行された。

第1部　ベンチャー企業とベンチャーキャピタル

　この法律は，正式には「中小企業の創造的事業活動の促進に関する臨時措置法」（平成7年法律第47号）というのが，一般的には「創造法」と呼ばれている。この法律の目的は，創業や研究開発，事業化を通じて新製品，新サービス等を生み出す「創造的事業活動」を支援すること，すなわちベンチャー企業を支援していくことにある。

　創造法の支援施策を見ると，その内容は1．資金，2．技術，3．経営の大きく3つに分けられている。それぞれ多様な支援策が盛り込まれており，資金面での支援だけ見ても融資や信用保証，あるいはエンジェル税制など幅広い。その中でもベンチャー企業への資金供給の大きな柱であり，これは一言でいえば，国の資金を用いて創業間のないベンチャー企業の資金調達を直接金融によって支援していこうとするものである。すなわち補助金や融資といった従来型の支援ではなく，公的支援制度でありながら初めて「投資」という形態をとって資金供給しようとするところに大きな特徴がある（図表2-1を参照）。

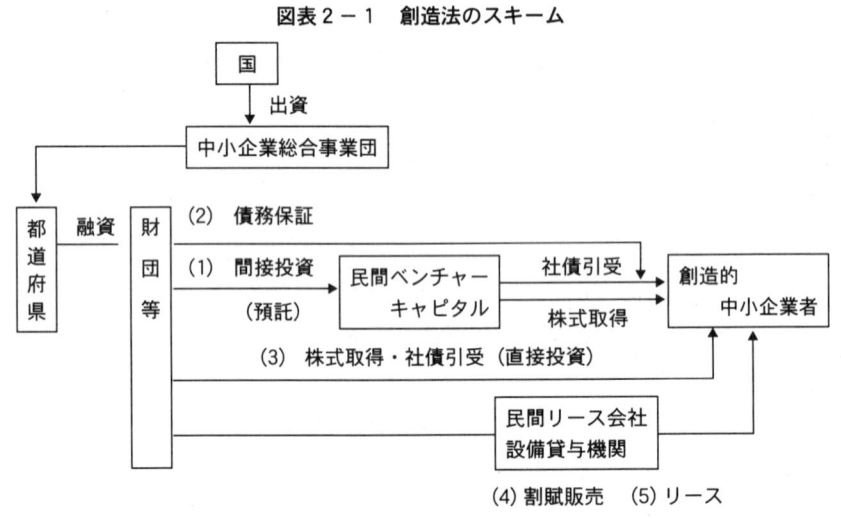

図表2-1　創造法のスキーム

出所：伊東・田中・鈴木・勝部・荒井 [2002]，97頁

（1） 制度の仕組みと狙い

　創造的中小企業創出支援事業の目的は，中小企業総合事業団の高度化融資制度を活用して，創造的中小企業＝ベンチャー企業が資金調達を円滑に行えるように支援する点にある。具体的には図表２－１のように，国（中小企業総合事業団）の資金が都道府県→ベンチャー財団に融資され，さらにそれはベンチャーキャピタルに貯託される。そして最終的には，ベンチャー企業にその資金が投資されるという流れになっている。ベンチャー財団は民間のベンチャーキャピタルを通じて間接投資を行うため「間接ベンチャーキャピタル制度」とも呼ばれている。もともとこれはFORECS（フォレックス＝大阪府研究開発型企業振興財団）が1990年に始めたベンチャー向け支援制度を原型としている。

（2） 支援対象者

　この制度の支援対象となる企業は，創造法の認定を受けたもの，あるいはその認定に類するとベンチャー財団が認められたものとされる。認定にあたっては，基本的には当該企業の製品やサービスに新規性があるかどうかが審査の重要なポイントとなる。したがって，その製品やサービスが消費者に受け入れられるかどうかという市場性の問題，あるいはビジネスとしてうまくやっていけるかどうかという事業性の問題，ここでは第一義的ではない。むしろそれは個別の問題だと言った方がよい。そのため，創造法の認定を受けたからといってそれで即投資が決定されるわけではない。

（3） 支援内容とその特徴

　創造法の投資事業の具体的内容は，①間接投資，②直接投資，③債務保証の３つからなる（図表２－２を参照）。

図表2－2　創造法投資事業概要

投資対象企業の条件	中小企業創造活動促進法の認定を受けた人およびその認定に類するとベンチャー財団が認めた人で，株式会社および株式会社を設立する人			
投資主体（意思決定主体）	特定ベンチャーキャピタル		ベンチャー財団	
投資形態	間接投資		直接投資	
投資金額	1億円以内		1,000万円以内	
投資種類	株式	社債（CB，WB）	株式	社債（CB，WB）
償還期限	－	10年以内	－	10年以内
利率	－	長プラ以下	－	長プラ以下
担保	－	不要	－	不要

出所：伊東・田中・鈴木・勝部・荒井［2002］，99頁
(注) 1．CBは転換社債，WBはワラント付社債のこと。
　　 2．長プラは長期プライムレートのこと。

　まず，間接投資は，ベンチャー財団が特定ベンチャーキャピタルに投資原資を低利（1％）で貯託し，その資金でベンチャーキャピタルがベンチャー企業の株式または社債を引き受けるものである。ベンチャー財団は資金を出すが自らが投資を実行するわけではないので，ベンチャー企業に対する「間接」投資ということになる。投資金額は，1件あたり1億円を限度としている。これに対して，ベンチャー財団が直接，創造的中小企業の株式または社債を引き受けるのが「直接投資」である[1]。

2　ベンチャーキャピタルの投資プロセス

　育成型ベンチャーキャピタルの投資プロセスを概観する。まず投資する原資を集めるために，投資家から資金を募集し，ファンドを創設する。次にベンチャーから投資依頼を受け付け，投資案件を検討し投資先を決定する。最後に，株式公開時の株式売却や企業自体の売却等により投下資本を回収し，業務活動

第2章　日本のベンチャーキャピタル

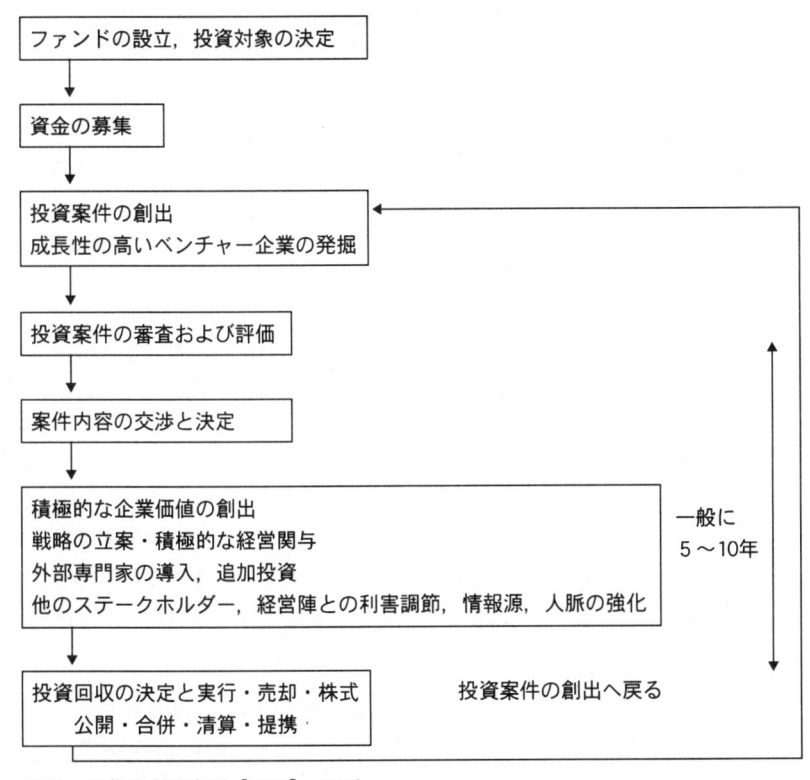

図表2－3　ベンチャーキャピタルの投資プロセス

```
┌─────────────────────────────┐
│ ファンドの設立，投資対象の決定 │
└─────────────────────────────┘
              ↓
┌──────────────┐
│ 資金の募集    │
└──────────────┘
              ↓
┌─────────────────────────────┐
│ 投資案件の創出                │ ←──────────┐
│ 成長性の高いベンチャー企業の発掘 │           │
└─────────────────────────────┘             │
              ↓                              │
┌──────────────────────┐                    │
│ 投資案件の審査および評価 │                    │
└──────────────────────┘                    │
              ↓                              │
┌──────────────────┐                        │
│ 案件内容の交渉と決定 │                        │
└──────────────────┘                        │
              ↓                              │
┌──────────────────────────────────────────┐│
│ 積極的な企業価値の創出                      ││
│ 戦略の立案・積極的な経営関与                 │├ 一般に
│ 外部専門家の導入，追加投資                  ││ 5～10年
│ 他のステークホルダー，経営陣との利害調節，   ││
│ 情報源，人脈の強化                         ││
└──────────────────────────────────────────┘│
              ↓                              │
┌────────────────────────────┐              │
│ 投資回収の決定と実行・売却・株式 │  投資案件の創出へ戻る
│ 公開・合併・清算・提携        │ ─────────┘
└────────────────────────────┘
```

出所：三菱総合研究所［2003］，68頁

を完結する。そして再び投資を行うという一連の業務を繰り返す。そのプロセスは図表2－3のように多くの段階が存在する。特に育成型ベンチャーキャピタルは，投資先の企業価値創出に積極的なことが最大の特徴である。以下では，ベンチャーキャピタルの投資プロセスを，投資前と投資後に分けて考察する。

　ベンチャーキャピタルの投資前の活動としては，投資案件のふるいわけ，投資案件の評価，検討，審査，契約の締結等のステップがある。米国では，起業家が事業計画を文書化して，ベンチャーキャピタルに提案することが常識となっている。したがって，ベンチャーキャピタルは，自身で営業活動を行う必要性はあまりなく，大抵は送られてくる事業計画書を見て，これはと思う対象

第1部　ベンチャー企業とベンチャーキャピタル

先に連絡をとり，投資案件として仕立てていけばよい。米国のベンチャーキャピタルには，毎日10件ぐらいの申し込みがあり，ようやく1,000件に3件ほどが実際契約に達するとされる。

ベンチャーキャピタルは事業計画に基づいて，投資候補企業の現在価値(Net Present Value）を推定する。これには，いくつかの定式があるが，一般的に使用されているのは，Conventional Method と呼ばれる式である。

$$NPV(n) = \frac{R(1+g)^n aP}{(1+r)^n}$$

ただし，R＝売上高，g＝売上高成長率，a＝売上高利益率，n＝株式売却までの期間，p＝株式売却時の類似企業の株価収益率（PER），r＝割引率である。

この式の左辺NPVが現在価値，右辺の分子が将来価値である。割引率（r）は，ベンチャー企業から見れば資金コストになるし，ベンチャーキャピタルにとっては，期待利益率を意味する。これは，ベンチャー企業の成長段階等に応じて一定数値が想定され，それをもとに個別投資先のリスクに応じて適応される（図表2－4を参照）。

図表2－4　ベンチャーキャピタルの投資リスクに見合った期待利益率

成　長　段　階	期待利益率 (年率)
シード	80%
スタートアップ	60
ファーストステージ	50
セカンドステージ	40
サードステージ	30
ブリッジ	25

出所：三菱総合研究所［2003］，69頁

図表2－4は，投資先企業の成長段階に応じて，ベンチャーキャピタルがリスクに見合ったリターンと認識する一般的な期待利益率を示したものである。株式公開直前のブリッジでさえ，年率25％であり，大学発ベンチャーが該当す

るシード，スタートアップでは，年率60％から80％という高い期待利益率が求められる。大学発ベンチャー等成長初期のベンチャー審査においては，企業の成長性が最大のポイントとなる。成長の源泉となる技術や事業コンセプトには，ベンチャーキャピタルを説得できる，つまり年率にして60％から80％という高い期待利益率が見込める高いレベルが求められることになる。

　投資後の活動は投資先企業へのモリタリングや経営支援等からなる。育成型ベンチャーキャピタルは，投資後活動を重視し，投資先企業の経営に深く関与して投資先企業の企業価値創出を目指す。モリタリングとは，起業家が企業価値を破壊する機会主義的行動に走る可能性を抑え，結果として，投資先企業の価値向上に寄与することを目的としたものである。例えば，個人的な利益を有する起業家は，たとえ株主に対して負の現在価値案件に関する情報を持っていたとしても，事業の継続を望む。また起業家は，株主のコスト負担で自分の評価を高める戦略を追求しがちである。投資家であるベンチャーキャピタルは，起業家個人の利益と株主への資金的なリターンについて完全な相互依存関係になっていないことを懸念する。したがって投資家，起業家の策定した事業計画をもとに，モニターすることになる[2]。

3　ベンチャーキャピタル資本の回収

　ＩＰＯとＭ＆Ａはポートフォリオ企業を清算するための２つの主要な回収メカニズムである。投資を回収する，すなわち投資収益を実現するための最も共通した戦略は，ＩＰＯすなわち株式の新規公開である。ベンチャーキャピタリストは，株式の公開によって企業から最高の収益を手にするのである。企業は株式を発行し，これによって株式公開企業となる。このほかの回収戦略に，企業吸収，清算，または株式の買い戻しなどがある。投資収益を得る上で，ＩＰＯが重要であるがゆえに，ベンチャーキャピタル投資の流動性は，株式市場とくにNASDAQに相当に依存している。

　市況が強気であった1983年においては，約700社の小企業がＩＰＯに踏み切り，

第1部　ベンチャー企業とベンチャーキャピタル

　その投資額はほぼ60億ドルに達した。1980年代初期から中期にかけて市場の活況は，1970年代に設立されたベンチャーキャピタルファンドに顕著な収益性をもたらした。しかし，ＩＰＯのブームは1987年10月19日の株式市場の相場急落で終わった。そして1988年と1989年の新株発行は，1983年の水準に比べ75％まで落ち込んだ。ＩＰＯのブーム衰退に伴って，これに代わる回収戦略が登場した。1987年から1988年にかけて，企業合併による資本回収がＩＰＯを凌駕した。その結果1980年代末期と1990年代においては，外国の投資家はアメリカのベンチャーキャピタリストに別の戦略を提供することになったのである。強い円という有利な立場にある日本企業は，有望な技術をもっている企業との合併の機会をさがし求めた。

　アメリカの企業のうち主要なものもまた，企業合併の市場において強力なプレイヤーになった。1991年の春までに，バイオテクノロジー関係の株が引き金となってＩＰＯ市場が復活したが，大企業の株式取得は国内のベンチャーキャピタルの資本回収の主要な源泉であり続けた。

　1978年から1992年にかけてベンチャーキャピタルの支援を受けたバイオテクノロジー企業の研究によると，ファンドの回収戦略が株式の評価に主として依存していることが明らかになった。ベンチャーキャピタルは，株式の評価が最高になるときには企業に株式を公開させるが，株式の評価が低下するときにはこれに代わって民間の資金供給を求めるのである。経験に富んだベンチャーキャピタリストは，ＩＰＯ決定のタイミングについて優れた能力をもっているように思われる。この能力は株式の評価がいつピークに達するかを識別することができる熟練度に基づいているかもしれない。これに代わる説明は，簡単にいえば経験に富んだベンチャーキャピタリストが経験の浅い同業者よりもすぐれているということである。

　ベンチャーキャピタリストは投資銀行に大切なコネクションをもち，そして投資家の将来のファンドを引きつけるほど迅速に収益を生み出すようなプレッシャーがないため，彼らに市場が最適になるまで待ち続けるような時間的余裕を与えるのである[3]。

第2章　日本のベンチャーキャピタル

4　日本における新規株式公開（ＩＰＯ）とベンチャーキャピタル

　2006年7月に企業の与信情報を提供するデータプレイス株が突如，大商いとなった。人材派遣のアドバックスから出資を仰ぐと同時にインターネット業界で台頭するアフィリエイト（成果報酬型）広告を始めると発表したのがきっかけだ。2005年11月の名証セントレックス上場から半年余りで，赤字が続くアドバックスを第3位株主に迎えた。上場準備を始めたのは3年前，設立6年目の2003年であった。需要が伸びず経営難に陥っていたが「3年後に上場する」という事業計画を示し，ベンチャーキャピタル数社から1億3,000万円を調達した。

　成長資金の供給を主眼に上場基準を下げ，ベンチャー企業に門戸を開いてきた新興市場（アンビシャス，マザーズ，セントレックス，ヘラクレス，Ｑボード）である。ＩＰＯはオーナー経営者が創業者利潤を確保する絶好の機会となるばかりか，主幹事実績を積み上げたい証券会社や投資回収を急ぎたいベンチャーキャピタルなどの利害もある。2000年以降，6年連続で年100社以上が上場する大公開時代は，一面でスピード上場をあおり，市場が実力を疑問視する未熟な公開企業を生み出す危険性をはらんでいる。

　2006年，新規上場した110社のうち初値が公募価格を下回ったのは3銘柄であった。事業基盤が弱く市場での評価も固まっていないＩＰＯ株への投資は，リスクも大きく，価格形成には機関投資家など多くのプロがかかわっている。低金利とありあまった株価上昇で，株式市場はネット投資家など株式投資の経験の乏しい人たちを市場に呼び寄せた。1,000万人の個人投資家のうち約10万人がＩＰＯ銘柄に投資しているといわれる。

　2002年ごろまでは初値が公募価格を割り込むケースが相次いだ。あたかも必勝法のように映る公募買い，初値売りにも必ずリスクがある。さらにＩＰＯ株を手に入れるコストも上昇している。手数料を稼ぎたい証券会社は，人気のあ

第1部　ベンチャー企業とベンチャーキャピタル

る新規公開株を投資信託などと事実上セットにして販売する。ＩＰＯ銘柄を公募価格で買えば必ず利益がでたので，このブームに乗って資金を投入したから，新興市場だけでも年間100社を越える大量公開時代をむかえたようである。よって企業基盤が確立していないベンチャー企業に上場を通して多額の資金確保ができるようになったのである[4]。

　2006年に大証ヘラクレスに新規上場したワイン輸入販売のエノイカの初値は公募売り出し価格を29％上回る45万円であった。新規株式公開で初値が公募価格を割り込まなかったのは今年に入って上場の112銘柄のうち109銘柄となった。ＩＰＯ人気を象徴する数字であり，ＩＰＯによる株価形成では「320銘柄」というさらに別なデータもある。企業が市場に出るまでには５つの株価が存在する。複雑な過程を経る株価の形成をたどると，市場の一面がみえる。時間の流れに沿ってみると一番目は「理論株価」であり，収益規模や成長性，資産価値を同業他社と比較し，主幹事証券が算出する値段である。二番目は「想定発行価格」であり，証券取引所が上場を承認すると企業は目論見書を出し，公募増資や売り出しの株数とともに見込み価格を発表する。リスクなどを計算し２～３割，割り引いた価格となる。三番目は「仮条件」であり，上場企業は主幹事証券とともに年金運用会社や投資信託など機関投資家を訪問，妥当な株価を決定してもらう。主幹事証券はさらにその後，個人投資家などに仮条件の価格帯を示し，どの程度の需要があるかを申告してもらう。これをブックビルディングといい，その結果が四番目の「公募，売り出し価格」である。そして五番目の，上場しての最初の株価「初値」となる。

　ブックビルディングは，市場の声を株価に反映させる目的で1997年９月に導入された。しかし仮条件の上限で決まるのなら仮条件の設定まちがいである。初値が公募価格を上回るのが続いているからこそ個人投資家は株を入手するために仮条件の上の値段にばかり希望を出している[5]。

　不十分ながら，大きな企業金融の構造変化の下，「第三の創造期」を乗り切るためのベンチャーファイナンス再構築の必要性と，条件整備についてとりあげた。その際，中心的な役割を担うべき重要な企業金融の機関として，ベン

チャーキャピタルの活動を前提にし，それが十分な創業支援を行うための投資インフラの整備という点に焦点を合わせた。

　この基盤整備のうえに立って，ベンチャーキャピタルがその専門的経験に裏打ちされた投資活動を展開することが不可欠である。今日わが国に存在するベンチャーキャピタルのすべてが，こうした投資活動を展開することはできない。投資インフラが整ったとしても，本格的に創業支援投資を行うためには，ベンチャーキャピタル側で，組織面，人材面など，大きな変化を余儀なくされざるをえない。少なくとも，これまでのようなヒト，モノ，カネ，情報をすべて親会社に依存したベンチャーキャピタルが存在基盤を失うことは間違いない。

　ベンチャーキャピタル投資は経験のビジネスである。親会社からの出向者ではもともと対応できない性格を持っている。ベンチャーキャピタル投資に不可避なリスクとリターンの厳密な比較考量も，外部出資者の厳しいパフォーマンス要求を前提にしなければ，十分とはならない。現実に，これだけベンチャーキャピタル投資の活性化が期待されるなかで，多くのベンチャーキャピタルがバブル経済期の不良資産の処理に精力を奪われ，その本来の機能が生かせないのも，親会社の意向に沿った投融資活動を行った結果だと言える。親会社依存は，当初は費用面でも有利であり，リスクも小さいようであるが，実は最もハイリスクなのである[6]。

　ベンチャーキャピタル投資にとって，経験ある人材こそ，成功のカギである。アメリカでは一人前のベンチャーキャピタリストになるのに最低10年の経験が必要だと言われている。親会社の出向人事に頼ってきたわが国ベンチャーキャピタルの現状を見るとき，悲観的にならざるを得ないが，ベンチャーファイナンス再構築のためには，早急に事態の打破が求められる。そのためには，ベンチャーキャピタル自体の意識的な体質改善が必要であり，大学などもそれを支援し，理論面，具体的ケースの分析を通じて，ベンチャーキャピタル投資経験の一般化とその教育に取り組むことが求められる[7]。

　本項においてベンチャーキャピタルおよびベンチャーキャピタルファンドの現状，課題を論じてきたが，日本のベンチャーキャピタルはアメリカのベン

第1部　ベンチャー企業とベンチャーキャピタル

チャーキャピタルに約10年のノウハウ蓄積の遅れがあるが，どのように乗り越えるかが一番の課題である。

　現在，日本のベンチャー企業論，ベンチャーキャピタル論の研究は急速に進化している。今，日本でのベンチャー企業振興は産学官あげて取り組まれており，インキュベーション施設も全国に設置されている。

　アメリカのベンチャーキャピタルは，日本の金融系ベンチャーキャピタルのようにスタートアップ期を過ぎたアーリーステージ期に投資するのではなく早くから投資活動を行っている。また，単に資金を供給するだけでなく，技術と市場のニーズをいかに結びつけるかという経営戦略を練っている。

　今後，日本でのベンチャーキャピタルおよびファンドの成長，シード期のアントレプレナー，ベンチャー企業への積極的投資があれば，現在形成されているベンチャー企業クラスター地域の京都，浜松のような地域が各地に登場すると考えられる。

【注】
1）　伊東維年・田中利彦・鈴木茂・勝部伸夫・荒井勝彦［2002］『ベンチャー支援制度の研究』96－100頁を参照。
　　　投資を実行するベンチャーキャピタルは各ベンチャー財団から指定を受けたものに限られ，それは「特定ベンチャーキャピタル」と呼ばれる。これら特定ベンチャーキャピタルはベンチャー企業が発行する株式か社債（転換社債あるいはワラント債）を引き受けることになる。
2）　三菱総合研究所［2003］『所報No.42技術経営と産業再生』68－70頁を参照。
　　　ベンチャーキャピタルと起業家との間の情報の非対称性が重要な意味を持ち，モニタリングが有益である成長初期の企業やハイテク分野の企業への投資ではベンチャーキャピタルはモニタリングに注力するとされる。
3）　O.フィルマン・U.ヴッパーフェルト・J.ラーナー［2000］45－47頁を参照。
　　　アップルは大成功した好事例としてたびたび引用される。1978年から1979年にかけて数名のベンチャーキャピタリストがスタートアップ期のこの企業に350万ドルを上回る投資を行った。アップルは1980年に株式を公開したとき，これらの投資価格は2億7,100万ドルに達していた。
4）　日本経済新聞社［2006年8月29日号］「試練の新株市場IPOブームの裏側－スピード公開落とし穴－」を参照。
5）　同上［2006年8月30日］「試練の新株市場IPOブームの裏側－過熱する公開株人

気－」を参照。
6）　同上［2006年9月1日］「試練の新株市場ＩＰＯブームの裏側－硬直化した株式形成－」
7）　早稲田大学アントレプレヌール研究会編『ベンチャー企業の経営と支援』152－153頁を参照。

第3章
アメリカのベンチャーキャピタル

1　アメリカでのベンチャーキャピタルの形成と役割

　1960年代になってアメリカではベンチャー企業が群生し，それにリスクキャピタルとマネジメントノウハウを供給するベンチャーキャピタルの活躍が注目を集めるようになった。その現象はコンピュータ，情報処理，ファインケミカル，医療機器，環境制御などをはじめとして，先端的な産業分野に開花して，産業構造の転換の先導的な役割を果たしてきていることが重要なのである。

　歴史を振り返ると，すぐれた技術を開発して，旺盛な企業家精神にあふれた個人が新企業を創業し，それとリスクキャピタルの供給が結合して，その時代の技術革新と産業構造の高度化に先導的や役割を果たすという現象は，産業革命以後アメリカでは2度目のことである。1度目は1900年初め，第2次産業革命といわれる時期にあたる。電信電話，無線電話，電機といった当時の先端的な新産業の誕生は，ほとんど天才的な個人の発明家の成果としてのベンチャー企業により生み出された。ベル，エジソン，マルコーニ，ド・フォホレスト等の天才的発明家が新企業を起こして，今日の電機エレクトロニクスの基礎を築いた[1]。

　スクローリンは新企業の成長と新産業の発展のためには，企業家を援助するベンチャーキャピタルが大きな役割を果たすことを指摘して，その当時，誕生間もなかったベンチャーキャピタル会社ＡＲＤ (American Research and Development：アメリカ研究開発社) 社についてその意図を高く評価した。当時のＡＲＤ

第1部　ベンチャー企業とベンチャーキャピタル

社は出資者を集めるのにも苦労を重ねていた時期であり，一部の先覚者を除けば，今日の成功はとうてい期待されていなかった。アメリカでは，50年代の後半からコンピュータの開発普及を中心とした第三次産業革命といわれる技術革新の新たな段階と新しい産業社会への移行とともに，ベンチャービジネスが発生し，その中から有力企業が成長，ＡＲＤ社もはなばなしい成功を達成してベンチャーキャピタルの活躍期を迎えるにいたったのである[2]。

ベンチャーキャピタルという言葉は，1970年代の中頃には，すでにベンチャーキャピタル投資に関する定義としてさまざまに提示された。たとえば，ハイリスクな金融ベンチャーに対する投資，立証されていないアイデア，製品あるいはスタートアップ期に対する投資である。アメリカにおけるベンチャーキャピタルの歴史は日本の約10年前を，いつの時代も進行している。ということは日本に10年のおくれがあるということである。ベンチャーキャピタルは，今後どのように展開するかわからないベンチャー企業へ出資するファイナンスであり，ベンチャー企業と同様にハイリスクハイリターンである。ベンチャーキャピタルは主にアメリカ，日本で発達していると錯覚がおこりがちであるが，韓国は，ほぼ日本と同時期に各施策が行われており，タイムラグはほとんどない。

また中国，インド，オランダ，ベルギーそしてドイツは急速にベンチャー企業，ベンチャーキャピタルが成長していることをわすれてはならない。マーケティングと同じように概念として，ベンチャー企業，ベンチャーキャピタルは目が離せない分野となっている。

ベンチャーキャピタルは，ベンチャービジネスに具体的にどのような援助を行うかというと，まず，第一に資金面での援助である。ベンチャービジネスのスタートアップ段階とリスキーグロースの段階では，通常の金融機関融資の対象となりにくいので，ベンチャーキャピタルの役割がきわめて大きい。ベンチャーキャピタルの資金提供は出資，普通株取得による場合がいちばん多い。株式取得率は20〜40％が一般的であり，50％を越えて支配権を求めることは少ない。そして出資額は20万ドルから50万ドルぐらいであり，まれに100万ドル

第3章 アメリカのベンチャーキャピタル

以上という大口なものもある。

　それにベンチャービジネスの発行する転換社債や優先株の買取り，長期貸付，株式買取り権つき融資，金融機関に対する融資斡旋などを組み合わせる場合もある。つまり，資金提供の規模と方法は，投資先企業の業種，業態，および企業の発展段階によってかなり多様である。しかし，ベンチャービジネスの資金需要が主としてリスクキャピタルであることと，ベンチャーキャピタルの収益は投資株式からのキャピタルゲインに依存する度合いがきわめて大きいことから株式取得が基本的な資金の供給方式である。

　第二の機能は，コンサルタント業務である。ベンチャービジネスの創立者は，多くの場合，工業系統の技術者であるために，財務，資金，マーケティングなどの企業経営についての知識が乏しいのでその面の指導を行うことになる。たとえば，ベンチャービジネスとして出発してミニコンピュータのトップメーカーとなったDECのオールセン社長は，創立当時バランスシートの作り方がわからず，サミュエルソンの「経済学」を参照しながら学び，大まかなバランスシートを作ってベンチャーキャピタルのARDから経理システムの指導を受けたと述べている。このように，ベンチャーキャピタルは，資本で投資先企業を支配せず，投資先企業の創造的企業経営の展開のために，協力するのである。

　重役の派遣を行うケースも多くみられるが，それは基本的には投資先に経営資源を提供するためであり，支配するためではない。したがって機能的にみるとベンチャーキャピタルは，すぐれた技術者に資金とマネジメントサービスを供給して，ベンチャービジネスを育成するところにあるといえる。企業成長のライフサイクルの視点からみると，創業時から不安定急成長期にかけての段階でとくにかかわってくるのである。そして，技術革新を技術と資本の新たな結合のプロセスとしてとらえるならば，技術革新におけるベンチャーキャピタルの役割はきわめて大きい。そしてベンチャーキャピタルは技術革新企業への出資という不確実性の大きい投資を行うために，ベンチャーという形容詞が冠せられたのである。投資先企業とリスクをともにして，それらの企業の成長を支援することにより，創業者利潤としてのキャピタルゲインを実現できるのであ

る。なおベンチャーキャピタルの投資対象は，スタートアップ企業にかぎられることなく既存企業でも新製品，新技術の開発で新たな成長を目指す場合や，すぐれた技術をもちながらもマネジメントの能力や資金の不足から潜在的成長力を十分に発揮できずに業績不振に陥っている中小企業を対象にする場合も多くみられる[3]。

2　ベンチャーキャピタルの直接金融と事業形態

　ベンチャーキャピタルは，将来性のある，主として未上場，未登録の企業に対し，資金とともに各種の経営資源の提供を行うことにより，これらの企業を試し，これらの企業を育成し，その株式価値を増大することでキャピタルゲインを得ることを目的とする事業者である。本来ベンチャーキャピタルは高いリターンを求めて，アーリーステージの企業に投資を行うが，当然に相応のリスクを負担することになる。他方，金融機関は，利息収入を目的として資金を貸し付ける。回収の確実性が求められるため，多くの場合担保権を設定し債権の保全を図っている。ベンチャーキャピタルは株式価値の増大，金融機関は貸付金の回収を目的とするなど，その行動様式には本源的な差異が存在する。

　わが国の中小企業の資金調達の困難性の背景には間接金融の面では，金融機関の担保に依存した融資審査が大きな要因であり，直接金融の面では，資金供給主体が極めて限定されている上に，大きな役割が期待されているベンチャーキャピタルについても限界が指摘されるなどリスクマネーの供給が十分でなく，今後わが国でリスクの高い事業へ十分な資金を供給するためには，米国の企業における資金調達に当たってベンチャーキャピタルが重要な役割を担っていることを参考にして，それらの直接金融が一層活用されるために環境整備が重要な課題である[4]。

　ベンチャーキャピタルにおける事業組織形態としては①リミテッド・パートナーシップ(Limited Partnership；LP)，②有限責任組合(Limited Liability Company；LLC)，③法人(Corporation)の3つの形態があるが，現在ではLP形態をとる

第3章　アメリカのベンチャーキャピタル

ベンチャーキャピタルが大半である。ただ，ここ数年，LLC形態による設立が増加するなど新たな動きが生じており，ベンチャーキャピタル業界の事業組織形態も時代とともに大きく変化してきている。以下はアメリカベンチャーキャピタル業界における事業組織形態の変遷について概観しておくことにしよう。まず法人形態においては，投資家は投資から生ずる責務から保護されるメリットがある一方，利益に対して会社レベルと個人レベルの2度にわたって課税されること，永続体であるため資金の回収が困難であるといったデメリットがある。

　こうした理由から1970年代に入ってLP形態が増加していったのであるが，この形態は当初はガスや石油事業関連の企業で主として利用され，後にベンチャーキャピタル業界でも積極的に採用されるようになった。LP形態では，ゼネラルパートナーは無限責任であるが，リミテッドパートナーは有限責任であるし，投資家レベルでしか課税されず，通常10年か12年のパートナーシップ契約が切れれば投資資金の回収が可能となる。こうしたメリットを重要視する傾向が強まるにつれて，LP形態がベンチャーキャピタルの中心的な事業組織形態となったが，ここ数年の傾向として，LPと法人の中間的形態として特徴を持つLLC形態が急速に増加しつつある。この形態はLPと法人両形態のメリットのみを採用したような組織形態であり，近年LLCを認める州が急速に増えてきたため，新規に設立されるベンチャーキャピタルにおいて急速に採用されている[5]。

　アメリカにおける新規創業企業のシード期段階での重要な資金供給源は，インフォーマルな株式資本によって代表される。これらのファンドは家族，友人や独立の民間人（ビジネスエンジェル）によって支えられている。アメリカは，この種の「シードキャピタルの文化（Seed culture）」をもっている。アメリカにおける公的政策においてベンチャーキャピタルは，幅広いさまざまな政府の政策，とくに税制および証券規制に敏感である。それらによって，投資家が直面する数々の投資機会のリスクに対する報酬が変わるからである。

　アメリカ議会の両院経済委員会の報告書は，アメリカの227社の有力なベン

第1部　ベンチャー企業とベンチャーキャピタル

チャーキャピタル企業を調査した。委員会は起業家のビジネス環境を改善するため，いくつかの公的政策を提案している。これらは大学での基礎研究のための資金提供，民間企業に対する研究開発関連の税額控除，および企業間の共同研究開発を促進するトラスト規制の緩和を含んでいる。州政府もまた，ベンチャーキャピタルに対して一定の役割を果たしている。ベンチャーキャピタルの活動は，国内の3地域，すなわちカルフォルニア州，マサチューセッツ州，ニューヨーク・ニュージャージー州に集中している。1994年にカルフォルニア州で払い込まれた資本は，それに次ぐマサチューセッツ州の約4倍であった。

　この「地域差」は，他の地域の起業家が彼らのベンチャーのための資金源を獲得するのに競争上不利な状況にあることを意味している。リスクのより低いレーターステージの投資の増加傾向と同じく，産業間，地域間および発展段階の間にみられる資本の偏在は，長期において経済的，社会的利益をもたらす重要な技術が株式市場によって無視されてきたという考えを生み出している。こうしたことはアメリカ政府が起業家への資金提供において，どのような役割を果たすべきかについて議論を再熱させることになった。ほとんどのエコノミストや政策立案者は，政府が新規ベンチャーを促進すべきであることに賛成しているが，政府がみずからベンチャーキャピタリストとして行動することについては，意見が対立している。

　アンソニー・クラーク（Anthony Clark）は，下院の科学宇宙技術委員会のメンバーであり，クリントン政権の時と同時に，政府とベンチャーキャピタル産業の間のパートナーシップを支持している。クラークは，公的資金がイノベーティブな技術を促進するベンチャーに直接に投資されるべきであると提唱している。フロリダ，サルマンといったエコノミストは，政府は無能なベンチャーキャピタルであると主張している。公共の利益はしばしばベンチャーキャピタルのハイリスクハイリターンの世界と両立しない。過去の2つのプログラムは，政府支援によるプログラムが成功しなかったことを示している。それらは，中小企業庁のSBICプログラムと，多くの州によるベンチャーキャピタルプログラムである。SBICプログラムの盛衰はすでに何度も取りあげられてきた。

第3章　アメリカのベンチャーキャピタル

　1980年代，ハイテク企業を育成することを期待して，多くの州，たとえばフロリダ州，ミシガン州，ワシントン州がベンチャーキャピタルファンドを創設した。基本的に，これらの州は，州内にシリコンバレー現象を再現することを意図していた。1990年に23の州が，ベンチャーキャピタルファンドのために，合計2億ドルの公的資金を投入した。これらのプログラムは事実上失敗し，投資の多くは期待通りの成果をあげえなかった。あるいは資本はフロリダ州よりもよい投資機会のある他の州へと流れていった。同じく，サルマンは，アメリカにおいてベンチャーキャピタルは不足しておらず，アメリカは継続して資本の新規源泉を創出する強い金融システムを有している[6]。

　つぎにアメリカの中小企業投資育成会社（SBIC）を通してベンチャー企業に対する投資行動を検討する。中小企業庁（ＳＢＡ）が1958年にSBICを設立したことが分岐点であった。ＡＲＤやその他のベンチャーキャピタル投資に触発されて，リスクキャピタルの提供や中小企業の創業支援ノウハウの充実を図る面で政府が主導的役割を担うことへの要請が高まった。SBIC法は，創業期またはアーリーステージのベンチャー企業の設立と成長を促進するための，政府認可のベンチャーキャピタルの設立を目的とした。投資資金についてはＳＢＡに規制されたが，投資判断は民間にゆだねられた。

　同法の制定によってSBICは，自ら投資した1ドルについて政府から4ドルの低利融資を受け，これを投資に回せることとなった。このことは資本構成のうえでプラスとマイナス両方の効果があった。政府への元本返済と利払いのために，実際の投資活動では，ＡＲＤとほぼ遠い投資哲学と投資活動を採らざるをえなくなってしまったからである。ＡＲＤの投資がすべて株式取得であったのに対してSBICはその活動のなかで，成熟した，キャッシュフローの変動幅の小さい，安定した中小企業に対する融資にかなり力をいれていたのである。

　金利も低く容易に政府の資金が得られたために，SBICは資金調達という面倒な仕事をやらずに済んだ。しかしこれは逆効果をもたらした。1962年までに585社のSBICが登録され，1960年代半ばには約700社にもなったが，彼らはドリオが語ったような中小企業の仕事をする難しさ，資金不足，支援のリスクな

第1部　ベンチャー企業とベンチャーキャピタル

どを過小評価していた。これは今日の貯蓄銀行業界の大変動を思い起こさせる。1966年から67年までに，232社のSBICに問題が生じ，いずれも深刻なものであった。SBICの無力と失敗が，若い企業を傷つけた。新しい規制が設けられSBICは250社に減少した。SBICは1978年までには，アメリカのベンチャーキャピタル投資資金のわずか21％を占めるに過ぎない状況になった。

　このSBIC衰退の副産物のひとつが民間ベンチャーキャピタルファンドの出現であり，1968年から69年における店頭市場の株価上昇である。この株価上昇は，今まで経験したことのないほどの新規公開（ＩＰＯ）を可能にした。この年の新規公開社数は1,000社近くになり，その金融は14億ドルにもなった。1983年の活況すらこれに比較すると色あせてしまう。この前例のない動きによって，新設された民間のベンチャーキャピタルが投資家に驚異的なリターンを実現するという噂話が現実のものとなった。結局，ファンド募集の際には，ドリオがＤＥＣでやったことをみよ，というセールストークが使われた。当時の過熱した株式市場の雰囲気のなかでは，こうした議論に異論をはさむ余地はなかった。過剰な期待をもって，溢れんばかりの資金が投入された。1969年だけで２億ドル以上（1990年では７億ドルに相当）に達していた。新規公開で資金機会は無限に広がっているように思えた。

　ところが，1969年末に株式市場は突然変調をきたし，売買高の小さい中小企業株式は，スパイラル的株価下落に巻き込まれた。ベンチャーキャピタル業界にとって，不景気とベトナム戦争のための増税が致命的となり，ビジネス誌には「ベンチャーキャピタルの死」が報じられた。60年代の新設企業に対する熱狂的投資活動は，ＡＲＤが設立間もないころに経験したのとまったく同じ困難さをもたらした。キャッシュフロー不足，赤字，そして倒産である。確かに，大きく異なる点もあった。すなわちＡＲＤも他の民間ベンチャーキャピタルも，株式のみに投資しており，追加融資の負担からは免れたのである[7]。

　アメリカのベンチャーキャピタルは1970年代には急激に活動が低下した時代であった。その後1980年代にはベンチャーキャピタルが復活し，ヨーロッパからの資金も大量に流入し，ブームが発生した。1990年代にはベンチャーキャピ

タルの状況が悪化し,「ベンチャーキャピタルは変わってしまった, もはや元には戻らないだろう」と言われるようになった。

3 ベンチャーキャピタルの変容

　今日のベンチャーキャピタル投資は, 過去のクラシックベンチャーキャピタル投資とは明らかに異質なものである。ベンチャーキャピタリストのベン・ローゼンが「ベンチャーキャピタルギャップ」と呼んだ状況を作りだしてしまったのは, 残念なことである。「若い中小企業のための今日のシステムに問題があることは, 間違いない」と彼は語った。クラシックベンチャーキャピタルが経済全体にとって生みの母であり, 保育器の役割を担っている点について, これまでわれわれは議論してきた。通商委員会の調査によると, 第二次世界大戦後に行われた画期的な全イノベーションの95％は大企業でなく, むしろ設立後間もない中小企業が起こしたものであった。

　新規参入者なくしては, いかなる経済も長期的下降を避けられない運命にある。1945年以降, 旧ソ連と東ドイツが陥った第三世界の国々と変わらぬ経済衰退は, 両国が成長企業の保護, 育成努力を怠ったことが, その原因のひとつであることは疑う余地もない。

　ベンチャーキャピタル業界は1990年代にいくつもの厳しい問題に直面している。ジャンクボンド市場の崩壊とともに, ＬＢＯ（leveraged buyout：借入金による企業買収）とＭ＆Ａビジネスは崩壊した。メリルリンチの最近のレポートによると, 1988年のＭ＆Ａの1件あたり平均サイズは5,500万ドルであったが, 1990年の9月までの実績では2,500万ドルに減少している。このような大幅な縮小はプライベートキャピタルマーケットに影響し, ベンチャーキャピタル投資を必要とする企業の株価評価を低下させた。低い評価のもとでは創業や成長のための資金や増資資金を求める企業に投資する機会が増大し, ベンチャーキャピタルにとっては案件開発環境の改善となるのであるが, これに挑戦するために手を出そうとする者があまりに少なすぎる。

第1部　ベンチャー企業とベンチャーキャピタル

　クラシックベンチャーキャピタルには備わっていたような技量を持たない比較的新しいファンドが15〜20％のリターンを上げられる可能性は低い，多くのファンドが期待以下の成果しか上げられず，世界的に競争が激化している状態，そして軟弱な国内経済といった状況下では，彼らが次のファンド募集に成功するかどうかさえも疑わしい。

　次世代の技術の波が，半導体やマイクロプロセッサに匹敵するような投資機会を投資家に提供するまで，われわれは「活況の80年代」を再び体験することはないだろう。社会全体，起業家に対する並外れた報酬は，新しいベンチャー企業の創造や企業化のプロセスで真の価値を付加する者が patient and brave（忍耐強と勇敢な）であることに対して支払われるものである。過去10年間で，クラシックベンチャーキャピタルの投資ノウハウが金融的ノウハウにとって替われることにつれて，ベンチャーキャピタル業界は起業家によるプロセスに欠かせないユニークな企業支援ノウハウを失いつつあるのかもしれない。

　スターアップの起業家と1990年代のアメリカ経済にとって皮肉な結果になっている。さらに悪いことに，国民経済がそのノウハウを最も必要としている時期に，こうした事態が発生した。1990年代のシードが新世紀に莫大な果実を生み出すためには，クラシックベンチャーキャピタルの投資技術を再び甦らせることが極めて重要なのである[8]。

　さらに長年アメリカベンチャーキャピタルおよびファンドの，最高責任者の地位にあり，いくつかの小規模ベンチャーキャピタルおよびファンドを，ニューヨーク株式市場へ上場させた実績のあるキャピタリスト，マーク・ロビンソンは支援策のなかでも日本，アメリカでは違いがあると述べている。支援策のなかで地域に特化するか，特定の産業に集中するか，成長段階で支援するか，この3つをとっても歴然と違っており，日本では，特化してなくデパート式がほとんどであり，アメリカでは専門店式である。

第3章　アメリカのベンチャーキャピタル

【注】
1) 清成忠男・中村秀一郎・平尾光司［1971］153－154頁を参照。
　「電子工業史－無線の発明と技術革新」の著者であるマクローリンマサチューセッツ工科大学教授は20世紀初めの技術革新の高揚期における企業家の役割についての詳細な実証研究に基づいて，すでに1950年に技術革新期における新企業＝ベンチャービジネスとベンチャーキャピタルの決定的に重要な役割を見出していた。そして，つぎの技術革新の上昇期においても，ベンチャービジネスとベンチャーキャピタルが重要な役割を果たすであろうことを予言していた。
2) 同上154－155頁を参照。
　マサチューセッツ工科大学のロバーツ教授がベンチャービジネスを評価して，「現在は企業家精神の復活の時代である。バルブレイス的な，小企業は技術革新の担い手ではないという意見には，ピリオドを打たなければならない」と述べているが，教授は20世紀初めの第二次産業革命期に展開された歴史的事実をふまえて復活（revival）という表現を用いていることを忘れてはならない。
3) 同上164－166頁を参照。
　とくにヨーロッパではスピンオフによる新規開業が少なく，むしろ既存企業への出資というかたちが多いようである。
4) 中小企業庁［1997］366－367頁を参照。
5) 忽那憲治［1997］130－131頁を参照。
　アメリカベンチャーキャピタルの特徴として民間独立系（Independent Private）中心の業界構造を指摘することができ，1993年12月末時点のベンチャーキャピタルを業態別にみれば，民間独立が81％と大半を占め，わが国において中心的形態である金融機関関連は'7％にすぎない。
6) O，フェルコン・U，ヴッパーフェルト・J，ラーナー［2000］75－78頁を参照。
　各州は，地域にベンチャーキャピタルを引き寄せるため，多数の将来性のあるベンチャー企業を育成することに力を注いでいる。
7) William, D, Bygrave & Jeffrey, A, Timmons［1993］23－25頁を参照。
　結局，成功する中小企業を見つけて，投資し，支援することは非常に難しく，時間と費用がかかる業務であり，経営者の力量が問われる業務だということが，1946年のＡＲＤの設立以降繰り返し証明されることになった。
8) 同上70－71頁を参照。

第4章
新規公開企業のベンチャーキャピタルからの投資状況

1　ベンチャーキャピタルの至福から苦悩への道

　バイグレイブ・ティモンズ［1995］は，1980年代初頭はベンチャーキャピタルの全盛期であったと述べた。投資収益率は，ひとつ前の全盛期といわれた1960年代後半以来見られなかったほどの高さまで急上昇した。幸福な時期は長く続かなかったと指摘した。そして1983年を天井に，投資収益率は80年代末まで下降し続けた。近年の株式市場のパフォーマンスと比較すると，ベンチャーキャピタルの投資収益率は1983年以降，リスクを勘案した投資家の期待値をはるかに下回っている。『フォーブス』はこれを次のように書いている。
　業績のよいベンチャーキャピタルでさえ影響を受けている。大手のうちで最も成功しており，ボストンを拠点に4億ドルを運用しているＴＡアソシエーツを例にとってみよう。過去11年間の平均投資収益率41％に紛れているが，1983年の投資に限って言えば，銀行貯金レート並みの5.5％すら下回る投資収益率であった。ＴＡアソシエーツのジェネラルマネージャーのＰ.アンドリュー・マクレーンは残念そうに語る。以前は儲けないようにすることのほうが難しかった。しかし今では，それはさほど難しいことではなくなった。
　リターンの低下にはさまざまな要因が関係している。すでに述べたように，少なすぎる投資案件を多すぎる投資資金が追い求めていたという要因はよく言われてきた。また，過剰な資金が追いかけた投資案件はあまりにもひどいもの

が多すぎたと言う人もいる。確かに，優良な投資案件が不足していたことは事実であった。また，この問題を一段と複雑なものにしているのは，投資案件の開発・調査・分析・投資・さらに投資後のフォローができる経験豊富なベンチャーキャピタリストの不足である。そして，投資先企業が成功裏に成長し，市場で売却するころには，投資家は新規公開株に対する投資意欲をとうに失っていた。ベンチャーキャピタル投資先企業の株式を流動化させることが不可能となったのである。もし可能だったとしても，株価の評価は大きく下げたものだったであろう。

（1）　投資資金量と案件数

1980年代は，機関投資家，特に年金基金がベンチャーキャピタルファンドに積極的に出資し続けた時代であった。このような資金流入については，投資収益率の低下につながるものと懸念されていた。1988年の『ビジネスウィーク』は次のように伝えている。

ベンチャーキャピタリストは長年，3兆ドルの資金の一部をスタートアップ企業に投資するよう，年金基金を勧誘してきた，年金基金は今，徹底的にこの勧誘に応じている。

こうしたことに対してカルフォルニア州メンロパークにあるセコイヤキャピタルのジェネラルパートナー，ドン・バレンタインは，彼らはすでにたっぷり資金を抱えてしまっているベンチャーキャピタルに対して，まだ何百万ドルも出すつもりだ，といらだちを隠さない。他のベテランのベンチャーキャピタリストたちもベンチャーキャピタルへの資金流入は好調な企業の株価をつり上げ，ほとんどの投資家のリターンを低下させる結果になると懸念している[1]。

（2）　ベンチャーキャピタリスト

1978年当時，ベンチャーキャピタル就職希望者はいくらでもいた。だが逆に，10年以上の経験を持つベンチャーキャピタリストは圧倒的に不足していた。業界のプロフェッショナルの数は，1997年の597人が1983年には1494人と，150%

第4章　新規公開企業のベンチャーキャピタルからの投資状況

の増加であった。その間，彼らが運用するベンチャー資金は25億ドルから120億ドルへと約380％増加した。プロフェッショナル1人あたりの資金量は，4,200万ドルから8,100万ドルへと93％増加したことになる。

つまり1983年のベンチャーキャピタル業界では，1977年よりも多額の資金を，より経験の乏しいベンチャーキャピタリストが運用しているのである。1977から82年の間に新しく設立された61のベンチャーキャピタルパートナーシップファンドでは，ジェネラルパートナーの平均経験年数はわずか5.2年であった。そして1983年には，そのレベルはさらに低下したのであった[2]。

（3）ベンチャーキャピタリストへの報酬はどのように決定されるか

ゴンパース・ラーナー［2002］は，ベンチャーキャピタリストのパートナーシップ契約においては，ファンドの存続期間にわたってベンチャーキャピタリストに支払われるべき報酬について明確に定められていると述べた。一般的に，これらの契約はファンドの資金や資産のある一定率を毎年の管理報酬として決めたり，実現した投資収益の一定率を成功報酬として決めたりしている。報酬は，ベンチャーキャピタル・ファンド投資からの実際の収益に基づいている。ベンチャーキャピタルが設立するファンドによって報酬は異なるものの，一般的な雇用契約などとは違い，パートナーシップ契約が再交渉されることはまずない。

契約で定められた報酬は，ベンチャーキャピタル・ファンドの設定において特に重要であるベンチャーキャピタル・ファンドにおけるリミテッド・パートナーは，株式会社において見られるようなマネージャーの規律づけする手法の多くを利用することは不可能であるし，ファンドの運用に直接関与することは避けなければならない。ベンチャーキャピタリストを解任することは難しく，それはコストのかかる手続きである。結果として，ベンチャー・エコノミクス社が述べているように，報酬は「ベンチャーファンドにおけるリミテッド・パートナーとジェネラル・パートナーの間における最も議論の問題の1つであ

る。

　固定手数料はベンチャーキャピタリストの報酬の重要な部分であるし，多くの異なった方法で計算されるため，これらを省略することは誤解を招きやすい印象を与えるかもしれない。固定手数料は委託された資金総額の一定割合として特定化されるのかもしれないし，ファンドの資産価値によるかもしれないし，または，これら2つの算出法の組み合わせまたは修正として特定化されるかもしれない。手数料を計算するために使われる基準や手数料として支払われる割合の両方は，ファンドの存続中に変化するかもしれない。固定手数料を調べるために，契約上の規定において特定化される固定手数料がベンチャーファンドの開始時点における固定管理報酬の純現在価値ではどうなるかについて計算する。

　委託された資金のある一定割合としての数値を表す。委託された資金に基づく手数料として，相対的に一定の報酬に対して10％割り引くことにする。また純資産価値に対する手数料として，より不確実な報酬に対して20％の割引率を使ったときでも結果は著しくは変化しない[3]）。

　日本におけるベンチャーキャピタリストは，ベンチャーキャピタルに属することが多く，ステークホルダーとしてストックオプションにおいてリターンを得ている。

（4）　ベンチャーキャピタルの変容

　今日のベンチャーキャピタル投資は，過去のクラシック・ベンチャーキャピタル投資とは明らかに異質なものである。ベンチャーキャピタリストのベン・ローゼンが「ベンチャーキャピタルギャップ」と呼んだ状況を作り出してしまったのは，残念なことである。「若い中小企業のための今日のシステムに問題があることは，間違いない」と彼は語った。クラシック・ベンチャーキャピタルが経済全体にとって生みの母であり，保育器の役割を担っている点について，これまで議論してきた。

　第二次世界大戦後に行われた画期的な全イノベーションの95％は，大企業で

なく，むしろ設立間もない中小企業が起こしたものであった。新規参入者なくしては，いかなる経済も長期的下降は避けられない運命にある。1945年以降，旧ソ連と東ドイツが陥った第三世界の国々と変わらぬ経済衰退は，両国の成長企業の保護・育成努力を怠ったことが，その要因のひとつであるということは疑う余地もない。

　ベンチャーキャピタル業界は，1990年代にいくつもの厳しい問題に直面している。ジャンクボンド市場の崩壊とともに，ＬＢＯとＭ＆Ａビジネスは崩壊した[4]。

　日本でのベンチャーキャピタル投資は，1972年より本格化し，ベンチャー企業に対する投資会社として今日に至っているが，当初の投資対象から現在はＩＰＯをビジョンとする企業すべてを対称とするように変容した。また中小企業投資育成会社もベンチャーキャピタル投資行動を行っている。本論においては，ＩＰＯを達成した企業のリターンと達成年数をキーポイントとしている。

2　ＩＰＯメカニズム，配分と価格設定

　Jason [2004] によると，ＩＰＯにおいては売り手からの株の販売を行う行為は買い手がいて初めて成り立つ。売り手は会社であり，買い手は投資家であるがその株をＩＰＯさせるためにはＩＰＯメカニズムの確立が必要である。発行人と引受業者は投資家に株を販売するためにあらゆる努力をしなければならない。ＩＰＯメカニズムのなかで，発行人のための最適メカニズムはＩＰＯによって期待される高いリターンである。

　最適メカニズムはどのようにして動くのか，実際に使われるメカニズムは理論的に証明される。メカニズムはＩＰＯ時においては引受業者と投資家の参加によって，株の値が割り当てられ需要供給により値が決定すると考えられる。現在のシステムは，実際のＩＰＯの経験的なパターンを理論上の最適条件と比較することによって評価されることができる。

　ＩＰＯメカニズムがどのように動くか理解することは，1990年代後期の熱い

IPO市場により，投資銀行による違法な行動がおこなわれたことの説明である。IPOメカニズム活動の重要点は相場以下の値をつけることであり，メカニズム効率の前後関係と発行人の目的により初値目標がたてられる。

(1) IPOメカニズム

　全てのIPOメカニズムは，3つのカテゴリーのうちの1つに適合した。競売または固定価格の公開時にさまざまなバリエーションがある。公開株の申し込み価格はどのようにセットされるのか，そして投資家が株式分配をもとめる方法を提示する必要がある。発行システムの主な特徴は，発行人が株式に値をつけて，引受業者に割り当てることである。引受業者は発行前に試で株式を販売するシュミレーションを行う。最初のステップは引受業者の営業戦略として潜在的投資家に予備案内することである。この予備案内は投資家の申し込み能力，期待される投資額の予測をたてるために重要である。

　引受業者は株の売却リストを用意するが，その売却リストは投資家の所得と収益予想を分析し安定した投資家のみに売却する。さらに発行人の経営陣と引受業者はIPOに向かって株を買ってもらう努力をし，投資家にいかにリターンが高いかのPRを行う，さらに機関投資家には2～3週間かけて，プレゼンテーションを行い株の説明をこまかくする。その後，プレゼンテーションの情報にまちがいがあった場合は，早急に修正しSEC (Securities and Exchange Commission：アメリカ証券取引委員会，本部ワシントン) へ報告し承認のための書類を提出しなければならない。

　引受業者はPR活動を積極的に行い，投資家需要の掘り起こし，また投資家に株を買いたいという気持ちにさせる必要がある。そして投資家の関心度合いをアップさせ，できるだけ良い値で買ってもらうことが重要であると考える。この値は科学的にみると投資家によって供給される資金量によって決定される。

　価格設定IPO術は，申込日決定の原因となっている複数の情報分析に基づく投資家の関心と熟練した引受人のマーケットの読み解く発達した能力とそれぞれの情報を融合させることが重要である。また誤った情報によって株価を操

第4章　新規公開企業のベンチャーキャピタルからの投資状況

作することは禁止されていて，アメリカでは1990年に投機的低位株改革法によって5ドル以下での申し込み価格で厳しい規則をIPOに関して加えた。それによって5ドルを超える価格を事実上制限した。SEC承認後に引受業者は，株発行日を速めるために活動をスタートさせる。引受業者と発行人は発行日の前に最終的な株の申し込み価格と株式数を決定する。

　また多くのヨーロッパ諸国におけるIPO方法はアメリカのアプローチとことなり，最初に投資銀行がさかんに投資家の関心を集める。アメリカで厳しく制限されている予備価格幅の設定や，IPO後に決定される株価格に関する情報が多く出回る。さらに発行人の利益確保のための先物市場があり，この市場での株価格が最終的な株価に影響することがある。

3　株式公開時の過小価格と資本市場の罠

（1）過小価格

　城下［2004］によると，公開時の過小価格について，公開時における1つ目のパズルは新規公開株を購入した投資家が上場後初めてついた値段あるいはその日の終値で売却した場合，投資収益が平均して高いというものである。これは国ごとによって差があり，一般に，経済先進国の方が新興経済国よりも低いという特徴があるが，80年代の日本，90年代のアメリカのように株式市場バブルを経験した国については，この期間中非常に高い初日の投資収益を獲得している。

　福田［1995］は1971年から91年までの東京証券取引所に新規公開した企業の初日の投資収益を計算した。この期間中の平均は44.2％であり，東証一部株の平均が1.34％と比べても非常に高い値であるが，バブル時の80年代の公開企業の初日の投資収益はそれ以上に高く，とくに83年は150％を超えた。

　Ritter etal［2002］によれば，1980年から2001年までにアメリカの市場に新規公開した6,249社の初日の投資収益は平均して18.8％であった。しかし，インターネット関連企業の公開が殺到した1999年から2000年のみについて観察す

ると65%であった。

　なぜ公開時の新規公開価格がこれほど高い初日の投資収益をもたらすほど過小であるのか。たとえば，アメリカでは新規公開価格平均投資収益が1980年から2001年までの間に18.8%であるのに対し，同時期の日別市場投資収益はわずか0.05%にしかならない。また，公開企業の70%が新規公開価格よりも公開初日の終値が高くなるのに対し，公開企業の16%が新規公開価格と公開初日の終値とが等しくなる。

　したがって，公開時の過小価格について，ファンダメンタルな変数を使った理論価格では高い初日の投資収益は説明できないかもしれない。これまで考えられている理論展開は理論的新規公開価格がいくらになるかではなく公開初日の価格と比較してなぜ過小になるか，その原因が新規公開価格の設定の手続きにあるのではないかという視点である。

　一般的な考え方として，新規株式公開においては発行人と引受業者の連携によって売り出し価格が低くおさえられ，公開初日にそれより，高い取引価格になるように誘導しているという考えもある。しかしこれまでのＩＰＯにおいてすべてが売り出し価格より公開初日の株価が高くなったかというと，そうではない。

　さらにＩＰＯする企業にベンチャーキャピタルが出資しているかというと，それも少ない数であることがわかってきた。本章の研究の中心点である高いリターンとＩＰＯまでの年数を分析する必要性を感じる。

（2） 資本市場の罠

　バイグレイブ・ティモンズ［1995］はウィンチェスター，ハードディスクドライブをめぐるベンチャーキャピタル投資の研究会で，ハーバード・ビジネススクールのウィリアム・Ａ・サールマンとハワード・Ｈ・スティーブンソンは「資本市場の罠」（Capital Market Myopia）の分析結果を発表したと述べ，さらに個々の人々の論理的な投資決定が資本市場全体としては妥当性を失ってしまうことを意味すると指摘した。すなわち個別的に見るとそれぞれの決定は筋が

第4章　新規公開企業のベンチャーキャピタルからの投資状況

通っているが，全体としては誤った状況，いわば「合成の誤謬」が生じるということである。資本主義の落とし穴とも言えるかもしれない。

サールマンとスティーブンソンによると，この「資本市場の罠」は，時として，市場を支えきれない過剰投資を一部の業界にもたらすというのである。本章においてベンチャーキャピタル業界への教訓を含み，これによって傷ついたベンチャーキャピタルが参考にすべき，洞察力に富んだ，彼らの卓越したパイオニア的論文のエッセンスを取り上げてみたい。ウィンチェスター・ハードディスクドライブへの過剰投資に応用してみると，彼らの論理と分析によってさらにいくつかの瞠目すべき新事実を明らかにすることができる。

彼らの刺激的な議論を紹介しつつ，罠に陥らないためにも，ハードディスクドライブ業界のその後の展開についても述べた。

ベンチャーキャピタル投資成功の秘訣は，低価格の好条件の案件に投資することである。ベンチャーキャピタルも，完全な波を追い求めるサーファーのように，不完全な市場の永遠の探究者なのである。バーイーガン・アンド・デリアージュのビル・イーガンは，この点を「われわれが求めているものは，不完全な市場メカニズムのもとで一種の賭けである。その賭けに大勢の参加者がいればいるほど，われわれは参加したくなくなる」と端的に表現した。だが，後に明らかになるように，不完全な市場を見つけることと，それをひとり占めすることとは別ものである。

資本主義の参加者は，その罠，言い換えれば「合成の誤謬」の発生に気づいたはずである。株価が途方もなく高いと思ったはずである。業界に激震が走り株価が暴落する前から，これを予期するに必要なデータは彼らの目の前に用意されていたのである。単なる衆愚クラブに堕する危険を避けるために，投資家や起業家がわきまえておかなければならない教訓を紹介する。

1977年から84年まで，ベンチャーキャピタルはウエンチェスター・デイスクドライブメーカー43社に合計約4億ドル投資した。そのうち2億7,000万ドルは，21社のスタートアップとアーリーステージを含む51件の投資案件に，1983年と84年のわずか2年間に集中して投資されたのである。

第1部　ベンチャー企業とベンチャーキャピタル

　このように活況を浴びている業界においてすら，その後の市場変化により時価評価合計額が四分の一へ下落したのである。ベンチャーキャピタルや投資家は好調な業界を探し出しゲームに似た投資行動をとることが明らかである。「資本市場の罠」という急激な資本集中は株式市場の一時的な急騰をまねき，それにつられた一般投資家をも巻き込んで狂乱の相場を形成すると考えられる。そしてそれが何度も繰り返されると思われる。

（3）投資戦略

　ゴンパース・ラーナー［2002］によると，ベンチャーキャピタリストから投資を受けている会社が，なぜ伝統的なメカニズムを通じては，彼らの資金ニーズを満たすことが難しいのかについて，レビューすることは意義があることである。起業家が，自分のアイデアを実現させるための資金を自前で有していることは稀であり，彼らは外部の資金提供者に頼らなければならない。一方，年金基金や大学の基金などの資金運用者は，設立間もない企業やリストラ中の企業に直接投資する時間やノウハウを持っていない。起業家たちは，銀行借入や株式の発行のような伝統的な資金調達手段によって自分たちの資金ニーズをまかなおうとすると考えられる。

　しかしながら，潜在的には最も収益力がありエキサイティングな企業が資金調達するにあたっては，さまざまな要因により制限が加わってしまう。それらの要因は，次の4つの重要な要因に分類できる。すなわち，不確実性，情報の非対称性，企業の資産の内容，そして関連する金融市場と製品市場の状態である。

　日本におけるベンチャーキャピタルの投資行動のなかで上記の不確実性は，排除されつつある。それは確実に上場までにいたることができるベンチャー企業のみを厳選して出資し，さらにベンチャーキャピタリストがメンターとして経営参加するためである。よってIPO時における価格設定に参加でき，ハイリスクハイリターンを誘導していると考えられる。

（4） 段階的な投資

　段階的な投資はどうして行われるのか検討する。これまでの投資経験からすべての投資を3分割にして実行してきた。なぜ一度に一社に投資しないのか、それはひとえにリビングデッドの阻止にあり、資金の保護が一番だからである。アントレプレナー、イントラプレナーの資質を見分け、資金を投入する企業の選別には最新の注意をはらっている。

　仮に有望なアントレプレナーが存在していても、多額の資金を1社だけに集中させることは冒険といえる。優れたコアコンピタンスがあった場合のみ、多段階方式で投資を行う。ベンチャーキャピタルはその場合、一般的にファンドを形成しリスク分散を行うことが多い。

　ベンチャーキャピタルは段階的な投資を得意とし、あらゆる情報を取得したうえでの投資となる。ベンチャーキャピタルは早いIPOとハイリターンを求めて投資活動を日々おこなっているが、これまで日本においてIPOの時間、つまり設立からIPO達成日までの期間および1株あたりのリターンの分析がなかった。今回、この分析に挑戦して、IPOの優位性を検討したいと考える。

（5） ベンチャーキャピタルはなぜファンドを組むのか

　会社四季報等をみると、1995年当時は株主名簿に第2号○○有限責任組合などのファンドはまったく存在していなかった。理由は法改正による状況の変化といえる。前項の段階的投資と非常に考え方が似ているのだが、ベンチャーキャピタルが数社集まりファンドを組むことにより、最新の情報の共有また、ファンド規模の拡大、危険の分散ができるのである。強力なベンチャーキャピタルは同じ強力なベンチャーキャピタルとファンドを組むことにより、よりハイリターンを手にいれることが可能となった。

　さらに、多くのベンチャーキャピタルが集まることによって、ファンドオブファンズが組めるようになり、より大きなファンドが形成できるメリット、さらに危険分散ができる。

仮に今回の投資がローリターンであったとしても，次の投資行動における情報の集合という最高のシナジー効果が得られる。

4　日本の新規公開企業におけるベンチャーキャピタルの役割の実証分析

（1）　新規公開企業のステークホルダー

　先行するアメリカベンチャー企業群に遅れること10年の日本は，さまざまアメリカの制度を吸収し，2020年には拮抗してもらいたいと考える。ベンチャー企業を支えるエンジェル，エンジェルファンド，ベンチャーキャピタル，ベンチャーキャピタルファンドのなかにおいてシード期，スタートアップ期のベンチャー企業にとって特に重要な位置にあるエンジェルファンドは，早くネットワークを構築する必要がある。

　私たちのまわりに多数のエンジェルは存在しており，彼らをどのように見つけ，投資してもらうかは，アントレプレナーの能力にもよる。果敢に挑戦するアントレプレナーにより，多くの起業が発生しベンチャー企業が誕生することによって，多くの雇用を創出し，さらに経済の活性化につながる。普通，どこにいるかわからないエンジェルに出会うには，アントレプレナーは行動力を発揮する能力と忍耐が必要である。

　アメリカが1980年代に急速に成長を遂げたのは活発なエンジェル，エンジェルファンド，ベンチャーキャピタル，ベンチャーキャピタルファンドの投資行動にあったと考えられる。また日本においては1997年エンジェル税制改正，1999年にはナスダックジャパン（現日本ニューマーケットヘラクレス）開設など近年基盤整備が進んでおり，ベンチャー企業という言葉も定着した。

　多くのベンチャー企業が新規株式公開にむけて邁進するが，なぜ株式公開に進むのかを紐解く必要がある。アントレプレナー，ベンチャー企業役員，そして社員，ベンチャーキャピタル，経営コンサルタント，会計士，税理士，弁護士などのステークホルダーは，ほぼ全員がハイリターンを求めている。なぜか

第4章　新規公開企業のベンチャーキャピタルからの投資状況

というと，投資行動を行ってその結果が必要だからである。なかには元ベンチャー企業経営者であり，すでにリターンを得ているエンジェルとしてのメンターは例外もありうる。それはメンター活動が喜びであるためである。

（2）　株式公開企業におけるベンチャーキャピタル投資をみる

　日本には約4,000社の株式上場企業があるが，そのなかの104社についてサンプル検証を行った。株式公開までの年数，公募価格，公開初値，リターンの4点にしぼり，IPOまでのベンチャーキャピタルインベスト件数の関係とIPOまでの年数とリターンの関係を実証分析する。

第1部　ベンチャー企業とベンチャーキャピタル

図表4－1　IPOまでの年数とリターンの関係

回帰統計	
重相関R	0.239461
重決定R2	0.057341
補正R2	0.0481
標準誤差	15.28559
観測数	104

分散分析表

	自由度	変動	分散	観測された分散比	有意F
回帰	1	1449.701	1449.701	6.204608	0.014355
残差	102	23832.21	233.6491		
合計	103	25281.91			

	係数	標準誤差	t	P－値	下限95%	上限95%	下限95.0%	上限95.0%
切片	28.50158	1.548912	18.40103	3.51E-34	25.42932	31.57384	25.42932	31.57384
リターン	-0.00012	4.72E-05	-2.49091	0.014355	-0.00021	-2.4E-05	-0.00021	-2.4E-05

残差出力

観測値	予測値：IPOまでの年数	残差		確率 百分位数	IPOまでの年数
1	28.19694287	-11.19694287		0.480769231	0
2	28.09955197	-17.09955197		1.442307692	0
3	28.29939152	-8.299391519		2.403846154	0
4	27.5833096	-1.583309601		3.365384615	1
5	28.32750314	14.67249686		4.326923077	2
6	28.42865795	-11.42865795		5.288461538	4
7	28.35714385	0.642856145		6.25	4
8	19.09183427	-15.09183427		7.211538462	4
9	28.34667551	19.65332449		8.173076923	7
10	28.47664767	11.52335233		9.134615385	7
11	28.49217376	-15.49217376		10.09615385	7
12	28.44583074	28.55416926		11.05769231	9
13	28.32362162	-6.323621623		12.01923077	9
14	28.46747316	10.53252684		12.98076923	11
15	28.4725309	-4.472530905		13.94230769	11
16	28.4875865	-1.487586503		14.90384615	13
17	28.47688291	-4.476882914		15.86538462	13
18	28.37078799	6.629212009		16.82692308	14
19	28.38890176	10.61109824		17.78846154	14
20	28.39737053	-7.397370533		18.75	14
21	28.49652577	-1.496525765		19.71153846	16

第4章　新規公開企業のベンチャーキャピタルからの投資状況

22	28.46676743	-9.466767433		20.67307692	17
23	28.47770627	-7.477706267		21.63461538	17
24	-0.90388287	9.90388287		22.59615385	17
25	28.48770413	5.512295875		23.55769231	17
26	28.33761862	3.662381375		24.51923077	17
27	28.398782	6.601218005		25.48076923	18
28	28.46735554	-26.46735554		26.44230769	18
29	22.44405743	-15.44405743		27.40384615	19
30	28.35655575	4.643444255		28.36538462	19
31	28.31115371	2.688846295		29.32692308	19
32	28.36067251	-21.36067251		30.28846154	20
33	28.40136968	-21.40136968		31.25	20
34	28.30068536	-10.30068536		32.21153846	20
35	28.5451036	-10.5451036		33.17307692	21
36	21.44427158	-5.444271575		34.13461538	21
37	28.46476786	-7.464767862		35.09615385	21
38	28.10049294	1.899507056		36.05769231	21
39	28.38443213	39.61556787		37.01923077	21
40	28.1970605	3.802939504		37.98076923	21
41	28.48088206	9.519117943		38.94230769	21
42	28.44524263	2.554757368		39.90384615	22
43	28.4041926	-7.404192601		40.86538462	22
44	28.29903865	-7.299038653		41.82692308	22
45	28.54051634	9.459483657		42.78846154	24
46	28.46994322	28.53005678		43.75	24
47	28.30774267	18.69225733		44.71153846	24
48	28.42430594	-2.42430594		45.67307692	25
49	28.37713957	-2.377139572		46.63461538	26
50	28.47111944	5.528880558		47.59615385	26
51	28.36514214	5.634857859		48.55769231	26
52	28.24305065	31.75694935		49.51923077	26
53	28.31574096	-1.315740958		50.48076923	27
54	28.36878842	1.631211581		51.44230769	27
55	28.26633977	16.73366023		52.40384615	27
56	28.41877771	12.58122229		53.36538462	28
57	28.43877343	7.561226571		54.32692308	29
58	28.49146803	9.508531975		55.28846154	30
59	28.33973582	-14.33973582		56.25	30
60	28.4961729	3.5038271		57.21153846	30
61	27.42087381	-2.420873805		58.17307692	31
62	28.05956053	3.940439465		59.13461538	31
63	28.35173325	18.64826675		60.09615385	31

第 1 部　ベンチャー企業とベンチャーキャピタル

64	28.47829438	1.521705624		61.05769231	31
65	28.39995821	-4.399958214		62.01923077	32
66	28.49123278	7.508767219		62.98076923	32
67	28.25128418	-8.251284176		63.94230769	32
68	28.45241757	-6.452417566		64.90384615	32
69	28.50652362	-7.506523624		65.86538462	33
70	28.10331587	7.896684131		66.82692308	34
71	28.35267422	-6.352674224		67.78846154	34
72	28.35432093	-14.35432093		68.75	34
73	28.30774267	-2.307742671		69.71153846	35
74	28.37761006	-24.37761006		70.67307692	35
75	28.3665536	-17.3665536		71.63461538	35
76	28.45982774	-28.45982774		72.59615385	35
77	28.19964818	-0.199648177		73.55769231	36
78	28.28233635	14.71766365		74.51923077	36
79	27.2013914	-8.201391404		75.48076923	36
80	28.35161563	67.64838437		76.44230769	36
81	27.52767446	3.472325541		77.40384615	38
82	27.46110048	7.538899517		78.36538462	38
83	27.37194311	7.628056891		79.32692308	38
84	28.40278114	-11.40278114		80.28846154	39
85	28.37549287	29.62450713		81.25	39
86	28.38184445	15.61815555		82.21153846	39
87	28.4510061	12.5489939		83.17307692	40
88	28.44606598	10.55393402		84.13461538	41
89	26.80312377	-5.803123768		85.09615385	41
90	28.07932101	-14.07932101		86.05769231	41
91	28.43689148	-28.43689148		87.01923077	43
92	28.35749672	-24.35749672		87.98076923	43
93	7.094403984	1.905596016		88.94230769	44
94	28.39925248	12.60074752		89.90384615	45
95	28.34397021	7.656029794		90.86538462	45
96	28.37972725	16.62027275		91.82692308	47
97	28.37643384	2.623566159		92.78846154	47
98	28.3385596	-27.3385596		93.75	48
99	28.20705835	-15.20705835		94.71153846	57
100	27.07553601	-7.075536008		95.67307692	57
101	28.1734185	-28.1734185		96.63461538	58
102	27.72469108	-10.72469108		97.59615385	60
103	28.40960321	-9.409603207		98.55769231	68
104	22.57955782	-5.579557821		99.51923077	96

第4章 新規公開企業のベンチャーキャピタルからの投資状況

図表4－2　ベンチャーキャピタルインベスト件数の関係

回帰統計	
重相関R	0.117555
重決定R2	0.013819
補正R2	0.004151
標準誤差	15.63447
観測数	104

分散分析表

	自由度	変動	分散	観測された分散比	有意F
回帰	1	349.3735648	349.3735648	1.429300976	0.234650636
残差	102	24932.5399	244.4366657		
合計	103	25281.91346			

	係数	標準誤差	t	P－値	下限95%	上限95%	下限95.0%	上限95.0%
切片	28.14966256	1.618642629	17.39090647	2.79986E-32	24.93909267	31.36023246	24.93909267	31.36023246
ベンチャーキャピタルインベスト	-3.797935689	3.176769916	-1.195533762	0.234650636	-10.09904358	2.503172206	-10.09904358	2.503172206

残差出力 / 確率

観測値	予測値：IPOまでの年数	残差		百分位数	IPOまでの年数
1	28.14966256	-11.14966256		0.480769231	0
2	28.14966256	-17.14966256		1.442307692	0
3	28.14966256	-8.149662565		2.403846154	0
4	28.14966256	-2.149662565		3.365384615	1
5	28.14966256	14.85033744		4.326923077	2
6	28.14966256	-11.14966256		5.288461538	4
7	28.14966256	0.850337435		6.25	4
8	20.55379119	-16.55379119		7.211538462	4
9	24.35172688	23.64827312		8.173076923	7
10	28.14966256	11.85033744		9.134615385	7
11	28.14966256	-15.14966256		10.09615385	7
12	28.14966256	28.85033744		11.05769231	9
13	24.35172688	-2.351726876		12.01923077	9
14	28.14966256	10.85033744		12.98076923	11
15	28.14966256	-4.149662565		13.94230769	11
16	28.14966256	-1.149662565		14.90384615	13
17	24.35172688	-0.351726876		15.86538462	13
18	28.14966256	6.850337435		16.82692308	14
19	28.14966256	10.85033744		17.78846154	14
20	28.14966256	-7.149662565		18.75	14
21	24.35172688	2.648273124		19.71153846	16

第1部　ベンチャー企業とベンチャーキャピタル

22	28.14966256	-9.149662565		20.67307692	17
23	28.14966256	-7.149662565		21.63461538	17
24	28.14966256	-19.14966256		22.59615385	17
25	20.55379119	13.44620881		23.55769231	17
26	28.14966256	3.850337435		24.51923077	17
27	28.14966256	6.850337435		25.48076923	18
28	20.55379119	-18.55379119		26.44230769	18
29	20.55379119	-13.55379119		27.40384615	19
30	28.14966256	4.850337435		28.36538462	19
31	28.14966256	2.850337435		29.32692308	19
32	28.14966256	-21.14966256		30.28846154	20
33	28.14966256	-21.14966256		31.25	20
34	28.14966256	-10.14966256		32.21153846	20
35	28.14966256	-10.14966256		33.17307692	21
36	24.35172688	-8.351726876		34.13461538	21
37	28.14966256	-7.149662565		35.09615385	21
38	28.14966256	1.850337435		36.05769231	21
39	28.14966256	39.85033744		37.01923077	21
40	28.14966256	3.850337435		37.98076923	21
41	28.14966256	9.850337435		38.94230769	21
42	28.14966256	2.850337435		39.90384615	22
43	28.14966256	-7.149662565		40.86538462	22
44	28.14966256	-7.149662565		41.82692308	22
45	28.14966256	9.850337435		42.78846154	24
46	28.14966256	28.85033744		43.75	24
47	24.35172688	22.64827312		44.71153846	24
48	28.14966256	-2.149662565		45.67307692	25
49	24.35172688	1.648273124		46.63461538	26
50	28.14966256	5.850337435		47.59615385	26
51	28.14966256	5.850337435		48.55769231	26
52	28.14966256	31.85033744		49.51923077	26
53	28.14966256	-1.149662565		50.48076923	27
54	28.14966256	1.850337435		51.44230769	27
55	28.14966256	16.85033744		52.40384615	27
56	28.14966256	12.85033744		53.36538462	28
57	28.14966256	7.850337435		54.32692308	29
58	28.14966256	9.850337435		55.28846154	30
59	28.14966256	-14.14966256		56.25	30
60	28.14966256	3.850337435		57.21153846	30
61	28.14966256	-3.149662565		58.17307692	31
62	28.14966256	3.850337435		59.13461538	31
63	28.14966256	18.85033744		60.09615385	31

第4章　新規公開企業のベンチャーキャピタルからの投資状況

64	28.14966256	1.850337435		61.05769231	31
65	28.14966256	-4.149662565		62.01923077	32
66	28.14966256	7.850337435		62.98076923	32
67	28.14966256	-8.149662565		63.94230769	32
68	28.14966256	-6.149662565		64.90384615	32
69	28.14966256	-7.149662565		65.86538462	33
70	28.14966256	7.850337435		66.82692308	34
71	28.14966256	-6.149662565		67.78846154	34
72	28.14966256	-14.14966256		68.75	34
73	28.14966256	-2.149662565		69.71153846	35
74	28.14966256	-24.14966256		70.67307692	35
75	28.14966256	-17.14966256		71.63461538	35
76	28.14966256	-28.14966256		72.59615385	35
77	28.14966256	-0.149662565		73.55769231	36
78	28.14966256	14.85033744		74.51923077	36
79	28.14966256	-9.149662565		75.48076923	36
80	28.14966256	67.85033744		76.44230769	36
81	28.14966256	2.850337435		77.40384615	38
82	28.14966256	6.850337435		78.36538462	38
83	28.14966256	6.850337435		79.32692308	38
84	28.14966256	-11.14966256		80.28846154	39
85	28.14966256	29.85033744		81.25	39
86	28.14966256	15.85033744		82.21153846	39
87	28.14966256	12.85033744		83.17307692	40
88	28.14966256	10.85033744		84.13461538	41
89	28.14966256	-7.149662565		85.09615385	41
90	28.14966256	-14.14966256		86.05769231	41
91	28.14966256	-28.14966256		87.01923077	43
92	28.14966256	-24.14966256		87.98076923	43
93	28.14966256	-19.14966256		88.94230769	44
94	28.14966256	12.85033744		89.90384615	45
95	20.55379119	15.44620881		90.86538462	45
96	28.14966256	16.85033744		91.82692308	47
97	28.14966256	2.850337435		92.78846154	47
98	28.14966256	-27.14966256		93.75	48
99	28.14966256	-15.14966256		94.71153846	57
100	28.14966256	-8.149662565		95.67307692	57
101	28.14966256	-28.14966256		96.63461538	58
102	28.14966256	-11.14966256		97.59615385	60
103	28.14966256	-9.149662565		98.55769231	68
104	28.14966256	-11.14966256		99.51923077	96

第1部　ベンチャー企業とベンチャーキャピタル

図表4－3　ベンチャーキャピタルインベスト観測値グラフ

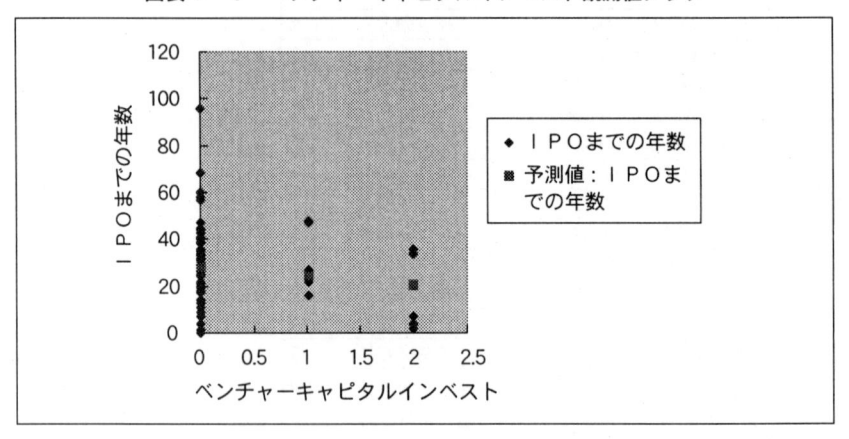

図表4－4　正規確率グラフ

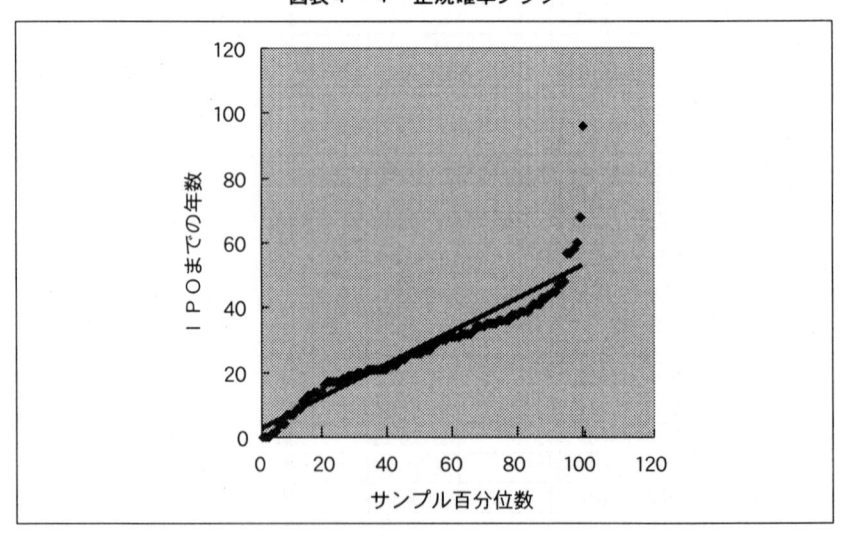

第4章 新規公開企業のベンチャーキャピタルからの投資状況

図表4－5 リターン観測値グラフ

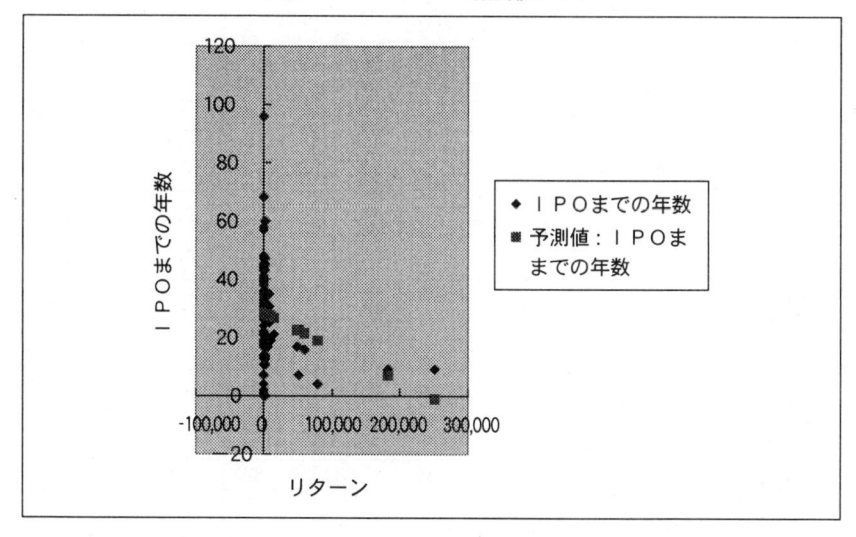

図表4－6 正規確率グラフ

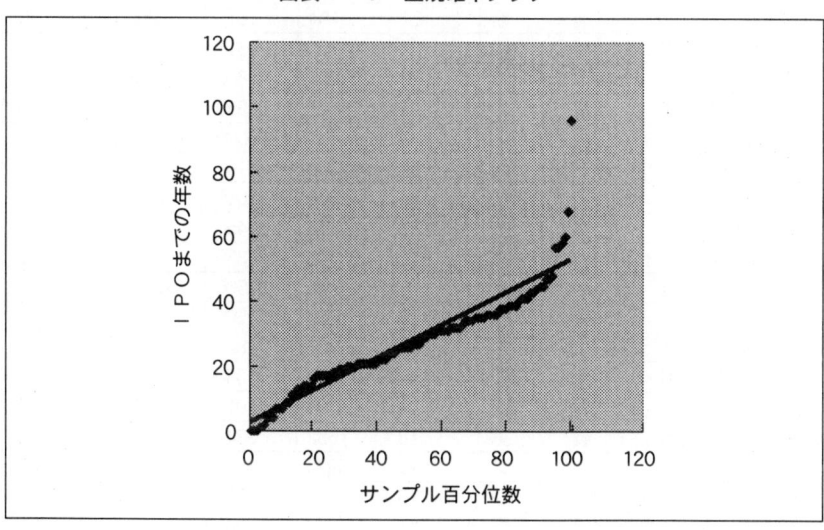

第1部 ベンチャー企業とベンチャーキャピタル

図表4－7

	会　社　名	IPOまでの年数	公　募	初　値	リターン	ベンチャーキャピタルインベスト
1	全教研	17	260	2850	2590	0
2	三井グリーンランド	11	452	3870	3418	0
3	スーパー大栄	20	280	1999	1719	0
4	マルキョウ	26	303	8110	7807	0
5	丸和	43	720	2200	1480	0
6	ジョイフル	17	1160	1780	620	0
7	タイヨー	29	1392	2620	1228	0
8	エムビーエス	4	0	80000	80000	2
9	三井松島産業	48	113	1430	1317	1
10	コーアツ工業	40	388	600	212	0
11	ミサワホーム九州	13	420	500	80	0
12	日本乾留工業	57	436	910	474	0
13	大村組	22	441	1960	1513	1
14	富士ピーエス	39	380	670	290	0
15	西日本システム建設	24	167	414	247	0
16	西部電気工業	27	264	383	119	0
17	九電工	24	340	550	210	1
18	高田工業所	35	336	1448	1112	0
19	オ田組	39	192	1150	958	0
20	東福製粉	21	184	1070	886	0
21	鳥越製粉	27	276	319	43	1
22	ヒガシマル	19	504	800	296	0
23	林兼産業	21	87	290	203	0
24	ジェイムネット	9	0	250000	250000	0
25	コカコーラウェストジャパン	34	2044	3162	118	2
26	キューサイ	32	656	2050	1394	0
27	マルタイ	35	576	1450	874	0
28	アセットインベスターズ	2	48	339	291	2
29	タイセイ	7	0	51500	51500	2
30	大石産業	33	267	1500	1233	0
31	多木化学	31	201	1820	1619	0
32	東亞合成	7	152	1350	1198	0
33	宇部興産	7	158	1010	852	0
34	久光製薬	18	1632	3340	1708	0
35	サニックス	18	3920	3550	-370	0
36	ビジネスワン	16	0	60000	60000	1
37	サイケイ化学	21	72	385	313	0
38	ブリジストン	30	710	4120	3410	0
39	太平洋セメント	68	254	1250	996	0

第4章　新規公開企業のベンチャーキャピタルからの投資状況

40	ＴＯＴＯ	32	541	3130	2589	0
41	深川製磁	38	69	245	176	0
42	黒崎播磨	31	94	573	479	0
43	宇部マテリアルズ	21	92	920	828	0
44	日新製鋼	21	68	1790	1722	0
45	住友電気工業	38	864	533	-331	0
46	昭和鉄工	57	231	500	269	0
47	西部電機	47	157	1805	1648	1
48	岡野バブル製造	26	93	750	657	0
49	富士電機ホールディングス	26	272	1330	1058	1
50	安川電機	34	263	522	259	0
51	ダイヘン	34	120	1280	1160	0
52	正興電機製作所	60	492	2690	2198	0
53	三井ハイテック	27	785	2365	1580	0
54	日本タングステン	30	206	1335	1129	0
55	小野建	45	520	2520	2000	0
56	南陽	41	676	1380	704	0
57	misumi	36	1136	1670	534	0
58	越智産業	38	864	950	86	0
59	マルミヤストア	14	184	1560	1376	0
60	リックス	32	454	500	46	0
61	グリーンクロス	25	192	9380	9188	0
62	ニコン	32	672	4430	3758	0
63	丸東産業	47	76	1350	1274	0
64	住友商事	30	544	742	198	0
65	ヤマエ久野	24	776	1640	864	0
66	トーホー	36	714	802	88	0
67	ベスト電器	20	352	2480	2128	0
68	ロイヤルホールディングス	22	789	1270	418	0
69	リンガーハット	21	853	811	-42	0
70	Mr Max	36	244	3630	3386	0
71	はせがわ	22	616	1882	1266	0
72	岩田屋	14	168	1420	1252	0
73	井筒屋	26	152	1800	1648	0
74	福岡銀行	4	416	1470	1054	0
75	西日本シティ銀行	11	352	1500	1148	0
76	九州親和ホールディングス	0	0	355	355	0
77	鹿児島銀行	28	363	2930	2567	0
78	宮崎銀行	43	296	2160	1864	0
79	佐賀銀行	19	346	11400	11054	0
80	十八銀行	96	385	1660	1275	0
81	沖縄銀行	31	1720	10000	8280	0

82	筑邦銀行	35	404	9250	8846	0
83	琉球銀行	35	1096	10700	9604	0
84	福岡中央銀行	17	420	1260	840	0
85	熊本ファミリー銀行	58	328	1400	1072	0
86	南日本銀行	44	362	1380	1018	0
87	豊和銀行	41	378	808	430	0
88	宮崎太陽銀行	39	368	840	472	0
89	三洋信販	21	2960	17400	14440	0
90	九州リースサービス	14	400	3990	3590	0
91	スターホールディングス	0	0	550	550	0
92	ニッセイ同和損保険	4	435	1660	1225	0
93	西日本旅客鉄道	9	536000	718000	182000	0
94	西日本鉄道	41	240	1110	870	0
95	第一交通産業	36	640	1980	1340	2
96	山九	45	94	1130	1036	0
97	川崎汽船	31	136	1200	1064	0
98	新和海運	1	54	1440	1386	0
99	RKB毎日放送	13	456	2960	2504	0
100	ゼンリン	20	676	12800	12124	0
101	九州電力	0	1700	4490	2790	0
102	沖縄電力	17	1555	8160	6605	0
103	西部ガス	19	148	930	782	0
104	東宝	17	1152	51500	50348	0

5 ベンチャーキャピタル・ジャフコのベンチャー投資とMBO経営戦略

果敢に挑戦するベンチャー企業に，果敢に挑戦し投資するベンチャーキャピタルの代表的会社ジャフコについて検討する。1971年にベンチャー企業の概念が日本に入ってきた翌年には，ベンチャーキャピタルの起業が始まった。

ジャフコは，1973年の起業であり，日本のベンチャーキャピタルのさきがけとして業界をリードしてきている。投資活動は国内に留まらず，北米，北東アジアとグローバルに展開している。2005年3月までに投資した企業数は，内外合わせて2,912社，うち734社がIPOし，市場での資金調達に成功している。

第4章　新規公開企業のベンチャーキャピタルからの投資状況

　国内では，1997年より産学連携投資活動を，続く1998年にはバイアウト投資を国内のベンチャーキャピタルではいち早く開始している。2002年10月には，一層の飛躍を狙う中堅企業を対象とするディベロップメント・キャピタル投資本部を設立。これにより，未上場の全てのステージ・業種・地域に対応するフルライン投資体制を確立した。2004年6月には，国内投資先に対するＶＡ活動（Value Added：企業価値増加のためのサポート）を担う部署を新設した[6]。

　本章において日本最大のジャフコを取り上げる。ベンチャーキャピタルの創成期に起業し，現在に至るまで成長を続けている。検討するのはＩＰＯ後のキャピタルゲインについてである。アントレプレナーとともに成長してきたJAFCOの伊藤俊明代表によると，企業の全ての成長ステージ，業種，地域に対応するフルライン投資体制を経営戦略の一つに掲げ，投資を行ってきた。ベンチャー投資では，①バイオテクノロジーやナノテクノロジーに代表される産学連携投資，②ＩＴ分野ならびにニューサービス分野を中心に成長企業への投資，③一定の事業基盤を持つ中堅・中小企業の新たなチャレンジや体質改善のためのリスクマネーを提供するディベロップメント・キャピタル投資と，シード＆スタートアップからグロース期まで未上場企業のあらゆる成長ステージに積極的に投資活動を行っている[5]。

　株式会社ジャフコ（JAFCO CO.,Ltd.）の概要を以下にて提示する。設立年月日は1973年4月5日，本社所在地は東京都千代田区丸の内1－8－2，資本金は332億5,167万3,571円（発行済株式総数48,294,336株），決算期は3月で年1回である上場証券取引所は，東京証券取引所市場一部，従業員数は329名となっている。図表4－8～4－12にて株主構成，役員，所有者別株式分布状況，組織図，業績を提示する。

第1部　ベンチャー企業とベンチャーキャピタル

図表4-8　ジャフコの株主構成（2005年3月31日現在）

大株主（上位7名）

株　主　名	議決権比率
野村ホールディングス株式会社	20.5%
株式会社野村総合研究所	11.8%
日本マスタートラスト信託銀行株式会社	7.9%
野村アセットマネジメント株式会社	4.8%
日本トラスティ・サービス信託銀行株式会社	3.9%
クリアストリームバンキングエスエー（常任代理人香港上海銀行東京支店）	2.9%
資産管理サービス信託銀行株式会社	2.8%

出所：ジャフコ［2005］，10頁

図表4-9　ジャフコの役員（2005年6月22日現在）

取締役社長	伊藤　俊明
取締役副社長	毛塚　富雄
常務取締役（第三投資本部担当）	縣　　久二
常務取締役（第一投資，北海道支社，中部支社，九州支社兼ディベロップメント・キャピタル投資担当）	三浦　義範
常務取締役（管理部門担当）	若松　宗継
常務取締役（JAFCO Investment（Asia Pacific）Ltd President & CEO）	山田　裕司
常務取締役（資金兼第二投資，関西支社，ＶＡ3部担当）	豊貴　伸一
取締役（事業開発本部担当）	金子　富一
取締役（事業投資本部担当）	佐藤　良雄
常務執行役員（決済担当兼決済室長）	森本　和克
常務執行役員（審査担当）	福森　久美
執行役員（内部監査担当兼内部監査室長）	藤田　和正
監査役	森本　美成
監査役	佐田　俊樹
監査役	後藤　博信
監査役	菊池　　伸

出所：ジャフコ［2005］，10頁

第4章　新規公開企業のベンチャーキャピタルからの投資状況

図表4－10　ジャフコの所有者別株式分布状況（2005年3月31日現在）

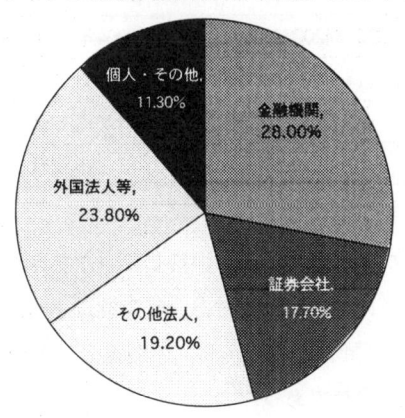

- 個人・その他, 11.30%
- 金融機関, 28.00%
- 証券会社, 17.70%
- その他法人, 19.20%
- 外国法人等, 23.80%

出所：ジャフコ［2005］, 10頁

図表4－11　ジャフコの組織図（2005年5月9日現在）

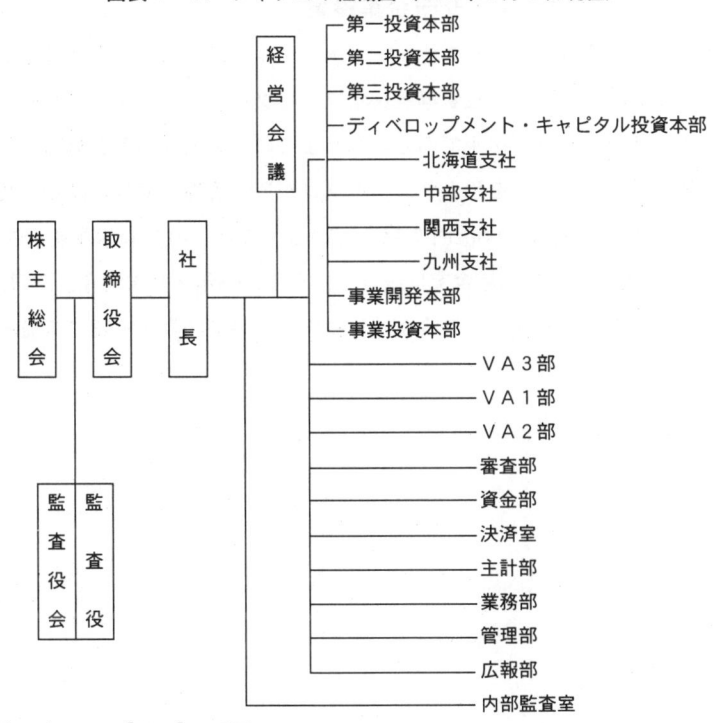

株主総会 ― 取締役会 ― 社長 ― 経営会議
- 第一投資本部
- 第二投資本部
- 第三投資本部
- ディベロップメント・キャピタル投資本部
- 北海道支社
- 中部支社
- 関西支社
- 九州支社
- 事業開発本部
- 事業投資本部
- ＶＡ3部
- ＶＡ1部
- ＶＡ2部
- 審査部
- 資金部
- 決済室
- 主計部
- 業務部
- 管理部
- 広報部
- 内部監査室

監査役会 ― 監査役

出所：ジャフコ［2005］, 10頁

79

第1部　ベンチャー企業とベンチャーキャピタル

図表4－12　ジャフコの業績（単位：百万円）

決算年月	第31期2003年3月	第32期2004年3月	第33期2005年3月
資　本　金	33,251	33,251	33,251
連続売上高	24,061	17,863	33,121
連結経常利益	△10,290	△9,390	5,233

出所：ジャフコ［2005］，10頁

　図表4－8のジャフコの株主構成に注目していただきたい。野村ホールディングス株式会社20.5％，株式会社野村総合研究所11.8％，野村アセットマネジメント株式会社4.8％と野村證券グループの関連会社ということが分かる。設立より野村證券主導の会社であった。

（1）　ジャフコのベンチャー企業投資

　未上場企業に投資をするベンチャーキャピタルでは，何よりも経験と実績が資産になる。ジャフコは，投資経験10年以上のプロフェッショナルを最も多く有するベンチャーキャピタルである。これまでに，国内外の金融機関，年金基金，事業会社からの資金を預かり，ジャフコが運営管理してきた投資事業組合（ファンド）の総額は，5,800億円を超えている。これらの投資事業組合を通じて，国内2,300社超の未上場企業に投資し，うち2005年3月末現在，587社がIPOしている。3ジャフコのフルライン投資について図表4－13にて提示する。

第 4 章　新規公開企業のベンチャーキャピタルからの投資状況

図表 4 － 13　ジャフコのフルライン投資体制

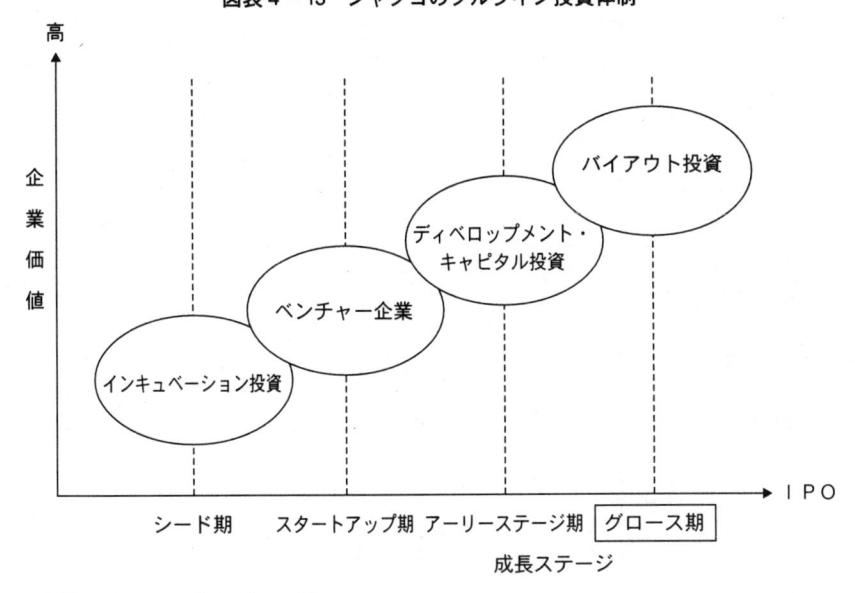

```
高
↑
企業価値

                                            バイアウト投資
                              ディベロップメント・
                              キャピタル投資
                 ベンチャー企業
   インキュベーション投資
                                                            → I P O
   シード期   スタートアップ期  アーリーステージ期  グロース期
                        成長ステージ
```

出所：ジャフコ［2005］，5 頁

（2）　ジャフコのバイアウト投資

　バイアウト投資とは，ジャフコからの出資と金融機関等からの融資を組み合わせたファイナンスによって，事業売却を希望する事業オーナーから事業買収を行う投資である。3 つのバイアウトがある。①ＭＢＯ（Management Buy Out）対象事業の現行経営陣と共同で行う事業買収（＝経営者買収），②ＭＢＩ（Management Buy In）対象事業に外部から新たな経営陣を導入して行う事業買収，③ＥＢＯ（Employee Buy Out）対象事業の従業員持株会と共同して行う事業買収である[8]。ジャフコは，1998 年にバイアウト投資を主業務とする事業投資本部を組成した。1999 年 11 月にジャフコ・バイアウト 1 号投資事業有限責任組合（総額 280 億円）を，2004 年 2 月にジャフコ・バイアウト 2 号投資事業有限責任組合（総額 500 億円）を設立した。2005 年 3 月末までに追加買収を含めて 18 件，エクイティ投資総額で約 500 億円（取引総額にして約 1,400 億円）のバイアウト投資を

第1部　ベンチャー企業とベンチャーキャピタル

図表4－14　ジャフコのバイアウト戦略

Phase I MBOストラクチャー による独立	Phase II 経営の独立プロセス	Phase III 成長戦略の遂行 →積極的な追加資本投下	Phase IV 資本流動化段階
旧株主　A社経営権の譲渡 ↓譲受資金 JAFCO　A社経営陣他 金融機関等 現在の支配関係 （対象会社）A社　新支配関係	仕組み作り （経営ノウハウの供与） JAFCO追加出資 ↓ 新生A社 JAFCO追加出資	戦略的提携 同業・周辺事業の企業買収・合併 企業価値アップ 設備投資 技術革新	株式上場又は再MBO等 業界のリーディングカンパニーへの転身 A社

出所：ジャフコ［2005］，6頁

行っている。ジャフコのバイアウト戦略を図表4－14にて提示する。

　ジャフコのバイアウト投資は，単にファイナンススキームを構築し，自ら当市を行うことにとどまらない。投資後もさまざまな経営施策，経営資源を提供し，経営陣と共同で企業価値の最大化を図る。経営陣へのインセンティブの導入や，経営システムの効率化支援，対象会社を核とした周辺事業の追加的M＆Aのコーディネートと，そのための資金提供を行っている[9]。バイアウトの投資実績を図表4－15にて提示する。

第4章　新規公開企業のベンチャーキャピタルからの投資状況

図表4-15　ジャフコのバイアウト投資実績

投資時期	バイアウト投資先	事業内容	エグジット
1998.12	ICS国際分科教育センター	留学カウンセリング・手続き代行	トレードセール
1999.06	アムリード／ケイエイオー	ゲームセンターの運営	再MBO
1999.12	日本建設コンサルタント	建設コンサルタント	トレードセール
2001.02	マルハペットフード	ペットフードの企画・開発・販売	
2001.03	トーカロ	溶射による金属などの表面処理加工	IPO
2001.03	SIC	通販用パンフレットの企画・印刷	
2001.04	ヴィクトリア	スポーツ用品小売	トレードセール
2001.09	ガソニックス	液晶製造装置の製造	
2002.04	ユアサエレクトロニクス	オプトエレクトロニクス関連装置商社	トレードセール
2002.11	バンクテック・ジャパン	文書処理システムおよびワークフローシステムの開発	
2003.12	メディカルトリビューン	医薬関連専門誌発行	トレードセール
2004.02	キッチンハウス	システムキッチンの製造販売	
2004.03	グローバルナレッジネットワーク	教育ソリューション・プロバイダー	
2004.04	アールの介護	有料老人ホーム「レストヴィラ」の運営	トレードセール
2004.04	クラブツーリズム	施行業，会員制クラブの運営等	
2004.07	日本マニュファクチャリングサービス	製造・物流サービス，人材派遣サービス	
2004.12	昭和薬品化工	歯科関連製品，医科後発医薬品 医薬品の製造販売	

出所：ジャフコ［2005］，6頁

第1部　ベンチャー企業とベンチャーキャピタル

（3）ジャフコのベンチャー企業投資の実際

　日本最大のベンチャーキャピタル・ジャフコにおけるベンチャー企業投資の実際を検討する。ジャフコが投資しＩＰＯした企業は、1975年7月～2005年5月までに737社となっている。ＩＰＯ先は1975年7月のシントム、東京証券取

図表4－16　2005年3月期にＩＰＯしたジャフコ投資先会社一覧（国内23社）

上場年月日	投資先会社名	上場市場	証券コード
2004年4月	ゴルフダイジェスト・オンライン	マザーズ	3319
	メッセージ	ＪＡＳＤＡＱ	2400
6月	エイペックス	セントレックス	3324
	フレームワークス	マザーズ	3740
	シーシーエス	ＪＡＳＤＡＱ	6669
7月	朝日インテック	ＪＡＳＤＡＱ	7747
	デュオシステムズ	マザーズ	3742
	アドテックプラズマテクノロジー	マザーズ	668
	そーせい	マザーズ	4565
8月	ＫＧ情報	ＪＡＳＤＡＱ	2408
9月	インタートレード	マザーズ	3747
10月	ワイズマン	ＪＡＳＤＡＱ	3752
11月	フライトシステムコンサルティング	マザーズ	3753
	日本ＥＲＩ	ＪＡＳＤＡＱ	2419
	ＬＴＴバイオファーマ	マザーズ	4566
12月	太洋工業	ＪＡＳＤＡＱ	6663
	タカラバイオ	マザーズ	4974
	パカラ	マザーズ	4809
	ワールド・ロジ	ヘラクレス	9378
2005年2月	メディシノバ	ヘラクレス	4875
	ハビックス	ＪＡＳＤＡＱ	3895
3月	ファーストエスコ	マザーズ	9514
	カブドットコム証券	東証1部	8703

第４章　新規公開企業のベンチャーキャピタルからの投資状況

(海外5社)

上場年月日	投資先会社名	上場市場	Ticker／Code
2004年6月	Digirad Corporation	NASDAQ	DRAD
12月	Phison Electronics Corp.	台湾	8299
	China Wireless Technologies Ltd.	香港	2369
	System General Corp.	台湾	6280
2005年1月	Kinik Company	台湾	1560

出所：JAFCO［2005］別紙

引所2部をはじめ，JASDAQ，大阪2部，名古屋2部，大阪新2部，札幌，京都，新潟，広島，福岡，NASDAQ，マザーズ，ヘラクレス，名古屋セントレックス，福岡Qボードにわたっている。また，国外では1991年6月のSIPAREX，リヨン2部をはじめ，ロンドン，ストックホルム，スドリッド，EASDAQ，ノイエユルクト，AMEXにわたっている。

(4)　ベンチャーキャピタルジャフコのキャピタルゲイン

　キャピタルゲイン（capital gain：売却益）は，営業投資有価証券売上高のうち，株式等売却高は264億円（前期137億円）となっている。それに伴うキャピタルゲインは131億円（前期5億円）と大幅に増加している。内訳は，上場株式の売却益が146億円（前期60億円），未上場株式の売却益が14億円（前期54億円）であった[6]。ジャフコのキャピタルゲインを図表4-17にて提示する。

　2005年より新しいファンドを設立した。ファンド設立状況は，アジアテクノロジーファンド，コミットメント総額（出資約束金額）1億USドル，国内バイアウトファンド500億円，国内ベンチャーファンド537億円，国内バイオファンド60億円である。これらは最終クロージング下ファンドである。

　その他にスタートしたファンドは，産学共創ファンド20億円，海外ライフサイエンスファンド45億円，グレートエンジェルファンド（個人投資家向けファンド）22億円がある。

　ジャフコのベンチャー企業投資は，国内随一と言える。本稿でジャフコを取

第1部　ベンチャー企業とベンチャーキャピタル

図表 4－17　ジャフコのキャピタルゲインと評価益

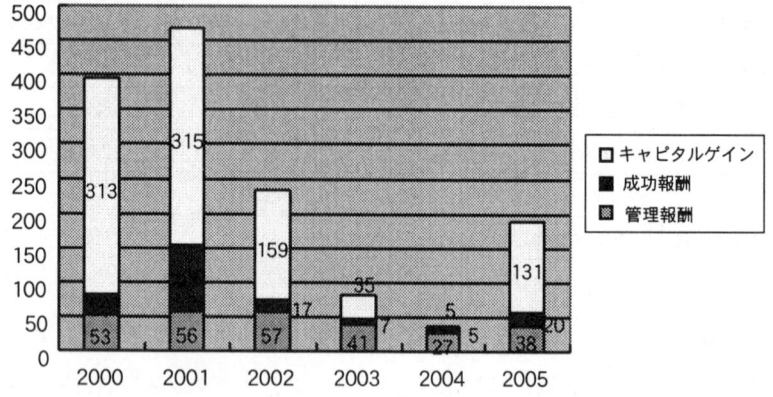

凡例：□ キャピタルゲイン　■ 成功報酬　▨ 管理報酬

年	管理報酬	成功報酬	キャピタルゲイン
2000	53		313
2001	56		315
2002	57		159
2003	41	7	35
2004	27	5	5
2005	38	20	131

出所：ジャフコ［2005］，5頁

り上げたのは，ベンチャー企業がＩＰＯ後にその投資資金を即日売却して，ハイリターンを求めるベンチャーキャピタルそのものの行動をするのかという論点からであった。同じベンチャーキャピタルの東京中小企業投資育成会社が，ＩＰＯ後も安定株主として多くのベンチャー企業に残っている場合もあることが今回分かった。ジャフコ［2005］の広報部によると，一般的にＩＰＯ後に株式は売却するが，しない会社があるのは，会社より安定株式として残ってほしいとの依頼があった場合，ジャフコが売却すると，企業安定に影響がでる場合があるので，即日売却をしていない時もあるとのことであった。

ハイリスクハイリターンのベンチャー企業へ果敢に投資するベンチャーキャピタルはキャピタルゲインを求めている。キャピタルゲインを得ずに安定株主として残ることは，ハイリターンのチャンスを逃してしまう可能性がある。

しかし，各ベンチャーキャピタルのベンチャー企業投資の姿勢は，それぞれ各社の特色を持っている。今後のＩＰＯ後のキャピタルゲインの取得方法の違いを，ジャフコと中小企業投資育成会社との比較検討によって明らかにしたいと考える。

第4章　新規公開企業のベンチャーキャピタルからの投資状況

【注】
1）　バイグレイブ・ティモンズ146頁を参照。
2）　同上145－146頁を参照。
3）　ゴンパース55－65頁を参照。
4）　バイグレイブ・ティモンズ70－75頁を参照。
5）　JAFCO［2005］，2－4頁
6）　同掲書，3－6頁

第5章
投資ラウンドごとの機関と投資総額についての回帰分析

1 投資ラウンドの回帰分析

　ゴンパース・ラーナー［2002］によると，サンプルは1961年から1992年までにベンチャーキャピタルから投資を受けている企業794社に対して行われた2,143件の投資である。独立変数としては，投資の段階がシードまたはスタートアップ期（つまりアーリー・ステージ）であれば1の値をとるダミー変数や，出資の段階がアーリーまたはファースト，またはその他アーリー（つまりミドルステージ）であれば1の値をとるダミー変数がある。前年度にパートナーシップのベンチャーファンドに1992年換算の定数で新しく資本参加することを利用すれば，ベンチャーキャピタル産業の流動性は制御できる。資産の有形性は，その企業の属する産業における，総資産に対する有形資産の比率の平均値によって測られる。簿値対等値の比率とは，株式の比率の平均値である。研究開発の度合いは，売上高に対する研究開発費の比率の平均値，もしくは資産に対する研究開発費の比率の平均値によって表される。ベンチャーキャピタルから投資を受けている企業の業歴とは，設立してから投資を受けた日までの時間を月単位で表したものである。パネルAは，ウェイブル分布期間モデルに対する最大可能性の見積もりである。パネルBは，最小二乗法を示している。括弧の中には，各係数に対するt値が記されている。

パネルA：投資ラウンドの間隔についての回帰分析

独立変数	従属変数：投資ラウンドの間隔					
	(1)	(2)	(3)	(4)	(5)	(6)
投資	−0.030	0.361	0.407	0.417	0.070	0.082
	(−0.19)	(2.50)	(2.86)	(2.86)	(0.39)	(0.42)
投資はアーリー・ステージの企業になされたのか	0.051	0.040	0.037	0.047	0.036	0.031
	(0.63)	(0.49)	(0.44)	(0.56)	(0.44)	(0.38)
投資はミドル・ステージの企業になされたのか	−0.054	−0.058	−0.103	−0.094	−0.102	−0.106
	(−0.93)	(−1.00)	(−1.72)	(−1.55)	(−1.71)	(−1.75)
前年度に新しいベンチャーファンドに委託された資金	−0.60xE−04	−0.56xE−04	−0.52xE−04	−0.55xE−04	−0.54xE−04	−0.56xE−04
	(−4.97)	(−4.56)	(−4.10)	(−4.41)	(−4.22)	(−4.36)
産業の総資産に対する有形資産の比率	0.405				0.400	0.398
	(4.01)				(3.84)	(3.23)
産業の簿価対時価比率		−0.047			0.000	−0.019
		(−1.87)			(0.00)	(−0.41)
産業の売上高に対する研究開発費の比率			−3,390		−2,268	
			(−2.52)		(−1.79)	
産業の総資産に対する研究開発費の比率				−0.795		−0.194
				(−2.69)		(−1.67)
ベンチャーキャピタルから投資を受けたときの企業の業歴	0.016	0.016	0.016	0.017	0.016	0.017
	(3.58)	(3.68)	(3.49)	(3.56)	(3.52)	(3.60)
ベンチャーキャピタルの投資総額の対数	0.011	0.012	0.016	0.011	0.010	0.009
	(0.71)	(0.73)	(0.68)	(0.65)	(0.59)	(0.52)
仮のR^2	0.045	0.037	0.045	0.046	0.053	0.051
モデルχ^2	56.00	42.25	48.64	49.47	62.74	60.38

出所：ゴンパース・ラーナー［2002］，140−141頁

パネルB：各投資ラウンドの規模についての回帰分析

独立変数	従属変数：投資ラウンドにおける投資総額の対数					
	(1)	(2)	(3)	(4)	(5)	(6)
定数	6.580	6.756	6.902	6.929	6.379	6.108
	(38.00)	(39.02)	(46.39)	(46.27)	(29.97)	(22.39)
投資はアーリー・ステージの企業になされたのか	−0.635	−0.608	−0.703	−0.703	−0.748	−0.760
	(−4.14)	(−4.22)	(−4.83)	(−4.83)	(−5.14)	(−5.23)
投資はミドル・ステージの企業になされたのか	−0.224	−0.216	−0.308	−0.309	−0.314	−0.328
	(−2.29)	(−2.20)	(−3.06)	(−3.06)	(−3.13)	(−3.26)
前年度に新しいベンチャーファンドに委託された資金	0.0001	0.0001	0.0001	0.0001	0.0001	0.0001
	(3.94)	(4.21)	(3.91)	(3.98)	(3.10)	(3.08)
産業の総資産に対する有形資産の比率	0.352				0.612	0.810
	(2.23)				(3.64)	(4.16)
産業の簿価対時価比率		−0.051			0.041	0.084
		(−0.64)			(0.49)	(1.03)
産業の売上高に対する研究開発費の比率			1.578		3.618	
			(0.72)		(1.56)	
産業の総資産に対する研究開発費の比率				−0.099		1.372
				(−0.21)		(2.43)
ベンチャーキャピタルから投資を受けたときの企業の業歴	−0.019	−0.019	−0.014	−0.014	−0.014	−0.014
	(−2.58)	(−2.58)	(−1.82)	(−1.86)	(−1.90)	(−1.89)
R^2	0.031	0.028	0.039	0.031	0.041	0.044
F統計値	9.33	8.40	8.50	8.40	8.03	8.55

出所：ゴンパース・ラーナー［2002］，141頁

2 ベンチャーキャピタルの投資総額と投資回数についての回帰分析

　サンプルは，1961年から1992年までの間にベンチャーキャピタルから投資を受けた794社である。従属変数は，1992年換算での数千ドル単位で受け取ったベンチャーキャピタルの投資総額と，ベンチャーキャピタルの投資の個々の投資ラウンドである。独立変数としては，企業がＩＰＯを成し遂げたならば１の値をとるダミー変数や，企業が倒産したら１の値をとるダミー変数や，会社が合併したり買収されたならば１の値をとるダミー変数がある。資産の有形性は，その会社の属する産業における，総資産に対する有形資産の割合の平均値によって測られる。簿価対時価の比率とは，株式の時価と簿価の比率の平均値である。研究開発の度合いは，売上高に対する研究開発費の比率の平均値，もしくは資産に対する研究開発費の比率の平均値によって表される。パネルAは，最小二乗法の回帰分析によって見積もられている。パネルBは，ポアソン回帰分析によって見積もられている。各回帰係数に対する t 値は括弧の中の示されている。

第1部　ベンチャー企業とベンチャーキャピタル

パネルA：投資総額の回帰分析

独立変数	従属変数：ベンチャーキャピタルの投資総額の対数					
	(1)	(2)	(3)	(4)	(5)	(6)
定　数	11.017	7.075	7.290	7.427	4.714	4.771
	(12.38)	(38.22)	(67.40)	(68.38)	(4.41)	(4.47)
IPOによるイグジット（投資回収）	1.043	1.018	0.882	0.905	0.664	0.666
	(6.18)	(6.01)	(4.88)	(4.96)	(4.31)	(4.32)
倒産または流動化によるイグジット（投資回収）	−0.023	−0.024	−0.102	−0.047	−0.085	−0.077
	(−0.11)	(−0.12)	(−0.49)	(−0.22)	(−0.48)	(−0.44)
M&Aによるイグジット（投資回収）	−0.125	−0.129	−0.003	−0.009	0.124	0.123
	(−0.76)	(−0.78)	(−0.02)	(−0.05)	(0.84)	(0.83)
産業の総資産に対する有形資産の比率	−3.660				1.118	1.036
	(−3.90)				(1.12)	(1.04)
産業の簿価対時価比率		0.311			0.402	0.420
		(2.90)			(3.52)	(3.69)
産業の売上高に対する研究開発費の比率			13.033		3.600	
			(4.02)		(1.24)	
産業の総資産に対する研究開発費の比率				5.709		2.540
				(1.95)		(1.02)
ベンチャーキャピタルの投資回数					0.396	0.399
					(15.19)	(15.43)
R^2	0.073	0.064	0.067	0.048	0.337	0.336
F統計値	13.40	11.60	11.05	7.82	44.37	44.26

出所：ゴンパース・ラーナー [2002], 144頁

パネルB：投資回数に対するポアソン回帰分析

独立変数	従属変数：ベンチャーキャピタルによる投資回数			
	(1)	(2)	(3)	(4)
定　数	2.904	0.945	0.796	0.888
	(10.51)	(13.88)	(18.82)	(21.55)
IPOによるイグジット（投資回収）	0.255	0.239	0.186	0.203
	(4.35)	(4.06)	(2.91)	(3.18)
倒産または流動化によるイグジット（投資回収）	0.054	0.052	0.017	0.052
	(0.71)	(0.68)	(0.23)	(0.68)
M&Aによるイグジット（投資回収）	0.027	−0.006	−0.010	−0.004
	(0.43)	(−0.09)	(−0.16)	(−0.06)
産業の総資産に対する有形資産の比率	−2.054			
	(−6.96)			
産業の簿価対時価比率		0.021		
		(0.54)		
産業の売上高に対する研究開発費の比率			7.416	
			(6.25)	
産業の総資産に対する研究開発費の比率				2.907
				(2.73)
擬似R^2	0.020	0.006	0.019	0.007
モデルχ^2	60.25	18.55	50.07	18.81

出所：ゴンパース・ラーナー [2002], 145頁

第5章　投資ラウンドごとの機関と投資総額についての回帰分析

　パネルAではアーリー・ステージとミドル・ステージの投資の間隔においては，レイト・ステージの投資とは異なり，十分に有意でないことが示されている。しかしながら，開発の段階が，投資ラウンドごとの投資額に影響を与えていることは示されている。パネルBでの回帰分析の結果は，平均的なアーリー・ステージへの投資では，レイト・ステージへの投資に比して小さい，130万ドルから203万ドルしか投資されていない。同様に，ミドル・ステージへの投資では，レイト・ステージへの投資に比して小さい，平均して70万ドルから121万ドルしか投資されていない。1回の投資ラウンドにおける投資金額の増大は企業の成長段階を反映しているのである。より大きな金額の投資は企業の拡大に必要なのである。

　投資の間隔と1回の投資ラウンドの投資金額はまた，ベンチャーキャピタル業界の規模の拡大にも敏感に関係している。新しいベンチャーキャピタルファンドへのより大きな金額のコミットメントがある場合には，投資の間隔は短くなり，1回あたりの投資金額が大きくなる。ベンチャーキャピタルファンドへの新たなコミットメントにおいて，ある標準偏差が大きくなることは，2か月まで投資の間隔が短くなり，平均的な投資金額はおおよそ70万ドルに増加する。

付録A：学習モデルの導入

　ゴンパース・ラーナー［2002］は，ベンチャーキャピタリストの能力 η についての対称的な不確実性が存在すると想定する。これは（審査や事前の確認作業を通じて）ポートフォリオに入れる企業を選別するときにおけるベンチャーキャピタリストの能力と，投資後に価値を加えていく能力のどちらかによって表わすことができる。ベンチャーキャピタリストと投資家は，η は平均 m_0 で分散 σ_0^2 である正規分布をとると信じている。どちらのサイドも，プロジェクトの前段階で，ベンチャーキャピタリストの質に関しての個人情報を持つものではない。

　ベンチャーキャピタリストは2つの連続期間において，2つのファンドを立ち上げる。第1番目のファンドにおける投資の結果とどんな投資収益だったか

第1部　ベンチャー企業とベンチャーキャピタル

は，第2番目のファンドが立ち上がる前に認識される。第1番目のファンドから第2番目に移行する投資案件はない。期間 t におけるファンド収益 π_t は，能力とベンチャーキャピタリストの努力 e_t とノイズ ε_t の関数である。

$$\pi_t = \eta + e_t + \varepsilon_t \quad \cdots\cdots\cdots\cdots\cdots\cdots\cdots\cdots\cdots\cdots\cdots (A1)$$

最適な契約の導出を単純化するために，我々は単純なアイディティブ（可加法）な生産関数を使う。また我々は，マリチプリカティブな生産関数（たとえば，ηe_t）で結果を導出する。こうした異なった生産関数を使うことにより，以下で示すシグナリング・モデルと区別することにより学習モデルの様相は以下のような同様のことを提示している。つまり最初のファンドは運用のための支払い感応性が低いということでの第2期間の報酬につながる。実際には，ベンチャーキャピタリストのある一定の活動は，人脈やアドバイスを提供するというように，アディティブなものとして現れてくる。その一方での他の活動として，評判の広がりといったような，マルチプリカティブなものを帯びたものになる。

（A1）式において，ノイズ ε_t は独立して分布し，平均0分散 σ_e^2 の正規分布である。ベンチャーファンドにおける投資案件の数は，典型的には，収益に関する残差が存在する程度に十分に小さいものである。ベンチャーキャピタリストが次のファンドを立ち上げる時点において，能力に関してのかなりの不確実性が残る可能性がある。ベンチャーキャピタリストと投資家は，ファンドが形成される前に能力に関しての同じ考えを持つ一方で，投資家はどちらかのファンドにおいて選択される努力水準を観察することができない。努力は個人的な情報である。

ベンチャーキャピタリストの報酬 ω_t は，ファンドの収益の線形関数である。Holmstrom and Malgrom (1987) は努力と結果は，連続的であり，しかし，プリンシパルによるモニタリングが時限的であるときに，線形の分配ルールは最適となることを示している。モデルにおいて線形の仕組みを利用することへの追加的な動機はベンチャーファンドのパートナーシップ契約における，そのよ

第5章 投資ラウンドごとの機関と投資総額についての回帰分析

うな契約の普及である。ベンチャーキャピタリストはある程度の固定手数料f_tを受け取る。そして、ファンドの収益に対する分け前であるv_tを可変的な報酬として受け取る。

$$\omega_t[\pi_t] = f_t + v_t \pi_t \quad \cdots\cdots (A2)$$

$C(e_t)$は、金銭的な意味では、直接的な非効用である。ベンチャーキャピタリストと投資家の両方は、$C(e_t)$を知っている。

$C(e_t)$は凸であり、$C'(0)=0$, $C''(\infty)=\infty$, そして、$C''' \geq 0$である。

$C''' \geq 0$は均衡する契約の唯一性を保証するものである。投資家はリスク中立的である。しかし、ベンチャーキャピタリストはリスク回避的であり、リスク回避係数はrである。通常の単位期間あたりの割引率はδである。ベンチャーキャピタリストの効用関数は以下の(A3)式のように表される。

$$U(\omega_1, \omega_2; e_1, e_2) = -\exp\left[-r\left[\sum_{t=1}^{2} \sigma^{t-1}[\omega_t - C(e_t)]\right]\right] \quad \cdots\cdots (A3)$$

Gibbons and Murphy (1992) によるとこの効用関数は、加法的の分離可能でない。この効用関数は常に絶対的にリスク回避をすることを示しており、2つの期間におけるインセンティブ体系の導出を容易にするものである。ベンチャーファンドにおける投資家は、年金ファンドや保険会社というおもに大きな機関であり、投資家がリスク中立的であることは理にかなっている。またベンチャーキャピタリストのリスク回避は富の制約、あるいは投資先のポートフォリオを多様にできないことによるものかもしれない（これらについてのサーベイとしては、Tyebjee and Bruno 1998を参照)。

報酬契約はそれぞれのファンドにおいて定められており、たとえどれであれ、収益からの入手可能な情報について条件づけられている。報酬契約の期間は、努力が選択される前や投資が行われる前に設定される。しかし、第2番目のファンドにおける投資家は第1番目のファンドの運用パフォーマンスを評価す

るための情報を持っている。我々は，ある投資家とあるベンチャーキャピタリストは報酬について交渉するものと仮定する。ここで，〔Nash（1950）の交渉解〕は適切である。すなわち，報酬体系は結果として投資からの期待収益から等しく分けられると想定する。

$$f_1(\nu_1) + \nu_1 E(\pi_1 | \hat{e}_1) - C(\hat{e}_1)$$
$$= \frac{1}{2}\Big[E(\pi_1 | \hat{e}_1) - C(\hat{e}_1)\Big]; \quad\cdots\cdots\cdots\text{(A 4)}$$

$$f_2(\nu_2) + \nu_2 E(\pi_2 | \pi_1, \hat{e}_1, \hat{e}_2) - C(\hat{e}_2)$$
$$= \frac{1}{2}\Big[E(\pi_2 | \pi_1, \hat{e}_1, \hat{e}_2) - C(\hat{e}_2)\Big] \quad\cdots\cdots\text{(A 5)}$$

ナッシュの交渉解は，それは同等の交渉力を持つものと仮定するものであり，ごく限られた少数の潜在的なプレーヤーが交渉に参加するというベンチャーキャピタルの設定において適切であると思われる。投資家とベンチャーキャピタリストの数はそれほど多くはない。このモデルの理論的な予測はその余剰部分についても健在である。

ベンチャーキャピタリストは，両方のファンドで期待される効用を最大化する。

$$\max - E[\exp(-r[f_1 + \nu_1(\eta + e_1 + \varepsilon_1) - C(e_1)]$$
$$- r\delta [f_2 + \nu_2(\eta + e_2 + \varepsilon_2) - C(e_2)])]. \quad\cdots\cdots\text{(A 6)}$$

$$\max - E[\exp(-r[f_2 + \nu_2(\eta + e_2 + \varepsilon_2) - C(e_2) \pi_1] \quad\cdots\cdots\text{(A 7)}$$

インセンティブについての最適な予定表は第 2 番目の期間においての計算を開始することによって導出される。第 1 期 π_1 の収益を観察し，ベンチャーキャピタリストが第 1 番目のファンドで努力をすると信じるのなら，ベンチャーキャピタリストの能力に対しての投資家の後ろ向き推定は次のようにな

第5章　投資ラウンドごとの機関と投資総額についての回帰分析

る。

$$m_1(\pi_1, \hat{e}_1) = \frac{\sigma_\epsilon^2 m_0 + \sigma_0^2(\pi_1, \hat{e}_1)}{\sigma_\epsilon^2 + \sigma_0^2} \quad \cdots\cdots\cdots\cdots\cdots\cdots (A8)$$

(A8)式の背景にある意図は，第1番目の収益が高ければ高いほど，能力に関する見方においてより大きな修正が行われるであろうということである。能力における分散よりノイズの分散が大きければ大きいほど，能力における修正は小さいであろう。(A7)式はe_2に関して最大化するのなら，我々は最適な第2期間の努力に関する1階条件を得ることができる。

$$C'(e_2) = \nu_2 \quad \cdots\cdots\cdots\cdots\cdots\cdots\cdots\cdots\cdots\cdots\cdots\cdots\cdots (A9)$$

(A9)式は，ベンチャーキャピタリストは，期待収益の限界増加率が彼らの限用努力コストと同等になるまで働くということを意味している。(A5)式を(A7)式に代入して，そして期待値を取ると以下のようになる。

$$\max -\exp\left[-\frac{r}{2}[m_1(r_1, \hat{e}) + e_{2(2)} - C(e_2(\nu_2))\right.$$
$$\left. - \frac{r}{2}\nu_2^2(\sigma_\epsilon^2 + \sigma_1^2)]\right]. \quad \cdots\cdots\cdots\cdots\cdots\cdots (A10)$$

$E\{\exp(-kx)\} = \exp(-k\mu + \frac{1}{2}k^2\sigma^2)$に注目しなさい。(A10)式を最大化することは$\nu_2$についての1階条件を与えることである。(A11)式はその解から導出されるものを示している。

$$\nu_2 = \frac{1}{1 + 2r(\sigma_\epsilon^2 + \sigma_1^2)C''(e_2^*(\nu_2))} \quad \cdots\cdots\cdots\cdots\cdots\cdots (A11)$$

ν_1の値を得るために，(A5)式と(A4)式を(A6)式に代入してやると以下が導かれる。

第1部　ベンチャー企業とベンチャーキャピタル

$$\begin{aligned}\max -\mathrm{E}\Bigl[&\exp(-r[\tfrac{1}{2}[(1-2\nu_1)(m_0+\hat{e}_1(\nu_1))+C(\hat{e}_1(\nu_1))]\\&+\nu_1[\eta+e_1(\nu_1)+\varepsilon_1]-C(e_1^*(\nu_1))]\\&-r[\delta[\tfrac{1}{2}(1-2\nu_2)[\tfrac{\sigma_\varepsilon^2 m_0+\sigma_0^2(y_1-\hat{e}(\nu_1))}{\sigma_\varepsilon^2+\sigma_0^2}+\hat{e}_2(\nu_2)]\\&+C(\hat{e}_2(\nu_2))]+\nu_2[\eta+e_2(\nu_2)+\varepsilon_2]-C(e_2(\nu_2))])\Bigr]\cdots\cdots(A12)\end{aligned}$$

(A12)式の期待値を取ってやると以下のようになる。

$$\begin{aligned}\max -\exp\Bigl[&-r\bigl[\tfrac{1}{2}((m_0+\hat{e}_1(\nu_1)-C(\hat{e}_1(\nu_1))\bigr]\\&-\tfrac{1}{2}r\delta[m_0+e_2(\nu_2)+C(e_2(\nu_2))]\\&+\tfrac{1}{2}r^2\nu^2[\sigma_\varepsilon^2+\sigma_0^2]+\tfrac{1}{8}\tfrac{r^2\delta^2(1-2\nu_2)(\sigma_0^2)(\sigma_\varepsilon^2+\sigma_0^2)}{(\sigma_\varepsilon^2+\sigma_0^2)^2}\\&+\tfrac{1}{2}r^2\sigma^2\nu_2^2[\sigma_\varepsilon^2+\sigma_0^2]+\tfrac{1}{2}\tfrac{r^2\delta\nu_1(1-2\nu_2)(\sigma_0^2)(\sigma_\varepsilon^2+\sigma_0^2)}{\sigma_\varepsilon^2+\sigma_0^2}\\&+\tfrac{1}{2}\tfrac{r^2\delta^2\nu_2(1-2\nu_2)\sigma_0^2}{\sigma_\varepsilon^2+\sigma_0^2}+r^2\delta\nu_1\nu_2\sigma_0^2\bigr]\Bigr]\cdots\cdots(A13)\end{aligned}$$

(A13)式についての1階の条件を満たす ν_1 は最適な変動報酬の感応性として表わすことができる。

この1階の条件は以下のようになる。

$$-\tfrac{1}{2}+\tfrac{1}{2}C'(e_1^*(\nu_1))+r\nu_1(\sigma_\varepsilon^2+\sigma_0^2)C''(e_1^*(\nu_1))$$
$$+\tfrac{1}{2}r\delta(1-2\nu_2)\sigma_0^2 C''(e_1^*(\nu_1))=0.\cdots\cdots(A14)$$

(A12)式から，我々は期間1である e_1 におけるベンチャーキャピタリストの最適な努力水準は以下のようになる。

$$C'(e_1^*(\nu_1))=\nu_1+\delta(1-2\nu_2)\frac{\sigma_0^2}{\sigma_\varepsilon^2+\sigma_0^2}\cdots\cdots(A15)$$

第5章　投資ラウンドごとの機関と投資総額についての回帰分析

ここで(A15)式を(A14)式に代入して，第1機関における最適な変動報酬を解くことができる。

$$\nu_1 = \frac{1}{1+2r(\sigma_\epsilon^2+\sigma_0^2)C''[e_1^*(\nu_1)]} - \delta(1-2\nu_2^*)\frac{\sigma_0^2}{\sigma_\epsilon^2+\sigma_0^2} - \frac{2r\delta\nu_2\sigma_0^2 C''[e_1^*(\nu_1)]}{1+2r(\sigma_\epsilon^2+\sigma_0^2)C''[e_1^*(\nu_1)]} \cdots (A16)$$

固定手数料の水準は，(A11)式と(A16)式を，(A5)式と(A4)式のそれぞれに代入することで，決定される。f_1とf_2に対して期待値を取って解くと以下のようになる。

$$f_1(\nu_1^*) = \frac{1}{2}[(1-2\nu_1^*)[m_0+e_1^*(\nu_1^*)]+C(e_1^*(\nu_1^*))]. \cdots\cdots(A17)$$

$$f_2(\nu_2^*\mid\pi_1) = \frac{1}{2}\left[(1-2\nu_2^*)\left[\frac{\sigma_\epsilon^2 m_0+\sigma_0^2(\pi_1-e_1^*(\nu_2^*))}{\sigma_\epsilon^2+\sigma_0^2}+e_2^*(\nu_2^*)\right]+C(e_2^*(\nu_2^*))\right]; \cdots\cdots(A18)$$

付録B：シグナリング・モデルの導出

ゴンパース・ラーナー［2002］は付録Aにおける基本的なフレームワークと変数の表記を継続する。ただし，ベンチャーキャピタリストは彼らの能力のη^Hタイプについて意図的に知ろうとするが，投資家はそうでないと想定する。簡単に説明すると，ベンチャーキャピタリストには，高い能力（H）と低い能力（L）であり，$\eta^H > \eta$となり，こうした2つのタイプがある。我々は加法的収益関数を持つと想定するので，最初の投資ユニットの次の努力はどちらでも等しく生産的である。高い能力のベンチャーキャピタリストが掲示する最適な契約を決定するためには，我々はまず，分離均衡を構築していることを考える必要がある。他の分離均衡が存在するだけでなく，さまざまなパラメーター値

に対して均衡をプールすることもあり得る。我々が興味を持つのは，高い能力のベンチャーキャピタリストはこれらを識別することが可能である場合についてである。このため，Riley (1979) の分離均衡について焦点を当てる。

我々は再び，ベンチャーキャピタリストと投資家は期待される投資から生まれる余剰を分け合うものと想定する。

$$f_2^H + \nu_2^H [\eta^H + \hat{e}(\nu_2^H)] - C(\hat{e}(\nu_2^H))$$
$$= \frac{1}{2}[E(\eta^H + \hat{e}(\nu_2^H) - C(\hat{e}(\nu_2^H))]; \quad \cdots\cdots(B1)$$

$$f_2^l + \nu_2^L [\eta^L + \hat{e}(\nu_2^L)] - C(\hat{e}(\nu_2^L))$$
$$= \frac{1}{2}[E(\eta^L + \hat{e}(\nu_2^L) - C(\hat{e}(\nu_2^L)))] \quad \cdots\cdots(B2)$$

1期間の最大化問題は，完全情報を想定して第2期間の期待効用を最大化する問題となる。我々は分離均衡を構築するので，能力に関する情報は第1期間において完全に現れる。第2期間において署名された契約は，この情報を反映している。高い能力のベンチャーキャピタリストに関しては，我々は以下のように解く。

$$\max -E[\exp\{-r[f_2^H + \nu_2^H(\eta^H + e_2 + \omega_2) - C(e_2)]\}] \cdots(B3)$$

高い能力のベンチャーキャピタリストと低い能力のベンチャーキャピタリストの両方にとっての第2番目のファンドの変動報酬は，

$$\nu_2^H = \nu_2^L = \frac{1}{1 + 2r\sigma_\epsilon^2 C''[e_2^*(\nu_2)]} = \nu_2 \quad \cdots\cdots(B4)$$

(B4)式における結果は驚くべきものではない。なぜなら，限界生産性と高い能力と低い能力によるベンチャーキャピタリストの努力コストは同じであると想定されるからである。タイプは第1期目のファンドで完全に明らかにされ

第5章 投資ラウンドごとの機関と投資総額についての回帰分析

ているので，第2期目における報酬は，報酬の基本的構成部分によってのみ異なるだけである。我々の選択する効用関数はどんな資産の効果も表わしていないということから，これは真実である。期待所得の水準はリスク回避性に影響は与えない。この2つのタイプの固定報酬は（B5）式と（B6）式によって与えられる。

$$f_2^H(\nu_2^*) = \frac{1}{2}[(1-2\nu_2^*)[\eta^H + e_2^*(\nu_2^*)] + C(e_2^*(\nu_2^*))]; \cdots\cdots(B5)$$

$$f_2^L(\nu_2^*) = \frac{1}{2}[(1-2\nu_2^*)[\eta^L + e_2^*(\nu_2^*)] + C(e_2^*(\nu_2^*))]. \cdots\cdots(B6)$$

第2期間における固定報酬の違いは高い能力と低い能力のベンチャーキャピタリスト間における違いに比例している。

$$f_2^H - f_2^L = \frac{1}{2}(1-2\nu_2^*)[\eta^H + \eta^L]. \cdots\cdots\cdots\cdots\cdots(B7)$$

1期間における高い能力のベンチャーキャピタリストにとっての最適化問題は，（B8）式によって表される。

$$\begin{aligned}
\max &-E[\exp\{-r[\frac{1}{2}[(1-2\nu_1^H)[\eta^H + e_1(\nu_1^H) + C(e_1(\nu_1^H))] \\
&+ \nu_1^H[\eta^H + e_1(\nu_1^H) + \varepsilon_1] - C(e_1(\nu_1^H))]\}] \\
\text{s.t.} &-E[\exp\{-r[\frac{1}{2}[(1-2\nu_1^L)[\eta^L + e_1^*(\nu_1^L) + C(e_1^*(\nu_1^L))] \\
&+ \nu_1^L[\eta^L + e_1^*(\nu_1^L) + \varepsilon_1] - C(e_1^*(\nu_1^L)) \\
&+ \delta\{(1-2\nu_2^L)[\eta^L + e_2^*(\nu_2^L) + C(e_2^*(\nu_2^L))] \\
&+ \nu_2^L[\eta^L + e_2^*(\nu_2^L) + \varepsilon_2] - C(e_2^*(\nu_2^L))]\}] \cdots\cdots(B8)[1]
\end{aligned}$$

（B8）式の解釈は簡単である。高い能力のベンチャーキャピタリストは第1期間に彼らの効用を最大化しようとする。ただこのとき，低い能力のベンチャーキャピタリストにとっては第1期間に自分たちのタイプを明らかにする

第1部　ベンチャー企業とベンチャーキャピタル

最適な契約を申し出ることと，能力が高いタイプとして契約を申し出ることとの間は無差別であるという制約の下でである。第1期間における高い能力のベンチャーキャピタリストの契約の選択は，彼らの第2期目の契約に影響を与えないであろう。そのため，第1期間における高い能力のベンチャーキャピタリストのファンドは，低い能力のベンチャーキャピタリストが能力の高いタイプの申し出を模倣することで彼らが利益を得ることになるということを知らないという想定のもとで，第1期間の効用を最大化する。高い能力のベンチャーキャピタリストについては我々は2期間の契約は除外としているので，第1期間の効用を最大化することのみに関心がある。

【注】
1） 本章における益算式A1～A18，B1～B8は，ゴンパース・ラーナー [2002]『ベンチャーキャピタル・サイクル』76-83頁による。

第6章
中小企業投資育成会社のインベスト

1　ベンチャー企業の資金調達

　ベンチャー企業に対するインベストにおいてベンチャーキャピタルが得る収益には，①キャピタルゲイン（保有株式の売却による），②配当金（株式保有による），③利息等（社債保有，融資，ファクタリング，リースによる），④手数料（コンサルティング料他）がある。キャピタルゲインは，本来はベンチャーキャピタルの主たる収益源であるが，投資残高そのものが多くなく，株式を売却する段階に至っている投資先が少ないので，日本のベンチャーキャピタルの主たる収益源になっていない[1]。日本の中小企業投資育成会社は，ベンチャーキャピタルと同様なキャピタルゲインを得ていない。IPO後のベンチャー企業の大株主として残る例が多い。ベンチャー企業の出口経営戦略はIPOであるが，中小企業投資育成会社を含むベンチャーキャピタルの出口経営戦略もIPOであると考えられる。本項において中小企業投資育成会社の投資行動の実際を検討し，中小企業投資育成会社がベンチャーキャピタルであるという現状を提示したいと考える。

①　ベンチャーキャピタルからの出資の実務

　　日本におけるベンチャーキャピタルは，企業の発展期における資金供給者の重要な一員であるといわれている。企業の創業期においては，中小企業金融公庫などの政府系中小企業金融機関からの低利融資や，信用保証協会などの保証による金融機関からの融資などが，資金供給の中心となって

第1部　ベンチャー企業とベンチャーキャピタル

いた。

　一方，本国におけるベンチャーキャピタルは，さまざまな問題があり，企業の創業期から発展期までのあらゆる段階において資金提供を行っている。

　わが国の経済の停滞，空洞化が心配されており，これに対処するために，新たに経済的活力を内需主導型の産業構造転換期に期待する声が高まってきている。この中心になるのが正にベンチャービジネスであるといえる。

② 　ベンチャーキャピタルの役割

　ベンチャーキャピタルの主たる営業目的は，企業の創業期および発展期に資金を出資の形態で提供し，その企業が株式公開を果たすことにより，キャピタルゲインを獲得することである。

　1）　ベンチャービジネスへの成長資金の提供
　2）　営業支援のためのコンサルタントサービスの提供
　3）　経営体制強化のためのコンサルタントサービスの提供[2]

③ 　日本のベンチャー投資の問題点

　資金提供側から見た事業会社への投資に関しての問題点については，ファインディングから評価，出口となる売却等に至るまで各段階に分散している。中でも銀行業，投資育成会社，ベンチャー財団では，企業の評価，株価下落や倒産リスク，公開意欲の欠如を懸念する傾向があり，証券業・独立系では企業の情報の入手や売却が困難である点を懸念している。全体として厳しいベンチャー投資環境を映し出している[3]。

第6章　中小企業投資育成会社のインベスト

図表6－1　日本におけるベンチャー投資に関しての問題点（支援側）

項目	％
有望な企業を見つけることが難しい	35.5
企業を評価することが難しい	33.3
株価下落や倒産等の可能性が大きい	31.2
保有株式を売却したい時に買い手がつかない	29.6
企業の詳細な情報の入手が困難	26.3
企業の公開意識が乏しい	18.3
その他	8.1

出所：中小企業庁［1999］
（注）　複数回答のため100を超える。

第1部　ベンチャー企業とベンチャーキャピタル

図表6－2　ベンチャーキャピタル（ＶＣ）の日米比較

	設立・研究	創業初期	創業後期	発展期	公開
日本	低利融資（中小公庫などの政府系の中小企業向け金融機関等）		中小企業投資育成(株)出資（公的ＶＣ）		
	債務保証（ベンチャーエンタープライズセンター）産業基盤整備基金，信用保証協会		ＶＣ出資		
米国	個人投資家（エンジェル）		中小企業革新法補助金	中小企業投資会社（公的ＶＣ）	
	創業期型	専門分野特化型ＶＣ	独立系ＶＣ	金融機関系ＶＣ	

出所：朝日監査法人，104頁

図表6－3　ベンチャーキャピタルの役割

```
                    ベンチャービジネス
                         ↑           ↑              ↑
┌──────────┐  ┌──────────────┐  ┌──────────────┐
│成長資金の提供│  │営業支援のためのコン│  │経営体制強化のための│
│            │  │サルタントサービスの│  │コンサルタントサービ│
│            │  │提供              │  │スの提供          │
├──┬──┬──┤  ├──┬──┬──┬──┤  ├──────┬──────┤
│株式│転換社債│ワラント債│  │業務提携│人材│海外進出│商品開発│  │内部管理体制│株式公開│
└──┴──┴──┘  └──┴──┴──┴──┘  └──────┴──────┘
                    ベンチャーキャピタル
```

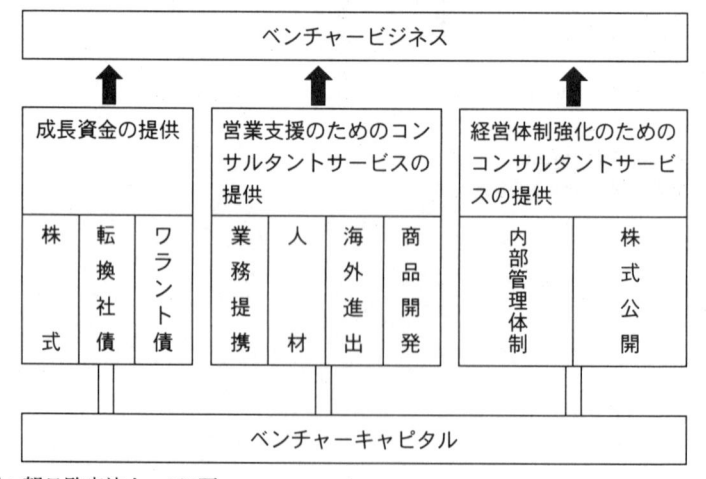

出所：朝日監査法人，105頁

2　東京中小企業投資育成株式会社の組織

　東京中小企業投資育成株式会社は，中小企業の自己資本充実と健全な成長発展を図るため，中小企業投資育成株式会社法（1963年6月10日法律101号）に基づいて設立された政策実施機関である。ベンチャー企業，中堅中小企業の株主となり，企業の成長を支援している。東京中小企業投資育成会社の活動の中心点は，以下の4つに分けられる。

① 　ＩＰＯに向けて全面的にバックアップする。
　　ＩＰＯは企業にとって出口経営戦略といえる。ＩＰＯを目指す企業に対して中立的立場でＩＰＯ準備をサポートする。さらに，安定株主づくりに協力している。
② 　株主構成の一層の安定化を実現する。
　　企業が着実な成長を遂げるには，安定した経営権の確保が重要である。投資育成会社は経営陣を支える株主となる。投資育成会社は，増資新株を引き受け株主になり，一層の安定を実現できる。
③ 　資金調達の多様化をサポートする。
　　成長過程にある企業にとって，事業資金の安定的な調達は欠かせない。投資育成制度を活用して株式や新株予約権付社債などを発行することにより，資金調達だけでなく，直接金融での資金調達が可能になる。
④ 　スムーズな事業継承をサポートする。
　　次世代への経営の移譲は，企業安定成長に不可欠である。投資育成会社が新たに株主となることにより，経営権の安定を維持したまま次世代へのスムーズな事業移譲が可能となる。また，第三者割当増資の実施先としてもっとも安心できるパートナーとなる。

投資育成制度のしくみを図表6－4にて提示する。

第1部　ベンチャー企業とベンチャーキャピタル

図表6－4　投資育成制度のしくみ

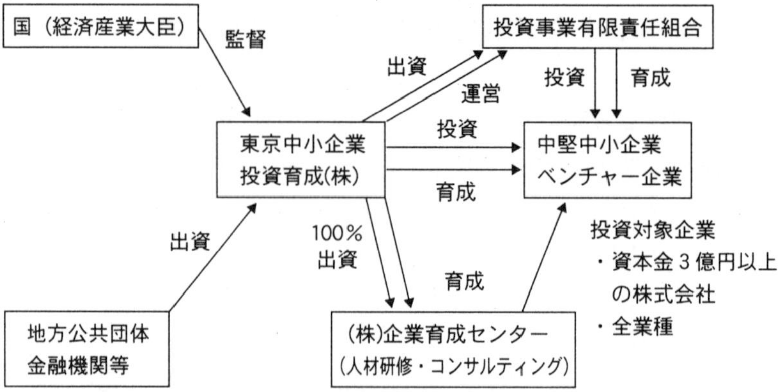

出所：東京中小企業投資育成［2004］，1頁
　　　特例法により3億円を超えていても対象となる場合がある。

（1）インベストメント

① 株　　式

引受株式（インベスト対象会社の発行する株式を引き受ける）

引受価額（1株当たりの予想利益をもとに，企業の将来性を総合的に判断して評価する）

持株比率（増資後の発行済株式総数の50％以内となる）

② 新株予約権付社債

新株予約権の行使価額（株式の引受価額と同様の方式で算出する）

利率（長期プライムレートを基準とする）

引受限度（新株予約権をすべて行使したとした場合の発酵総数の50％以内。また，新株予約権のみの引受も可能）

③ 新株予約権と新株予約権付社債の東京中小企業投資育成㈱における定義

新株予約権とは「一定期間，あらかじめ定められた価格で新株を引き受けることができる権利」である。

新株予約権付社債とは「新株予約権が付与された社債」である。

図表6－5において投資区分を提示する。

第6章　中小企業投資育成会社のインベスト

図表6－5　東京中小企業投資育成株式会社における投資区分（原則）

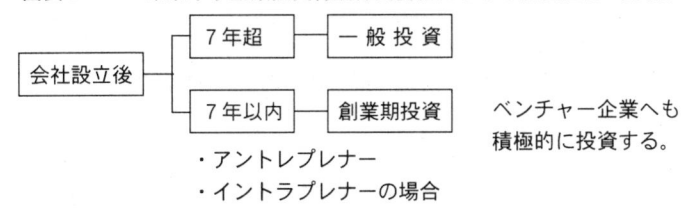

会社設立後 ─┬─ 7年超 ── 一 般 投 資
　　　　　　└─ 7年以内 ── 創業期投資　　ベンチャー企業へも
　　　　　　　・アントレプレナー　　　　　積極的に投資する。
　　　　　　　・イントラプレナーの場合

出所：東京中小企業投資育成［2004］，3頁

（2）育　　成

① 経営相談（資本政策や経営管理システムなど）
② ビジネスマッチング（東京，名古屋，大阪の中小企業投資育成3社で2,000社を超える投資先ネットワークを擁する。ビジネス交流会の開催）
③ IPO支援（IPO専門チームがサポートする）
④ セミナー，情報提供（国内外での社長会の開催など）

別機関として中小企業育成センターがある。1994年7月に，東京中小企業投資育成(株)により設立された。活動は①コンサルテーション，②研修である。

3　ベンチャー企業に対する中小企業投資育成会社の投資実際

　急成長するベンチャー企業は，旺盛な資金需要がある。そこにベンチャーキャピタルと同時にインベストする中小企業投資育成会社が存在している。

　現在，中小企業投資育成会社は東京，名古屋，大阪，福岡（大阪中小企業投資育成会社九州事務所）にあり，活発なインベスト活動を行っている。図表6－6において，インベストの実際を提示する。

第1部　ベンチャー企業とベンチャーキャピタル

図表6－6　中小企業投資育成会社の投資実際

会　社　名	本　　　社
（株）九州リースサービス	福岡県福岡市博多区博多駅前4－1－1 ＴＥＬ．092－431－2530
日本エス・ディー・シー（株）	東京都新宿区西新宿1－13－12 ＴＥＬ．03－349－8521
サコス（株）	東京都港区高輪1－5－8 ＴＥＬ．03－443－3281
共同ＶＡＮ（株）	東京都豊島区池袋3－1－1サンシャイン60 ＴＥＬ．03－3989－8111
エム・ケー・シー（株）	長野県松本市渚3－10－12 ＴＥＬ．0263－26－8220
新泉興産（株）	東京都豊島区西池袋1－17－10 ＴＥＬ．03－3986－0461
三全工業（株）	大阪府大阪市南区南船場3－3－10
カエナ	大阪府大阪市旭区高殿4－16－11 ＴＥＬ．06－954－7151
大阪シーリング印刷（株）	大阪府大阪市天王寺区小橋町1－25 ＴＥＬ．06－762－0001
日本電産（株）	京都府京都市中京区烏丸通御池上ル二条殿町552 明治生命京都ビル
日本通信機（株）	神奈川県大和市深見西7－4－12 ＴＥＬ．0462－64－7111

第6章 中小企業投資育成会社のインベスト

業　　種	大株主　千株（％）
リース業	福岡地所　1,359（17） 日本リース　989（13） 九州キャピタル　637（8）
人工衛星追跡管制システムの設計開発	長銀コンピュータサービス　65（21） 日本デベロップメント　64（20） 米国ＳＤＣ社　27（9）
建機リース業	サンコーインベストメント　172（29） 渡辺憲　159（27） 従業員持株会　33（16）
独立系の特別第二種電気通信事業	ＣＳＫ　14.8（18.5） 日本合同ファイナンス　4.0（5.0）
独立系ソフトハウス	百瀬昭　1,542（34） 樋勝政雄　812（18） 社員持株会　360（8） 日本合同ファイナンス　285（6）
不動産売買	アイ・ジー・エフ　76（19） 住信リース　76（19） 信泉　40（10） 住信キャピタルマネジメント　36（9）
歯科用機材	大阪中小企業投資育成　140（35） 三全工業自社株投資会　34（9） 加藤勇　21（5）
美粧包装資材	小宮智和　93（26） 大阪中小企業投資育成　71（20） カエナ持株会　41（11）
シール，ラベル，ステッカー等印刷	大松化学工業　105（20） 大阪中小企業投資育成　88（17） 従業員持株会　57（11）
超精密小型モーター	永家重信　189（33） 社員持株会　103（18） 日本合同ファイナンス　45（8）
テレビジョン放送用施設機器	東京中小企業投資育成　750（38） 五木敏一　93（5） 中谷倪一　77（4）

第1部　ベンチャー企業とベンチャーキャピタル

（株）名古屋電元社	愛知県名古屋市中区古渡町9－27 ＴＥＬ．052－322－3511
不二輸送機工学（株）	山口県山陽小野田市 ＴＥＬ．08368－3－2237
（株）古川製作所	東京都品川区大井6－19－12 ＴＥＬ．03－3774－3311
不二空機（株）	大阪府大阪市東成区神路2－1－14 ＴＥＬ．06－972－2331
坂西精機（株）	東京都渋谷区富ケ谷1－43－21 ＴＥＬ．03－3469－0211
オリオン機械（株）	長野県須坂市幸高246 ＴＥＬ．0262－45－1230
日本科学治金（株）	大阪府寝屋川市大成町12－32 ＴＥＬ．0720－21－6327
日本ウェルディング・ロッド（株）	東京都中央区1－13－8 ＴＥＬ．03－3563－5171
東洋製線（株）	大阪府泉佐野市鶴原3－9－45 ＴＥＬ．0724－64－7777

出所：筆者作成

第6章　中小企業投資育成会社のインベスト

メカトロ	古川雅敏　1,802（29） 若宮更司　281（5） 古川徳治　252（4） 日本合同ファイナンス　229（4）
音楽機械	大阪中小企業投資育成　（47） 不二保守工事　（11） 早内利實　（8）
真空包装機	古川喬雄　1,082（27） ＷＲグレースアンドカンパニー　800（20） 大阪中小企業投資育成　588（15）
エアツール	大阪中小企業投資育成　2,400（40） 井上博義　1,140（19） 井上頑　450（8）
精密歯車，ロボット	東京中小企業投資育成　40（40） 坂西勝司　16（16） 坂西幸枝　7（7）
ハイテク機器	社員持株会　3,045（40） 役員持株会　1,566（21） 東京中小企業投資育成　1,200（16）
	大阪中小企業投資育成　635（16） 松川保夫　407（10） 社員持株会　305（7）
ステンレスワイヤー	山崎夘一　720（36） 東京中小企業投資育成　400（27） 日本冶金工学　120（6）
スプリングステンレス	新原基義　50（51） 大阪中小企業投資育成　20（20） フランスベッド　8（8）

第1部　ベンチャー企業とベンチャーキャピタル

(1) 東京中小企業投資育成(株)の投資実績を見る

　日本に3か所ある中小企業投資育成会社のうち，本項においては東京中小企業投資育成(株)を取り上げる。投資先は，多種多様にわたり，投資地域においても東京から関東各県にまたがっている。そして，北海道に投資した例もある。投資業種はベンチャー企業の特徴である新技術開発型が多い。毎月の投資件数

図表6－7　東京中小企業投資育成（株）の投資実際

H16年度			
	代　表	住　所	業　種
（株）小川組	山本強一	川崎市川崎区	総合建設工事業
ミツエイ（株）	安部　徹	神奈川県津久井郡	洗剤メーカー
（株）壽商会	村上克彦	東京都中央区	化粧品専門商社
（株）シンクスコーポレーション	柴崎安弘	神奈川県相模原市	アルミステンレス加工
協立精工（株）	朝原光秀	群馬県安中市	プレス部品メーカー
（株）ピリオドック	小杉好紀	東京都世田谷区	検査・治療
光コム研究所	朝枝　剛	東京都目黒区	光コム発生器
リムコーポレーション	竹塚直久	静岡県浜松市	デジタルフォント開発・販売
マイルストーン（株）	室賀弘至	東京都港区	ITベンチャー
（株）キュービッグアイディ	丸山稔産	東京都中央区	無線・通信技術
（株）阿部蒲鉾店	阿部秀一	仙台市青葉区	蒲鉾製造販売
H15年度			
（株）Pフェニックス	加納信吾	東京都渋谷区	バイオベンチャー
（株）テクノサカト	坂戸昌彦	東京都葛飾区	解体工業用機器のレンタル
（株）二丸屋山口商店	山口豪志	福島県会津若松市	厨房・製菓機器販売
アイピーフレックス（株）	中井　純	東京都渋谷区	ダイナミック・リコンフィギュアブル・プロセッサー開発
マイクロ・ダイヤモンド（株）	西江　寛	川崎市幸区	ダイヤモンド工具製造
（株）ロコモジュン	内田栄太郎	東京都港区	バイオベンチャー
（株）オプトロン	渡辺　慧	神奈川県相模原市	センサー研究開発
ワールドピーコム（株）	寺瀬隆夫	横浜市港北区	セルフオーダーシステム
（株）大起エンゼルヘルプ	小林義男	東京都荒川区	訪問入浴介護
（株）ティー・エム・ピー	高橋一雄	茨城県日立市	ロボットスライダー
エイケア・システム（株）	有田道生	東京都文京区	メッセージングシステム

第6章　中小企業投資育成会社のインベスト

平均は，3.3社である。

　設立後年数の経っていない中小企業にインベストし，ＩＰＯを目指すのはベンチャーキャピタルそのものである。しかし，日本の中小企業投資育成会社が設立されたのはベンチャーキャピタルよりも早い時期であった。まさにインベスト形態はベンチャーキャピタルといえると仮説が証明される。

年　　　商	今回の投資額	投資後資本金
83億9400万円（H15・3）	8000万円	2億1650万円
16億6100万円（H15・4）	3000万円	5000万円
22億1700万円（H15・12）	1200万円	2700万円
20億7800万円（H15・3）	3000万円	7000万円
14億5400万円（H15・3）	2800万円	5000万円
1億2000万円（H17・3見込）	2502万円	9652万円
非公開	2450万円	2450万円
1億1700万円（H15・9）	2000万円（新株予約権付社債）	2000万円
26億3900万円（H16・3）	7000万円	2億3600万円
9億2700万円（H17・3見込）	2500万円	2億1510万円
41億円（H16・3）	3450万円	7450万円
1億1千万円（H16・3）	2200万円	4900万円
9億3千万円（H15・5）	2000万円	8000万円
19億（H15・6）	3000万円	8000万円
3億6500万円（H15・6）	3000万円	11億8651万5000円
1700万円（H15・5）	3000万円	6000万円
1億6000万円（H15・3）	4875万円	4億3760万円
5600万円（H15・3）	1500万円	5300万円
2100万円（H15・3）	2500万円	2億2800万円
23億4000万円	500万円	9000万円
5億円（H15・3）	2000万円	5000万円
8億1千万円（H15・9）	2000万円	2億9897万円

第1部　ベンチャー企業とベンチャーキャピタル

岡本硝子（株）	岡本　毅	千葉県柏市	光・ガラス
十条電子（株）	竹林春海	埼玉県川口市	暗号化技術
（株）ほしの	星野　浩	札幌市白石区	アクセサリー販売
（株）環境セミコンダクターズ	中山靖彦	東京都町田市	半導体材料
ジービーエス研究所	古川俊治	東京都港区	バイオベンチャー
（株）イーエルティ	坂本秀人	東京都港区	半導体
日本エイ・シィ・アール（株）	波岡顕太	埼玉県越谷市	アクチュエーター
岡本硝子（株）	岡本　毅	千葉県柏市	光・ガラス
（株）流機エンジニアリング	西村　章	東京都港区	集塵・換気装置
ヒュービットジュノミクス（株）	一圓　剛	東京都千代田区	バイオベンチャー
（株）ムサシノキセイ	河野保夫	東京都杉並区	カスタムメイド事業
（株）アタリヤ農園	増田達哉	千葉県香取郡小見川町	種子・球根の販売
ネットガレージ（株）	枝根英治	東京都中央区	モバイルソリューション
（株）アイエス	藤田　博	東京都港区	ペットボトルリサイクル
（株）北海道グリーン興産	佐々木　進	札幌市中央区	バイオベンチャー
（株）南華園	佐々木泰男	札幌市豊平区	食品メーカー
（株）レクメド	松本　正	東京都町田市	医薬品バイオメーカー
（株）曽我	鈴木義博	東京都文京区	ブライダル関連
（株）赤坂柿山	川合寛安	東京都港区	米菓の製造
（株）サンコー	新海豊一	横浜市都筑区	プラスチックフイルム
（株）アドテック	斉藤　正	東京都千代田区	半導体関連
（株）セルシード	長谷川幸雄	東京都新宿区	細胞シート工学
（株）オカモトヤ	鈴木眞一郎	東京都港区	オフィス家具
（株）イーエルティ	坂本秀人	東京都港区	ソリューションプロバイダー
（株）ユーテック	本多祐二	千葉県流山市	真空装置製造
（株）ペルセウスプロテオミクス	伊藤行夫	東京都港区	バイオベンチャー
（株）昭和プラント	山田俊昭	札幌市北区	ボイラー・エアコン装置
（株）ドリームミュージック	新田和長	東京都港区	レコード会社

出所：H15，16年度の中小企業振興より筆者作成

第6章 中小企業投資育成会社のインベスト

52億8300万円（H15・3）	320万円（新株引受権行使後額）	3億9792万円
2億4千万円	2600万円	1億3000万円
17億（H15・2）	2700万円	5700万円
非公開	100万円	1000万円
非公開	2502万円	1億2012万5000円
非公開	2500万円	3億3500万円
非公開	5000万円（新株予約権付社債）	3億3500万円
52億8300万円（H15・3）	1544万円	1億8200万円
16億（H15・9）	1000万円	4000万円
9億2900万円（H15・12）	5000万円	10億1387万5000円
55億2600万円（H15・8）	4500万円	2億4400万円
34億8100万円	3600万円	2800万円
5億500万円	1925万円	2億3545万円
8億8400万円	5000万円（新株予約権付社債投資額）	9200万円
800万円（H15・4）	5000万円	4億5600万円
13億1100万円（H15・6）	2093万円	7000万円
8700万円	1800万円	2億1900万円
14億6000万円	2280万円	5000万円
21億4200万円	1600万円	4000万円
33億8500万円（H15・8）	3500万円	9750万円
1億6400万円（H15・3）	1200万円	6760万円
非公開	4500万円	4億4593万円
45億8200万円（H15・4）	2200万円	7000万円
36億400万円（H15・4）	1000万円	4億2750万円
2億1800万円（H14・9）	7000万円	2億2260万円
非公開	5000万円	4億6425万円
10億300万円（H15・3）	1000万円	3000万円
15億3200万円（H15・3）	2250万円	7億8510万円

第1部　ベンチャー企業とベンチャーキャピタル

　ベンチャーキャピタルの定義は,「果敢に挑戦するベンチャー企業に果敢にインベストするファンド」とする。

　本章においては,中小企業投資育成会社はベンチャーキャピタルであるという仮説に基づいて,図表6－7の東京中小企業投資育成株式会社の投資実際を検討した。2004,2005年に投資した50社について業種,年商,投資額を分析した。2004年3～4月期でみると,平均年商は23.5億円であり,業種,年商,投資額の平均投資額は2545.6万円となる。業種は45％が先端技術開発型企業である。地域は82.8％が関東地域に本社を置いている。

　図表6－6からは,さらに投資後資本金が平均8,910.1万円ということが明らかになった。今後これからの東京中小企業育成会社の投資を受けたベンチャー企業の何％がIPOと言う出口経営戦略を達成できるか検討を続ける考えである。

　これらの投資先企業を検討するとスタートアップ期でなく,アーリーステージ期にさしかかっている企業群として捉えることができる。同様の投資行動を行っているベンチャーキャピタルと出口経営戦略が同じと考えられる。よって中小企業投資育成会社はベンチャーキャピタルである。

　中小企業育成会社がベンチャーキャピタルであるという仮説に沿って,中小企業育成会社を検討した。中小企業育成会社の目的である中小企業育成を達成したことが,本章においてあきらかになった。ベンチャー企業が,新技術開発型であるという実際も中小企業育成会社投資先によって証明されている。中小企業育成会社がベンチャーキャピタルより先に設立されて,後に続いたベンチャーキャピタルの指針となりえたと考えられる。現在の中小企業育成会社が東京,名古屋,大阪,福岡しかないのが残念である。できれば,札幌にも設置されることが期待される。

【注】
1）　東洋経済［1983］,12頁
2）　朝日監査法人,103－104頁
3）　中小企業庁,316頁

第7章
総括と結論

1 総　　括

　本研究は，まずベンチャー企業を形成するアントレプレナーについて人物像，能力，先見性，学歴，地域性など多くの項目について分析し，ベンチャー企業の発生，成長など各ステージに関する実態を分析し，ベンチャー企業の展開を考察した。さらにベンチャーキャピタルの投資行動，投資実際を検討し，株式公開企業のメカニズムやＩＰＯ年数とベンチャーキャピタルインベスト件数の回帰分析を行った。さらにベンチャーキャピタルであるジャフコ，中小企業投資育成会社の投資行動を検討した。

　第1部では，まず研究背景として日本で発生する多くの企業の各ステージ期における新企業を概観し，その形成要素を検討した。そしてアントレプレナー，ベンチャー企業，ベンチャーキャピタルの現状を説明し，新企業の株式公開にベンチャーキャピタルの投資行動がどのような影響を与えているかを研究した。

　先行研究の成果と限界を考察したうえで，ベンチャーキャピタルが投資すると株式公開が早まるのか，さらに高いリターンを確保できるのかを中心点とし，ベンチャーキャピタルの問題点と課題を明らかにすることを目的としている。

　さらに，アントレプレナーとベンチャー企業をとりあげ，アントレプレナーの起業行動，起業戦略を分析検討した。アントレプレナーが発生するメカニズムを分析することにより，新企業の出現，クラスター地域を明らかにした。またアントレプレナーの人物像，能力，理念を明らかにし，新企業創設の振興体

制が求められている現状を検討した。

　アントレプレナーの戦略は４つあり，①総力による攻撃，②弱みへの攻撃，③隙間の占拠，④価値の創造であるが，これを３つ組み合わせることによって４種類の戦略とすることができるのである。アントレプレナーの検討により以下の点が明らかになった。①何もない所から，アントレプレナーが起業することは確固たる自身とゆらぐことのない信念をそなえていることがコアとなる。②ベンチャー企業のクラスター地域に生まれ育つと必然的にアントレプレナーの要素をもつことになる。③ＩＰＯ，Ｍ＆Ａまでに到達するというビジョン設定ができている。④人から使われるのではなく，人を使う立場にあこがれる人が起業する。⑤コアコンピタンスとなる新技術および新ビジネスモデルを所有している。⑥ミッションをもち，それを達成したいという願望が強い。⑦人から認められたいという願望が強い。ということが本研究によって明らかになった。そして図１－３によってアントレプレナーの入口から出口のフローチャートを提示することができた。

　アントレプレナーの研究の基礎はシュンペータのイノベーション，進取の気性によっているが近年の研究により，「新結合」が的確であるとしたい。

　また，日本のベンチャー企業における循環と資金では，ファンド組成が2004年の法改正により投資事業有限責任組合制度となり，ファンドの投資内容も出資に加え融資や債権取得もできるようになった。また，投資対象範囲も拡大することによって，ベンチャーキャピタルのみならず，バイアウトファンドや事業再生ファンドも活用できる組合制度となっている。

　さらにアメリカのベンチャー企業への資金提供者と提供の条件およびファイナンスの実際を検討した。これにより高成長ベンチャー企業に対する資金提供者は３つのカテゴリーに区分できる。①創業者自身，家族，親戚，友人の出資，②ベンチャーキャピタルによる出資，③ビジネスエンジェルによる出資である。したがって３つのカテゴリーの育成が必要と結果づけられる。

　次に，日本のベンチャーキャピタルを論点として，まず創造法とベンチャーキャピタルをとりあげ，1994年施行の「創業支援事業」，1995年の「中小企業

第7章　総括と結論

創造活動促進法」による支援策を明らかにし，ベンチャー企業への支援の重要性を検討した。さらにベンチャーキャピタルの投資プロセス，ベンチャーキャピタル資本の回収について分析した。

　ベンチャーキャピタルの投資活動は，まず投資案件のふるいわけ，投資案件の評価，検討，審査，契約の締結等のステップがある。アメリカでは，起業家が事業計画を文書化して，ベンチャーキャピタルに提案することが常識となっている。したがって，ベンチャーキャピタルは，自身で営業活動を行う必要性があまりない。審査の時にベンチャーキャピタルは事業計画に基づいて，投資候補企業の現在価値を推定するために，いくつかの公式をもちいる。本章において一般的に使用されている公式を提示し検討した。そしてアメリカのベンチャー企業への資金提供者と提供の条件およびファイナンスの実際を明らかにした。

　そして，アメリカのベンチャーキャピタルの形成と役割について検討した。先行して発展を続けるアメリカのベンチャーキャピタルを研究することは，今後の日本のベンチャーキャピタルの方向性を決定する意味で重要であると考えた。歴史を振り返ると，すぐれた技術を開発して，旺盛な企業家精神にあふれた個人が新企業を創業し，それにリスクキャピタルの供給が結合して，その時代技術革新，産業構造の高度化に先導的な役割を果たしてきたのである。そのリスクキャピタルがベンチャーキャピタルである。

　ベンチャーキャピタルの直接金融と事業形態，ベンチャーキャピタルの変容を検討した。とくにアメリカの中小企業投資育成会社の設立と法整備が，シード期，スタートアップ期，アーリーステージ期のベンチャー企業に強い味方となった。アメリカにおいてベンチャーキャピタルは不足しておらず，継続して資本の新規源泉を創出する強い金融システムを有していることが明らかになった。

　その後，新規公開企業のベンチャーキャピタルからの投資状況について論じた。果敢に挑戦する企業に果敢に投資するベンチャーキャピタルの投資行動を分析研究し，実際の上場企業104社のＩＰＯまでの年数とベンチャーキャピタ

ルの関与の分析を行い図表化した。このような研究は，これまで筆者の知る限りでは存在してなかった。本章においては，他にベンチャーキャピタルの至福から苦悩への道，ＩＰＯメカニズム，配分と価格設定の検討を行った。その内訳は投資資金量と案件数，ベンチャーキャピタリスト，ベンチャーキャピタリストへの報酬の決定，資本市場の罠などである。ベンチャーキャピタルのベンチャーキャピタリストは投資行動に大きな権限と力をもっており，ベンチャーキャピタルを研究するうえで欠かせない存在である。

本章においての成果として日本の株式公開企業のＩＰＯまでの年数とベンチャーキャピタルの投資会社数との回帰分析をあげたい。この分析の結果は散布図として提示した。最後に日本最大のベンチャーキャピタルジャフコの投資とＭＢＯ経営戦略についてのインタビュー調査を基礎としたベンチャーキャピタル投資の実際を明らかにした。そのフルライン投資体制について以下に述べる。

① バイオテクノロジーやナノテクノロジーに代表される産学連携投資
② ＩＴ分野ならびにニューサービス分野を中心に成長企業への投資
③ 一定の事業基盤を持つ中堅，中小企業の新たなチャレンジや体質改善のためのリスクマネーを提供するデベロップメント・キャピタル投資

さらに，企業と産業に関する要素によって左右される投資ラウンドごとの機関と投資総額についての回帰分析をとりあげた。ゴンパース・ラーナーによるベンチャーキャピタルから投資を受けている企業729社に対して行われた投資を分析し，投資ラウンドの間隔，投資ラウンドの規模について明らかにした。

ファイナンス分野の経済学者は，投資家の心理に帰属するような長期にわたる株価の変動を発見した。行動理論では，投資家は最近の結果を非常によく調べ，最近のトレンドをよく推定するとしている。結果的に，過度に楽観的な投資家は失望したり，またはその後の収益が減少したりする。

中小企業投資育成会社はベンチャーキャピタルとしてインベストする，をテーマとした。まずベンチャー企業の資金調達，東京中小企業投資育成株式会社の組織について検討した。日本の中小企業投資育成会社は，ベンチャーキャ

第7章　総括と結論

ピタルと同様なキャピタルゲインを得ていない。IPO後のベンチャー企業の大株主として残る例が多い。ベンチャー企業の出口経営戦略はIPOであるが，中小企業投資育成会社を含むベンチャーキャピタルの出口経営戦略もIPOであると考えられる。

　ベンチャーキャピタルの主たる営業目的は，企業の創業期および発展期に資金を出資の形態で提供し，その企業が株式公開を果たすことにより，キャピタルゲインを獲得することである。ベンチャーキャピタルの役割について以下に提示する。

① ベンチャービジネスへの成長資金の提供
② 営業支援のためのコンサルタントサービスの提供
③ 経営体制強化のためのコンサルタントサービスの提供

　中小企業投資育成会社がベンチャーキャピタルであるという仮説に沿って，中小企業育成会社を検討した。中小企業投資育成会社の目的である中小企業育成を達成したことが明らかになった。

2　ベンチャー企業とベンチャーキャピタルの課題と展開について

(1) ベンチャー企業，ベンチャーキャピタルの課題

　今日のベンチャー企業の発展には，多くのステークホルダーが関係しており，これらのステークホルダーが今後のベンチャー企業の方向を左右することとなる。1970年代の第1次ベンチャー企業ブーム，そして第2次，第3次ブームを経て社会に定着したように見える。しかし近年の新興証券市場における多くの不祥事を目のあたりにし，ベンチャー企業がさらなる発展を続けるか不透明であると考える。企業経営の根幹をなしているコンプライアンスの遵守一つを見ても不安がある。日本のベンチャー企業を発展させるためには，法整備，新技術，そしてマネジメントなど様々な課題を克服する必要がある。

第1部　ベンチャー企業とベンチャーキャピタル

① 法 整 備

　1980年代は日本の開業率の低下傾向に対処するため法整備をスタートさせ，そして1990年代に入ると通商産業省（現経済産業省）と中小企業庁は創業を支援する施策を打ち出した。1994年制定された創業支援事業がそれであるが，これはベンチャー企業第3次ブームを引き起こす発端になったといわれている。1995年には中小企業創造活動促進法が施行され，創造的中小企業への支援を行った。この法律は「中小企業の創造的事業活動の促進に関する臨時措置法」（平成7年法律第47号）というのが，一般的に創造法といわれている。この法律の目的は，創業や研究開発，事業化を通じて新製品，新サービス等を生み出す「創造的事業活動」を支援すること，すなわちベンチャー企業を支援していくことにある。

　そこで，政策面について期待されることは，アントレプレナー，ベンチャー企業，ベンチャーキャピタルへの政策誘導である。具体的には，政府，地方自治体による起業家育成である。アントレプレナーが必要とするインキュベーションの整備拡充，ベンチャーキャピタル，エンジェルとのマッチング機会の整備拡充，資金調達の多様性が求められている。

　次に，ストックオプション制度の見直しと税制の問題がある。アントレプレナー，ベンチャー企業は高いリスクをいとわずに，なぜチャレンジするのか，これまでシュンペータ，ドラッカーによって解明されてきた。新たな起業，革新，現代において非常に重要な問いかけをしている。ハイリスクのチャレンジャーにとって，一番重要視されているのが高額なインセンティブである。さらにステークホルダーを引きつけるためにもストックオプションが必要である。

　1995年に法的整備がはじまり，1997年に新株引受方式が可能となった。1998年には税制改正，優遇措置，2002年対象者の名前開示の中止，2003年時限措置で子会社役員への親会社株式も対象とした。アントレプレナー，ベンチャー企業にとってのメリットとして，経営陣は当初払わなければならない現金報酬を払わなくてよく，臨時の成功報酬としても現金を支払う必要がない。付与され

たステークホルダーが株価上昇のために働いてくれる。株式公開を目指すベンチャー企業の場合は、全社一体となって安い給料でも株式公開に向けて努力する体制を作ることができる。その努力に報いるためのストックオプション税制が、重要となる。ストックオプションに関しては、一定の要件の下で税制措置がとられている。通常、権利行使価格の差額については、累進課税で最高50％の課税となる。ストックオプションを活発にするための税制配慮により、株式譲渡益課税26％に抑えている。

近年、このストックオプション制度が揺らぐ事態が発生して社会問題になった。それはストックオプションで得た利益を給与とみなす例があり、急速にストックオプション制度が減速したのである。これはアントレプレナー、ベンチャー企業、ベンチャーキャピタルの成長を鈍化させる要因になっている。政府の早急な対応が求められる。重要な課題である。

② 新技術の課題

1982年から1986年は技術革新による新規企業の成長とリスクキャピタルの供給増加によるベンチャー循環が初めて形成された。この循環は日本経済の石油ショックからの回復とともに次のような要因を背景としていた。第1には再びアメリカを起点とする新たな技術革新の展開であった。半導体のＬＳＩ，ＣＰＵの開発が技術革新の上昇波を創りだした。アップル、デル、コンパックなどのコンピュータメーカーやマイクロソフト、インテル、ロータスなどの関連ソフトベンチャーが創業し、成長した。

また、1990年代のＩＴ革命の基盤技術を開発したサン・マイクロシステムズ、シスコ・システムズなどの創業もみられた。さらに情報、ソフト分野以外でもジェネンテックスなどバイオ産業、フェデラルエキスプレスなどの新産業が成長の牽引力となって世界的なイノベーションが発生した。

日本では、同時進行的に半導体装置関連、パソコンハード、ソフトなどのベンチャー企業が多く発生した。1981年にソフトバンクがスタートし、任天堂がイノベーションを果たしファミリーコンピュータ分野において急成長した。シュンペータのいうところの「新結合」が動きだしたのである。新技術の課題

としては，売れる商品が新技術であるということをわすれてはならない。日本で開発されたトロンが衰退し，なぜマイクロソフトのウィンドウズが発展したのかに注目する必要がある。今後の課題でもある。

③ マネジメントの課題

アントレプレナー，イントラプレナーによって果敢に挑戦する先端技術開発型のベンチャー企業は，起業時点では経営学におけるアントレプレナー論しか持ち得ない。そしてベンチャー企業が急成長するとともに，ベンチャー企業経営論，経営戦略論を吸収し，やがて経営管理論，経営組織論，人的資源論，マーケティング論を必要とする。その後に経営情報論，財務管理論，環境経営論を必要とする。

マネジメントは新興企業にとって必要不可欠であり，起業し急成長を続けるなかにどれだけ吸収できるかによって，その企業の将来が決定されると考える。よってアントレプレナー，イントラプレナーに対するメンター活動をインキュベーションなどにおいてする必要がある。マネジメント力が不足すると，せっかくの先端技術が商品化できずに国益をそこなう場合もある。よってあらゆる角度からマネジメントを分析する必要性がある。分析手法についても様々なツールがあるが，自社に合ったソフトを駆使することが成長に必要なデータを得る最善の方法と考える。

マネジメントは対象範囲が広く工場，事務所において，いかに効率よく運営できるかにある。コスト低減に限定されていた初期的特性は労働科学的な合理性を求めていると考える。またマネジメントは，2つに分けられており，経営と管理の機能に分けられる。経営とは経営活動の中核となる経営の基本的構造問題の意思決定に関する機能である。そして管理は経営の下位機能であり，今日的には経営戦略推進機能が重視されている。これらの先人のマネジメント手法を，新興企業は吸収できるかが課題である。

（2） ベンチャー企業，ベンチャーキャピタルの展開方向

以上の結果から，わが国のベンチャー企業，ベンチャーキャピタルの方向性

は，起業する会社数を競うのではなく，真の急成長企業の育成に取り組むべきと考える。そのためには法整備，技術面そしてマネジメントの様々な課題を克服する必要がある。法整備では，一番にストックオプションに対する永久的対策を求めたい。そして努力した人が尊敬され，それに見合ったハイリターンが必要と考える。

技術面においては，ブルーウエイ技術問題などが発生しないような，企業間の柔軟性が求められる。ベータ問題を再度繰り返す企業間競争は，資源と時間を浪費することになる。また，優れたソフトであるトロンを，企業で守っていく風土が求められる。

マネジメントに関しては，アントレプレナー，イントラプレナーが早い時期に意識改革を行い専門経営者に経営を委ねることが，企業成長にとって重要である。わが国の産業発展にはイノベーションが必要不可欠であり，早い啓蒙が求められる。

本研究は，ベンチャー企業，ベンチャーキャピタルの視点から，特性や問題点をとりあげ，実際の株式上場企業の分析を行った。また課題や方向性を明らかにした。ベンチャー企業，ベンチャーキャピタルが，今後のわが国の産業発展に大きく寄与すると考える。しかし，まだこの分野の研究は少ないうえに，近年の新興市場での不祥事発生は憂慮すべきことである。今後に残された課題が多くあるが，これは今後の研究課題としたい。

第 2 部

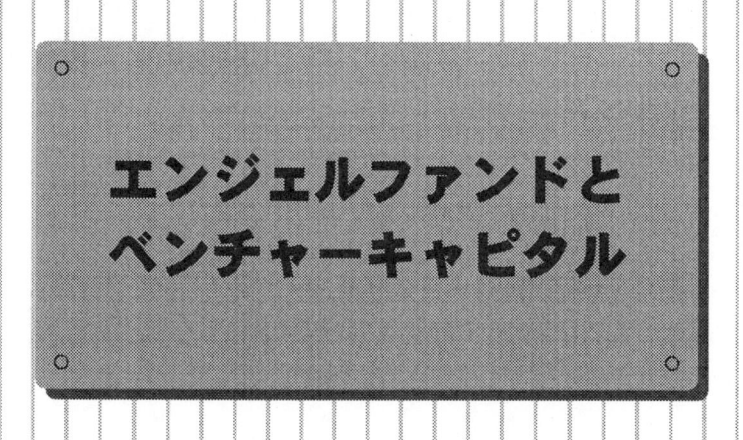

エンジェルファンドとベンチャーキャピタル

第8章
ベンチャー企業の研究と時代背景
―ベンチャー企業の成り立ち―

1 はじめに

　経営学の分野でベンチャービジネス（Venture Business：挑戦企業）という言葉が世に出て，すでに40年である。20年ほど前から研究が盛んになり，現在では，国立・私立を問わず各大学に「ベンチャー企業論」，「ベンチャービジネス論」等の講義科目が開講されている。急激な社会変動の中で，近年ほどベンチャー企業に注目がそそがれていることはない。アメリカ経済の好調の基がベンチャー企業群の台頭であると考えられている。

　「失われた15年」を日本が取り戻すために，産学官連携でのベンチャー企業のインキュベーション（Incubation：事業孵化器）活動が盛んになった。それとともにベンチャー企業経営研究も盛んになり，多くの研究がなされている。「ベンチャー企業論」の確立とともに新たに「ベンチャーキャピタル（Venture Capital：挑戦資本）論」，「アントレプレナー（Entrepreneur：起業家）論」，「インキュベーション論」へと発展を続けている。

　経営戦略論からも「ドメイン（Domain：事業領域）」，「ミッション（Mission：事業使命）」，「イノベーション（Innovation：事業変革）」を取り入れ，新しい形を形成しはじめている。

　本章においては，ベンチャー企業の根幹ともいえる「ベンチャーとは」，「ベンチャーの定義」，「ベンチャービジネスの形成」を中心として検討した。

　さらにベンチャー発展，初期段階の「ベンチャー企業とは」を提示し，「ベ

ンチャー企業経営者の人物像」「ベンチャー企業の現状と課題」を掘り下げた。

2　ベンチャー企業とは何か

（1）　ベンチャーとは

　英和辞典をひもとくと，「冒険的事業」，「商売上の冒険」，「投機」等が出てくる。英英辞典ではRisky Undertakingとある。つまりリスクを伴う新事業という意味である。したがって，言葉の本来の意味においては，単なる投機的事業にとどまらず，アントレプレナーシップ（Entrepreneurship：起業家精神）を発揮して展開された新しいビジネスがベンチャーなのである。すなわち，ベンチャービジネスとは研究開発集約的，またはデザイン開発集約的な能力発揮型の創造的新規開業企業を意味する[1]。ベンチャーというのは英語であるが，「冒険的事業」がまさしくベンチャー企業を示している。本章においてはベンチャー企業を「挑戦企業」とする。

　1970年代に入って，第2次世界大戦後の長期にわたる大きな発展の時代を過ぎた日本の産業は，いま重大な構造転換を迫られているのだが，その転換を担うものとして強く期待されているのが，ベンチャー企業である。

　そして1970年代にベンチャービジネスという新しいことばが使われ始めたのであるが，それは高い技術開発力をもった創造的な事業展開をする中小企業が日本に数多く誕生することへの期待がかけられた造語であった。そしてベンチャー企業ブームが生じた[2]。

　ベンチャービジネスは和製英語であるが，加藤［1996］によると欧米ではNew Technology Company, New technologically-based firm, New-Venture, Venture Operation, New Venture Company, New Business Venture, Small-Business Ventureと呼ばれている。

　時代の転換期・混迷期・停滞期には新しい発想による創造的思考が要求される。大企業優位の時代から中小企業，ベンチャービジネス時代へと，市場ニーズは変化している。

第8章　ベンチャー企業の研究と時代背景

　価値観の多様化，オールドパラダイム（Old Paradigm：古い慣習）が神通力を失っている中で，ニューパラダイム（New Paradigm）が求められている。そこに今日のベンチャービジネス隆盛の根本的条件があるのである。

　山本［1999］は「世界のベンチャーの王様をひとりあげよといわれたら，迷わずにトーマス・エジソンをあげることができる。エジソンは，世界中でベンチャーを目指す若者が英雄として模範にできる」と述べている。日本においても，社会としてエジソンのようなアントレプレナーを多く排出させることが，社会の発展につながると考えられる。

　ベンチャーとは，未知の分野に果敢に挑戦する中小企業で大企業が手を出せないことを事業化する企業であり，たえずイノベーションを起こしケイパビリティ（Capability：コアコンピタンスを継続的に生み出す創造能力）を持つ企業である。ベンチャー企業が普通の中小企業と異なるのは，成功すると大化けする，大企業となるかもしれない点である。

　ベンチャービジネスを日本で最初に定義したのは1971年，清成忠男・中村秀一郎・平尾光司である。同年刊行された『ベンチャービジネス』において「ベンチャービジネスとはリスクを伴うイノベーター」と定義した。本章においては，清成・中村・平尾から現代までの研究者の定義を取り上げる。

　最初にこの用語が日本に紹介されたのは，ベンチャービジネスについての第2回 Boston College Management Seminar（1970年5月）に参加した通商産業省（現経済産業省）の佃近雄氏によってであった。

　清成らがその社会的経済的意義について1970年～1971年にかけて評価した。それがジャーナリズムによって常識化され浸透した。どれがベンチャービジネスといえるのかは，さまざまな解釈がある。

　たとえばアメリカにおけるポラロイドカメラのPolaroid Corporationや小型コンピュータのIBMといわれるDigital Equipment Corporationなどはその代表例である。アメリカでは，これらの企業はNew Technology Companyなど様々な呼び方がされている。日本においてこれらの言葉の総称としてベンチャービジネスという用語が多用されている。

第2部　エンジェルファンドとベンチャーキャピタル

ベンチャー企業論の中で「起業家」と「企業家」の違いを問われることがあるが，金井・角田［2002］は，この違いを新しい事業を起こす人を「起業家」とし，それに加えて既存企業の中で，新しい技術あるいは製品開発，製造方法，マーケティング（Marketing：BtoC）などの新機軸を導入し，既存の事業のリニューアルあるいは再構築を行う人を含めて「企業家」と呼んでいる。本論においては，アントレプレナーを起業家，イントラプレナーを企業家，社内起業家と区別することにする。

（2）ベンチャー企業の定義

前項の日本での最初の定義形成から以降図表8－1のように各研究者によりベンチャー企業が定義されてきた。

図表8－1　ベンチャー企業の定義

清成忠男	企業家によってリードされる知識集約的な現代的イノベーター
通商産業省	潜在的ニーズをよく掴み，技術革新の成果または独創的アイデアを利用して，新規サービスまたは従来のサービスに画期的な改善を加えたサービスを提供する企業群
ニュービジネス協議会	商品・サービス及びその提供方法において革新性の認められる独立企業
百瀬恵夫	既存の大企業や中小企業よりも機動力，柔軟性，意思疎通の容易性，全社体制で目標に向かう集中性を，より高度に発揮する活力ある中小企業
松田修一	成長意欲の強いリーダーに牽きいられたリスクを恐れない若い企業で，商品の独創性，社会性，さらに国際性をもった企業

出所：清成［1996］78頁，上田［1997］11頁，百瀬［1997］8頁，総合研究開発機構［1996］18頁，松田［1998］『ベンチャー企業』16－17頁より筆者作成。

ベンチャー企業の定義において松田［1998］は，最低限「リスクを恐れず新しい領域（ドメイン）に挑戦する若い企業」まで範囲を広げた。ベンチャー企業は，その創業者＝起業家（アントレプレナー）の会社設立という「意思決定」が

第8章　ベンチャー企業の研究と時代背景

なければスタートしない。

　アントレプレナーとは，松田［1998］によると「環境変化やビジネスに対するリスクをギリギリまで計算しながら，新規の成長ドメインを選択し，高い緊張感に長期的に耐えながら，高い志（夢・ロマン）や目標を掲げ，果敢に挑戦するリーダーシップの強い自主・独立・独創型の創業者」をさす。このようなアントレプレナーなくして，ベンチャー企業はあり得ない。

　図表8－1において，これまでの研究者のベンチャー企業の定義を提示したが，本章においては，松田の説を基にベンチャー企業の定義を「果敢に挑戦する新しい企業」とする。

　山本［1999］は，ベンチャー企業は中小企業でユニークな技術をもっていて，大企業も一目置くような競争力のある企業，または大企業の盲点をつくようなユニークな企業をさすとした。

　ベンチャーと言う言葉は，1980年代前半に日本で一般化した，当時は「研究開発型企業」と訳されていた。代表的な例としてヒューレットパッカード（HEWLETT＝PACKARD），アップル，インテル，デル，マイクロソフト，シスコシステムズ，サンマイクロシステムズがあげられる。

　ベンチャー企業は研究開発型が主体であり，小売店のチェーン化や飲食業のチェーン化だけではベンチャー企業とは言えないと考えられる。新しい先端技術開発型や新ビジネスモデル型の時のみベンチャー企業と言える。

　ベンチャー時代の到来で，なぜ今ベンチャー時代なのかというと，エジソンや本田宗一郎を引き合いに出すまでもなく，ベンチャー企業は，近代国家スタートの時から多く輩出していたからである。したがって，今，ベンチャー時代が到来したと言っても，初めてではない。世の中が進歩し，発展する原動力がベンチャーであることは，今も昔も変わらない。本章においては，1945年以降に起業した急成長会社をベンチャー企業としている。但しエジソンは例として解り易いため事例として用いた。

　清成ら［1971］は，大規模・大組織時代の終焉を暗示した。日本ではベンチャービジネスのイメージが投機的に捉えられ，賭け事の好きな事業家とも思

われる場合が多かった。

　実際のベンチャービジネスはこのようなイメージではない。新しい研究開発成果に基づく新規開業がリスクを伴うことは事実である。ベンチャービジネスはイノベーターである。資本主義の登場からイノベーターはいたが，産業革命以降イノベーターは繰り返し登場している。

　日本においては，1955年代に数多く発生した。その後約50年経ったが，ベンチャー向き事業はやはりイノベーションを必要としている。ベンチャー企業・大企業を問わずイノベーションの繰り返しがなければ企業存続ができなくなる。ベンチャー企業の発展にはイノベーションが根幹をなす。しかし新規事業を立ち上げることはどの時代でも難しい。

　1983・1987年の中小企業白書によるとベンチャー企業に必要としているのは
① 　ハード・ソフトの新しい技術の確立
② 　起業家（アントレプレナー）が旺盛な起業家精神（アントレプレナーシップ）をもって積極的に企業の拡大をめざす
③ 　企業の中核能力（コアコンピタンス：Core Competence）の確立である[3]。

　コアコンピタンス（中核能力）について，金井・角田［2002］は，コア能力の蓄積が重要であると指摘した。ベンチャー企業はゼロからの出発が多く，限られた経営資源で起業しなければならない。このためコアコンピタンスを効率良く蓄積しなければならないのである。ベンチャー企業が発展・急成長する上で，どれがコアコンピタンスかを的確に判断しなければならない。これはコアコンピタンスの識別と意識的蓄積および展開にある。

（3）　ベンチャー企業の形成

　ベンチャー企業の定義の中でも取り上げたが，イノベーションは資本主義発生時よりあった。だが繰り返しイノベーションを行う企業は，第2次世界大戦後に各国で形成された。情報関係では，アメリカのルート128（ボストン近郊），シリコンバレー（Silicon Valley）がベンチャー企業の発祥地とも言える。アメリカ・ヨーロッパでは，起業に関して高い評価が与えられている，たとえ失敗し

第8章　ベンチャー企業の研究と時代背景

ても日本のように再起が出来難くい状況に陥らず，何度でも起業に挑戦できる。このように起業に対して評価の高い国では，ベンチャー企業が急成長しやすい。

日本での戦後復興を引っ張ったのは，当時のベンチャー企業である。1945年以降の代表的ベンチャー企業を挙げる。ホンダ，ヤマハ，ソニー，オムロン，キャノン，京セラ，堀場製作所，島津製作所，ローム，浜松ホトニクス，ファナック，東京エレクトロン，ソーテック，三井ハイテック，ゼンリン，セコム，ダイエー，ワコール，すかいらーくなどのベンチャー企業が新しいクラスター地域（京都，浜松）や産業群（IT産業）を形成した。これらが日本の現在の経済活動の基礎となった。日本においてもベンチャー企業の果たした役割は大きいのである。

松田［1994］によるとベンチャー企業形成の過程で独立型・企業革新型のベンチャー企業があるという。独立型は高い意思と成功意欲の旺盛なアントレプレナーが新規事業にたえず挑戦している。イノベーションに基づく新規性があり，さらに社会性，普遍性もある。企業革新型は高い意思と成功意欲の強いイントラプレナー（Intrapreneur：社内起業家）を中心として企業革新を目指す組織または企業である。経営システムにイノベーションに基づく新規性がある組織や企業である。具体例として独立型2名をあげると，オムロンの立石一真とホンダの本田宗一郎である。起業革新型の2名は阪急の小林一三とトヨタ自動車販売の初代社長神谷正太郎がふさわしい[4]。ベンチャービジネスの名付け親の一人である清成［1996］は，ベンチャー企業の登場は1970年前後からで，知識集約的な新しいタイプの中小企業が多く登場したと述べている。既存の中小企業との区別のために，果敢に挑戦する企業がベンチャー企業と言われるようになった。

日本のベンチャークラスター（Venture Cluster：ベンチャー事業群生）地域としては，京都・浜松があげられる。

アメリカでは，現在，ベンチャークラスター地域はシリコンバレーに集中している。シリコンバレー発展の原点は，スタンフォード大学及びスタンフォード大学リサーチセンターであり，ヒューレット・パッカード（HP）が第1号

第2部　エンジェルファンドとベンチャーキャピタル

のベンチャー企業である。シリコンバレー，サンドヒル3000番地に多くのＩＴ企業，ベンチャーキャピタル，インベストファンド，弁護士，会計士，経営コンサルタント，エンジェルファンド，バンカー，インベスターが集中して，ベンチャー企業の急成長をサポートしている。

　多くのベンチャー企業関連者，企業が多く集まるにつれて，州を越え全米また東アジア（日本，中国，台湾，韓国），東南アジア（タイ，シンガポール，マレーシア，インドネシア），南アジア（インド，パキスタン），西アジア（イスラエル）を中心として全世界から優秀な人材，研究開発型企業，多額の資金がシリコンバレーに集中するようになってきた。またシリコンバレーは集まる人材，企業等に対して融合できやすい土地柄と考えられる。日本においてもシリコンバレーを研究し，アントレプレナーやベンチャー企業が生き生きと活動できる地域の育成が望まれる。さらに世界中から優秀な人材が集える環境づくりが急務と考えられる。

　ここでベンチャー企業の原点シリコンバレーがどこにあり，なぜそのように呼ばれているか説明する。シリコンバレーはアメリカのカリフォルニア州サンフランシスコ市南東部に広がる渓谷地帯で，アメリカの有力ＩＴ（Information Technology：情報技術）ベンチャー企業，半導体メーカーが集積している。半導体に多くシリコンが使用されるため「シリコンバレー」という名が付いた。日本においても「札幌バレー」「渋谷ビットバレー（Bit Valley：インターネット関連ベンチャー企業が集積する東京渋谷区周辺の別称，コンピュータの最小単位ビットより命名，ネットエイジ西川潔が名付けた）」とＩＴ関連ベンチャー企業集積地域にバレーの名が用いることがあり，その影響力は大きい（日経経済用語辞典［2001］145頁，248頁等）。

3　ベンチャー企業の発展

(1)　ベンチャー企業の性格

　中小企業とベンチャー企業の違いは「ビジョン」の設定と「ドメイン」のち

第 8 章　ベンチャー企業の研究と時代背景

がいによって分けられる。ビジョンにおいては中小企業が明確な目標に欠ける場合が多いが，ベンチャー企業ではビジョン設定が起業時より明確にされている。ドメインの設定においても中小企業はあいまいのまま経営されている場合が多いが，ベンチャー企業においてはドメインの設定は明確である。

　中小企業とは中小企業庁［2000］の基準（中小企業基本法）で，製造業の場合は，資本金3億円未満または従業員300人未満，卸売業の場合は，資本金1億円未満または従業員100人未満，小売業は，資本金5,000万未満または50人未満，サービス業は資本金5,000万未満または100人未満と規定されている。

　ベンチャー企業は独立した未上場の中・小規模の企業で積極的に事業を拡大しようとするアントレプレナーシップ（起業家精神）の豊かな経営者に率いられる企業である。ベンチャー企業には自主独立の精神が重要である，起業家は成功も失敗も結果の責任は全て自分にある。ベンチャー企業のアキレス腱は「資金調達」である。事業の有望さをいくら強調しても，資金の裏付けがなければ絵に描いた餅で終わり，事業がスタートしても資金が続かなければ挫折せざるを得ない。果敢に挑戦するベンチャー企業は，ほとんどがＩＰＯ（Initial Public Offering：株式公開）を目指している。急成長するためにはアントレプレナーの強い意思と資金調達能力，プレゼンテーション能力が求められる。

　一例としてソフトバンクの孫正義は，シリコンバレー型のアントレプレナーとして福岡で起業後パソコンソフトの流通業から日本最大のインターネット事業を立ち上げた。早くからシャープの役員からエンジェル，メンター（Mentor：事業助言者）としてのサポートを受けＩＰＯ後は自身がエンジェルファンドとして，アメリカのヤフー（Yahoo），日本のヤフーを急成長させた。目標達成のためには，社長を外部からスカウトした。ベンチャー企業が中小企業とちがう成長をして行くイメージを，図表8－2において提示した。ベンチャー企業は，シード期を入口としてグロース期を経てＩＰＯと言う出口へ必ず向かうと考える。図表は資金調達を含めているので参照されたい。

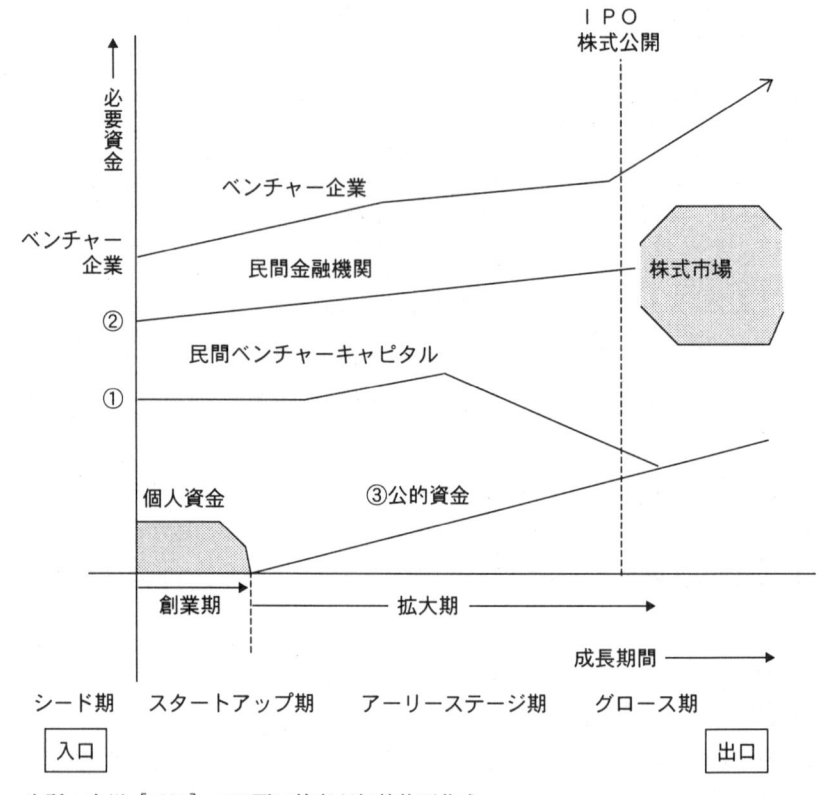

第 2 部　エンジェルファンドとベンチャーキャピタル

図表 8 — 2　ベンチャー企業の成長と資金調達先モデルイメージ

出所：山川［1995］，125頁に筆者が加筆修正作成。
注：① 民間ベンチャーキャピタル
　② 民間金融機関
　③ 公的資金はそれぞれの増減を表している。
　　斜線部分の個人資産は，起業の根幹を形成している。また株式市場は，起業家，ベンチャー企業の到達点，出口と考えられる。出口戦略（Exit Strategy）と言われている。中小企業庁[2000]はインベスター側から見れば「ベンチャー企業への投資の回収方法である。」とした。

　ベンチャー企業とは，ナレッジマネジメント（Knowledge Management：事業知識管理），知識集約的な現代的イノベーターとしての中小企業である。創造的であらゆる社内外の情報や知識を整理し全社的に使用しソフトに特徴のある中小企業である。図表 8 － 3 のように清成［1996］によってベンチャー企業の性

第8章　ベンチャー企業の研究と時代背景

図表8－3　清成によるベンチャービジネスの特徴

ⅰ．	起業家によってリードされている
ⅱ．	リスクを積極的に引き受け，新規事業を起こすタイプの経営者である
ⅲ．	起業家の知的能力が高い。総じて高学歴で，高い専門能力を有している。
ⅳ．	大企業・中堅企業からスピンオフした起業家が多い。
ⅴ．	ダイナミックな組織である。
ⅵ．	人的経営資源の蓄積である。
ⅶ．	システム的発想である。 人的資源のネットワークを有している。

出所：清成［1996］，79頁より筆者が作成。

格分析がなされている。

（2）　日本のベンチャー企業

　日本のベンチャー企業について百瀬［1997］は，『ベンチャー型企業の経営者像』の中で，ベンチャー企業とは「比較的若い未上場の中小企業で，大企業の直接的支配を受けず，変化するニーズに対応可能な独自技術を武器に，潜在需要を掘り起こすことにより差別化を行って新規市場を開拓し，企業の社会的役割を認識した革新的経営者が，企業家精神を旺盛に発揮して，積極的に経営を拡大し，創業者利潤を得ながら急成長している企業」と特徴づけた。

　㈶社会経済生産性本部［1997］によるとベンチャー企業では創業者社長が多く，一般的にトップの起業への情熱や理念が部下に直接的に伝達されることが指摘されている。階層が少ないベンチャー企業ではトップとフォロワーとの間のコミュニケーション回路が短く，社長の意思が組織行動や風土形成に大きな影響を与えていることが考えられる。

　ベンチャー経営者はベンチャービジネスの成功要因として「何かを成し遂げようとする経営者の志の高さ」「環境変化を見据えた柔軟な発想」を重要視している。わが国のベンチャー企業が，事業を運営するに際してどのような情報が役に立ったかを見てみよう。

第2部　エンジェルファンドとベンチャーキャピタル

　同財団ベンチャー企業研究会1996年9月のアンケート調査（ベンチャー企業1,361社）によると情報源は，「取引先（83.1%）」，「業界団体（51.7%）」，「銀行（35.7%）」，「大学等の研究機関（24.3%）」，「経営コンサルタント（16%）」であり，今後の情報源としては，「取引先（74%）」「業界団体（41.4%）」「大学等の研究機関（38.9%）」「銀行（23.2%）」「ベンチャービジネス支援団体（19.4%）」になるとされている[5]。

　大組織の研究体制が限界にきており，他方新しい型の小企業であるベンチャー企業の群生をもたらしているのは，なによりも産業社会の変化，すなわち重化学工業の成熟に伴う脱工業化社会への移行である。日本の第1世代のベンチャー企業のアントレプレナーはいずれも企業組織，研究組織に属したことがなく，天才的な発明家であった[6]。

　松田［1998］は日本における1997年11月18日の日本ベンチャー学会設立により「ベンチャー」の認知がされたとする。

（3）　ベンチャー企業経営者

　ベンチャー企業の経営者は，独立心旺盛なチャレンジャーが多く，ミッションを持って，ドメインの設定が明確であるタイプが多い。しかし果敢に高い目標に挑戦するため失敗も伴う。ベンチャー企業の経営者は何度でも挑戦できるタフなタイプがいて，これからの日本の中小企業・アントレプレナーの中からイノベーションを何回も繰り返し，株式公開まで達する事例が多く出てくるものと考えられる。

　百瀬・森下［1997］が指摘したように，わが国においても再チャレンジ可能な環境整備が必要である。ベンチャー企業経営者にかかわらず，一般の中小企業経営者も，経営に失敗して巨額の負債を抱えてしまう場合がある。この場合，経営者は負債に対する責任として，担保があれば土地や建物，さらには保証人や金融機関の信用までも失うことになる。

　国民生活金融公庫などでは，保証人をとらない融資制度も開発されてきている。今後のアントレプレナーの起業しやすい環境整備が早急に求められている。

ベンチャーキャピタルやエンジェルファンド (Angel Fund) による直接投資を拡大して，経営者と投資家との間で企業経営に対するリスク分担を進めることが重要となる。

4　ベンチャー企業の現状と課題

(1) ベンチャー企業倒産の原因

森谷・藤川 [1997] によると，ベンチャーブームの中で第2次ブーム後の1986年前後に当時大いにもてはやされていた著名なベンチャーが次々と倒産している。

勧業電機機器（シートコイルモーター），大日産業（間伐材加工），大日機工（ロボット），ダック・エンジニアリング（知能ロボット），ソード（コンピュータ），ミロク経理（ソフトウェア）などの倒産により，ベンチャー企業の経営が難しいものであることが広く知らしめられた。ベンチャーキャピタルとマスコミに盛り上げられたブームが，浮わついたもであったことが判明した。

ベンチャー企業の倒産原因としては，以下の点があげられる（資料参照，147頁）。

① 資金ショート
② 経営陣の内紛
③ 企業ドメインの設定ミス
④ メンター（助言者）不在
⑤ 会社組織構築失敗

(2) 現代のベンチャー企業

前田 [2001] は「マイクロソフトの繁栄の原因は技術力だけではない，犯罪と紙一重の法務戦略による独占的市場の確保がその収入源である。買収により，競争相手を廃業させることもあり得るのである」と，コンプライアンス (Compliance：秩序，法律遵守) の欠如を指摘している。アメリカを代表するベン

チャー企業にも多くの問題があることがわかった。

さらに「ビル・ゲイツの確かな目利きとビジネスセンスが，ベンチャーの本質である。アスキーがそれを成し得なかったことも，思えば日本的ではある。ベンチャー企業経営者というイメージは，ビル・ゲイツ，大金持ちに成り上がったインテリ，大学関係者といったカリフォルニア・イメージが多い」とも指摘している。

前田［2001］は，日本でアメリカ流のベンチャー企業は成り立たず，日本は日本の諸制度の中で新たに「ベンチャー」を切り開くべきと考えている。さらに成功者に対する国民性の違いが，今後の日本でのベンチャー企業・アントレプレナーの将来性を阻害してはならないと考える。

星野［2001］が言うように，ベンチャー企業とはリスク管理が極端に低くいいかげんな会社の代名詞と解釈する人もいるが，未来を拓くのに安全はなく冒険心が今日の社会を築いてきたことを理解し，プラス思考で解釈すべきである。

さらに前田［2001］は，現代のベンチャー企業が大学の出資を受けたり，大学教官自身が事業を興したりしてベンチャー企業が多く発生しているとも述べている。アウトソーシングでどしどし企業が活躍する機会が増え，雇用の創出につながっている。

そのようなプラスの連鎖反応が社会経済効果を増大させている。アメリカの現代のベンチャー企業はハイテクベンチャーが多く，新しい技術，製品，サービスを，図表8－4で提示のように生み出している。

図表8－4　アメリカの情報関連ベンチャー企業

半導体のインテル
パソコンのアップル，コンパック
ワークステーションのサンマイクロシステムズ
ソフトウェアのマイクロソフト
ＬＡＮのシスコシステムズ，スリー・コム
インターネットのネットスケープ，ヤフー

出所：前田［2001］，84頁より筆者作成。

第8章　ベンチャー企業の研究と時代背景

アメリカにおいてこれら皆がベンチャー企業として出発している。ほとんどが西海岸のシリコンバレーから出発した。シリコンバレーはサンフランシスコの近郊にあり，スタンフォード大学，研究所，リサーチパーク，分譲工場団地を核にベンチャークラスターを形成している。今後は情報関連事業からバイオテクノロジー（Biotechnology：生命工学，遺伝子組み換え技術）事業に変換していくものと考えられる。

（3）　ベンチャー企業の課題

日本ではベンチャー企業ブームが第1次，2次，3次とあり，アメリカ，日本とも数々の規制緩和やベンチャー支援制度が整備された。

毎日新聞社経済部［1983］には，各ブームの中心的な業種が掲載してある。第1次ではごくわずかで，公害防止機器，医療機器が第2次ではコンピュータ，ロボット，バイオ，測定機器，電子部品，メカトロニクスなどハイテクノロジーが基軸となっていた。第3次になると知能ロボット，遺伝子工学，CATV，人材派遣，通信機器など新しい分野が出てきた。

豊田［1996］は「最近の日米両国の経済をみていると，日本の停滞とは対照的に，アメリカ資本主義のダイナミズムに感嘆させられる。アメリカでは今でも毎年日本の10倍にのぼる新しい企業が誕生している」と，現在のアメリカと日本の景気のちがいそのものを強調している。1980年代アメリカは産業空洞化に苦しみ，日本研究の末「教育こそが重要」と考え，小学校からアントレプレナー教育をスタートさせた。1990年代にいるとアメリカは日本の不況を横目に，次々とアントレプレナーが登場し，マイクロソフト，デル，シスコシステムズ，アムジェン（AMGEN）などの高収益ベンチャー企業が輩出された。

日本でもベンチャー企業輩出の努力はされているが，問題点はベンチャーキャピタルおよびベンチャーキャピタルファンドとエンジェルおよびエンジェルファンドの数がアメリカに比べて極端に少ないと考えられる。

マイクロソフトのビル・ゲイツにいたっては，起業に反対する母親の頼みで，教授が説得するはずが，一日で教授の方が出資することになりエンジェルと

なった。ビル・ゲイツのプレゼンテーションのうまさもあったと考えられるが，日本にない，アントレプレナーと夢をみる風土・国民性・先進性が感じられる。

　日本でもベンチャー企業が多く起業するが，キャピタル（Capital：事業資本），エンジェル，メンター不足はいなめない。これからの日本のベンチャー企業の課題は，いかに早くベンチャーキャピタル，エンジェルファンド，メンターを確保するかである。

5　まとめ

　ベンチャービジネス研究の第一人者である清成［1971］は，中小企業が多様化しているため，類型化を通してはじめてトータルな中小企業像が明らかになるとし，中小企業とベンチャービジネスが接近していると述べている。

　松田［1997］では，ベンチャー企業業種形態には，「流通・サービス企業型ベンチャービジネス」「技術企画型ベンチャービジネス」「研究開発企画型ベンチャービジネス」の三類型があると示した。

　以前からベンチャー研究において，ベンチャー企業と中小企業はどのように違うのかという議論があり，ベンチャー企業研究の重要点と考えられる。企業のすべてがベンチャー企業ではないかと問われると，ちがいは明確に示せると答えたい。それはベンチャー企業が高いミッションと繰り返されるイノベーションが，さらに繰り返されるような企業と考えられる。ドメインも一般的に中小企業が狭く，ベンチャー企業は広い。

　本章においては，「ベンチャー企業とは」から「ベンチャー企業の現状」までを検討した。産学官連携で各地にインキュベーション施設が設置され，ベンチャー企業創設時代のパラダイムが構築されたと考える。

　ベンチャー企業がケイパビリティを持ち進化することが期待されているが，課題としては，急成長に伴う弊害，すなわちキャピタル不足，マネジメント（Management）不足，マーケティング（Marketing）不足があげられる。以下ではベンチャー企業にとっての中心的役割を果たすベンチャーキャピタルとベン

チャーキャピタルファンドと，エンジェルとエンジェルファンド（メンターを含む）を検証する。

資料　ベンチャー企業の経営危機の要因

```
                    ┌─────────────────────────┐
                    │      ビジョン目標        │
                    ├─────────────────────────┤
                    │ 不明確なビジョン，ゆらぐ目標 │
                    └─────────────────────────┘
                               ↑
┌──────────────────┐           │           ┌──────────────────┐
│ 選定した市場顧客   │           │           │ 経営チーム・従業員 │
├──────────────────┤           │           ├──────────────────┤
│ 市場の急拡大と競争激化│         │           │ バランスを欠くチーム│
│ ニッチ市場が成長せず │         │           │ コミュニケーション不足│
└──────────────────┘           │           └──────────────────┘
           ↖                  │                 ↗
                    ┌─────────────────────────┐
                    │       起 業 家          │
                    ├─────────────────────────┤
                    │   リーダーシップ欠如     │
                    │    自己脱皮困難         │
                    └─────────────────────────┘
           ↙                  ↓                 ↘
┌──────────────────┐                        ┌──────────────────┐
│ 提供する製品・サービス│                     │    資 金 相 談    │
├──────────────────┤                        ├──────────────────┤
│ 製品開発タイミングずれ│                     │ 販売不振と資金回収難│
│ 顧客ニーズとのギャップ│                     │ 過大調達と放漫経営 │
└──────────────────┘                        └──────────────────┘
                               ↓
                    ┌─────────────────────────┐
                    │     ビジネスモデル       │
                    ├─────────────────────────┤
                    │  権限の分散と集中失敗    │
                    │  権利維持・確保に失敗    │
                    └─────────────────────────┘
```

⇐　　　　　　　　　　　　　　　　　　　　　　　　　　　　　　　⇒
ベンチャー経営環境と支援インフラ（制度変革の活用失敗・制度依存型経営）

出所：松田［1994］，285頁

第2部　エンジェルファンドとベンチャーキャピタル

【注】
1）　清成・中村・平尾［1971］，9－10頁。
　　本書は日本で最初に出版されたベンチャービジネスの研究書である。現在，清成忠男法政大学総長（日本ベンチャー学会会長），中村秀一郎多摩大学名誉学長，平尾光司専修大学教授で，日本のベンチャー研究の中心を占める人々である。法政大・多摩大（渋谷教育学園系）の2校はＭＢＡ教育においても日本の先頭にある。
2）　森谷・藤川，9頁。
　　本書は放送大学の教材として使用されていた。ベンチャー（venture）というのは英語であるが，その意味は，冒険的，危険，冒険などがあり，また投機，思惑もある（岩波英語大辞典）。本章においてはベンチャーは「挑戦」とする。
3）　井上［2001］，77－81頁。
　　井上のベンチャーの定義は「未上場の中小企業であり，大企業が実質的に支配していない企業」である。本章においてはアントレプレナーシップは「企業家精神」でなく「起業家精神」とする。
　　井上の調査によれば，ベンチャー企業におけるコアコンピタンスの実態は60％が「技術」，45％が「研究開発」，38％が「製品・サービス」となっており，反対に「営業」や「販売方法」などのマーケティングに関する項目は低位にある。なおコアコンピタンス（Core Competence）とはＧ．ハメルとＣ．Ｋプラハラードが，将来にわたり競争優位の源泉となる企業の能力として提唱した概念である。ⅰ顧客に認められる価値を作り出し高める，ⅱ他社に比べ特に優れた競争力を有する，ⅲ企業の持つスキルが新分野や新製品にどのように使用できるか，全社的観点から思考する能力。これらを束ね総合化したもの。例，ホンダのエンジン，ソニーの小型化技術など。経営戦略論，競争戦略論の範囲にある）コアコンピタンスを継続的に生み出す創像能力（ケイパビリティ：Capability）の存在を無視することはできない（基本経営学用語辞典［1999］，83頁）。
4）　日本経済新聞社［2001］，16頁，325頁。
　　○独立型の例
　　オムロンの立石一真は，配電盤メーカーに就職するが，8年後に不景気で希望退職を余儀なくされた。夫人にも先立たれ，日用品の行商で一家を養った。『わがベンチャー経営』『永遠なれベンチャー精神』などの著書もあり，1972年に京都に日本初のベンチャーキャピタルを設立し，日本でのベンチャークラスターの代表格となった。ホンダの本田宗一郎は「私がやった仕事で本当に成功したものは1％にすぎない」と述べた。両者はアントレプレナー（Entrepreneur：起業家）の代表例である。
　　○企業革新型の例
　　阪急の小林一三は「うだつの上がらぬ34歳の銀行マンから，脱サラして鉄道事業を任されたことでベンチャー魂に火がついた。晩年は青年よ，独立せよ，大会社にあこがれるな，商売はどこにでもある，仕事はどこにでもある」と述べた。
　　トヨタ自動車販売の初代社長神谷正太郎は，商社マンを経てゼネラルモーターズ

第8章　ベンチャー企業の研究と時代背景

　日本法人で外車を売っていた。豊田喜一郎にスカウトされ月給は600円から120円に減ったが国産乗用車の夢に賭けた。これらは，松田の言う独立型，企業革新型に合致している。両者ともにイントラプレナー（Intrapreneur：社内起業家）の代表例といえる。

5）　生産性研究所［1997］，51頁，53頁，93頁。
　リーダーシップ・スタイル研究の集計を参考とした。情報源としての経営コンサルタントの地位が低いことが証明された。

6）　清成・中村・平尾［1971］，141頁，166頁。
　ベンチャービジネス評価の中において，大組織の研究開発体制が限界にきたことを示し，会社においてはイントラプレナーの必要性を指摘した。もちろんアントレプレナーが基本と考えられている。

第9章
ベンチャーファンドの研究
―ベンチャーキャピタル形成についての検証―

1 はじめに

　日本でのベンチャーキャピタルの歴史は，わずか40年ほどである。研究の方も20年ほどの蓄積しかないのが現状である。そこで，ベンチャー企業を育てる最重要ポイントであるベンチャーキャピタルを本章で取り上げる。

　ベンチャーキャピタル発祥の地であるアメリカにおける歴史，形成，現状，そして同様に，日本でのベンチャーキャピタルの資金投入状況を明らかにする。ベンチャーキャピタルファンドがなぜ発生し，成長し，ベンチャー企業群に投資行動をするのか掘り下げたい。

　秦・上條 [1996] の中では，ベンチャーキャピタルの成功例に留まらず失敗例を紹介し，ベンチャーキャピタルの資金供給以外の活動実態を取り上げている。そこで，本章においては，ⅰ．ベンチャーキャピタルの登場・定義・形成，ⅱ．ベンチャーキャピタルの第1～第3次ブーム，ⅲ．ベンチャーキャピタルの現状の三点を中心に考察する。

　忽那 [1996] は，「わが国ベンチャー企業の資金調達に占めるベンチャーキャピタルが，現在のところ限定的な役割しか果たしていない」と指摘している。たしかに，全国くまなく設立されたベンチャーキャピタルは，大手の2～3社を除けば，活動が停滞ぎみで，本来の役割を果たしてないと考えられることから，ベンチャーキャピタルの基となる，成り立ちを分析し解明する。

第 2 部　エンジェルファンドとベンチャーキャピタル

2　ベンチャーキャピタルの登場と形成

(1) ベンチャーキャピタルの登場

　秦ら［1996］は，アメリカでのベンチャーキャピタル（ベンチャー資本）の登場を取り上げている。最初に登場したのは，1946年マサチューセッツ州ボストンで社名は「アメリカン・リサーチ・アンド・デベロップメント（ARD：American Research and Development）」である。

　日本のベンチャーキャピタルは，それに遅れること約25年で誕生した。1972年11月に京都経済同友会などが中心となって設立した，「京都エンタープライズ・デベロップメント（KED）」，日本長期信用銀行・富士銀行などによる「日本エンタープライズ・デベロップメント（NED）」，さらに同年12月には，住友銀行をはじめとする住友グループによる「日本ベンチャーキャピタル（NVC）」が相次いで設立された。

　その後1973年4月野村證券主導型のベンチャーキャピタル，「日本合同ファイナンス（JAFCO：Japan Association Finance Co.Ltd）」が設立され，1974年8月までに合計4社のベンチャーキャピタルが誕生している。

　日本で設立され活発に投資しているベンチャーキャピタルについては，図表9－6を参照されたい。

　アメリカにおいては1946年のARDの設立までは，少数の富豪の個人的な投資や，投資銀行のシンジケートなどの形態で行われていた。ARD設立後，アメリカでは1958年に中小企業投資法（Small Business Investment Act of 1958）が制定され，この法律の基に中小企業投資会社（SBIC：Small Business Investment Company）と呼ばれる数多くの投資会社が創設された[1]。

　さらに清成ら［1971］によると，1960年代のアメリカは，ベンチャービジネスが群生し，それにキャピタル，マネジメント，ノウハウを供給するベンチャーキャピタルファンドの活躍が注目を集めた。

　1970年代はベンチャー黄金時代と呼ばれ，電算機，情報処理，ファインケミ

カル，医療機器，環境制御などをはじめとして，先端的な産業分野にベンチャーキャピタルファンドが活躍した。

（2） ベンチャーキャピタルの定義

　アメリカを代表するベンチャー企業の研究家Timmons［1977］は，ベンチャーという言葉には，ある程度の危険やギャンブルといった語感があるとする。さらにTimmonsによるとハーバード・ビジネススクールの定義では「ベンチャーキャピタルは，高い潜在的可能性と高率の投資収益を期待できる事業の起業家に資本その他の資源を提供する」ことである。

　日本の代表的ベンチャーキャピタル研究家の定義は図表9－1に表示するが，清成ら［1971］は，ベンチャーキャピタルは市場評価や技術評価を行ない経営指導も手がけるとする。また，大企業がしばしばベンチャーキャピタルの役割をはたしている。その存在がベンチャー企業の発生を容易にするとしている。1973年清成らのアメリカ調査において判明したベンチャーキャピタルへ進出した大企業は，ＧＥ，アルコア，モービルオイル，ユニオンカーバイト，ダウケミカル等をはじめ，いずれもビッグ・ビジネスである。大企業においても約40年前からベンチャー企業を無視できなくなっていた。

図表9－1　ベンチャーキャピタルの定義

清成　忠男	ベンチャービジネスに投資する機関である
松田　修一	資金面でベンチャー企業の成長支援をするファイナンス企業である
浜田　康行	ベンチャー企業に特殊な形態で供給される資金そのもの
小野　正人	ベンチャー企業向けの投資業務に特化した金融会社である

出所：清成・中村・平尾［1971］89頁，松田［1998］133－134頁，浜田［1996］290頁，小野［1997］119頁より筆者が作成。

　図表9－1で述べられているようにベンチャーキャピタルの定義は本章において，ベンチャー企業に対して果敢に挑戦し投資するリスクファンドとする。特に小野が述べているようにベンチャー企業に特化するファイナンスと考えられる。特化していなければ，普通のインベストファンド（Invest Fund）つまり

普通株主と判断されても良いと考える。

(3) ベンチャーキャピタルファンドの形成

清成ら［1971］は，20世紀初頭のベンチャービジネスの繰り返しが現在のアメリカのベンチャービジネスではない，ベンチャーキャピタルの機能も大きく変わってきているし，新しくベンチャービジネスとして復活していると述べた。その背景となっている技術革新の内容と水準，産業社会の成熟の度合いも大きく変わっている。さらに清成らによると，マサチューセッツ工科大学のロバーツ教授がベンチャービジネスを評価して，「現代は企業家精神の復活の時代である。ガルブレス的な，小企業は技術革新の担い手ではないという意見にはピリオドを打たなければならない」と述べている。

日本では当初ベンチャー企業，ベンチャーキャピタルは，きわめて投機的な賭博的な要素を持っていると誤った理解を生んでいた。

山本［1999］によると，ベンチャー資金を調達する先は，一般的にはベンチャーキャピタル（ベンチャー投資会社等）である。もちろん，特定スポンサーがあれば直接資金を調達できる。機関投資家（年金基金・生保・信託銀行など），個人投資家，大企業などは，専門のベンチャーキャピタルにベンチャー投資運用を委任するとした。日本には1,400兆円の預貯金があるので，世界一のベンチャー投資国になることができる。一般にベンチャーキャピタルは内外に多くの技術専門家をかかえていることから，ベンチャー企業に対して客観的な評価を行なうことができる。ベンチャーキャピタルの経営者はベンチャー企業経営者の全人格を見抜く能力が必要とされる。

清成ら［1971］は，ベンチャーキャピタルにとって巨額な創業者利潤の獲得と大きなキャピタルロスはつねに裏腹の関係にあると指摘した。さらにベンチャー企業に対するハイリスクハイリターンの投資の危険性もあげている。ベンチャー企業，ベンチャーキャピタルは，つねに「果敢に挑戦するため」すべてがＩＰＯ（Intial Public Offering：株式公開）まで到達するとは限らない。ベンチャーキャピタルのスタッフは先端技術開発型に対応するため，理工系出身者

が多くスタッフの人数は創業時のＡＲＤでさえ８人であった。図表９－２においてベンチャーキャピタルのリスクを表した。

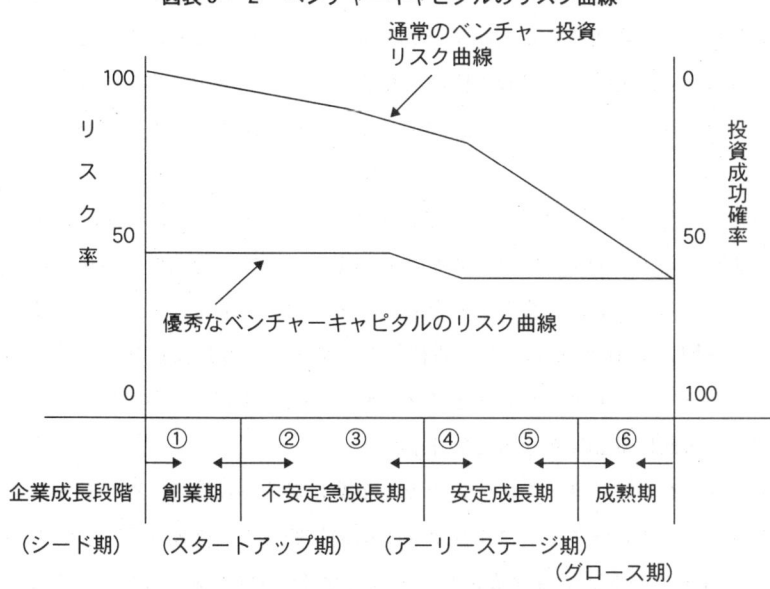

図表９－２　ベンチャーキャピタルのリスク曲線

（図：リスク率（左軸：0〜100）と投資成功確率（右軸：0〜100）の曲線。通常のベンチャー投資リスク曲線と優秀なベンチャーキャピタルのリスク曲線を示す。横軸は企業成長段階：①創業期（シード期）、②③不安定急成長期（スタートアップ期）、④⑤安定成長期（アーリーステージ期／グロース期）、⑥成熟期）

出所：清成・中村・平尾［1971］，179頁より筆者が作成。

　図表９－２において，なぜ創業時に50％を割ることができるのかは，清成らによると，ベンチャーキャピタルの社外に優秀な技術評価の高い大企業や研究所のスタッフを各分野ごとのインフォーマルなコンサルタントとして組織している。このような技術審査とならんで，ベンチャービジネス審査のポイントとなるのは，その経営者の経営能力，経営エネルギーの評価である。この評価についてはベンチャーキャピタルの側で経営者と面接，経歴・身許調査などを行って評価しているのが普通である。ベンチャーキャピタルはこのような総合的審査を一件当たり１ヶ月から２ヶ月の期間をかけて行うのが普通である。このようにベンチャービジネスに対する審査はたいへん難しいが，有力なベンチャーキャピタルでは，長い間の経験から，審査技術の向上と資料蓄積が進んでいるようであると述べた。よってリスク曲線が創業時に50％を割ることがで

第2部　エンジェルファンドとベンチャーキャピタル

きたと考えられる。

　しかしリスク曲線が50％近いということは通常の投資では，あまりに高いリスクと言える。それでもベンチャーキャピタルが投資を続けるのは出口戦略であるＩＰＯ，Ｍ＆Ａによる高いキャピタルゲインを得ることによると考えられる。出口戦略が失敗した場合の例は，投資したベンチャー企業の成長が止まること，つまりリビングデッド状態や倒産による投資全額の損失などがあげられる。

　図表９－２によると優秀なベンチャーキャピタルのリスク曲線はスタートアップ期より40〜50％とグロース期まで安定している。それはベンチャー企業をデューデリジェンスし投資するためによる。しかし通常のファンドはスタートアップ期には100％近いリスク曲線となっている。危険な投資を行なうのはハイリターンを目的としていると考えられる。成功確率においては両ファンド共グロース期には40％となっている。

　ハイリスクハイリターンのベンチャー企業に対する投資で，ベンチャーキャピタル，ベンチャーキャピタルファンドは創業間もない時期から主として出資（株式の取得）の形式で資金提供し，一刻も早くＩＰＯ（株式公開）できるように，さまざまな角度から経営指導を行なう。ベンチャーキャピタル，ベンチャーキャピタルファンドは単に投資する枠を超えて，常に時代の産業革命を支えてきた[2]のである。

　清成らによると，ベンチャーキャピタルがファンド形成をしているタイプは５つあるので以下に提示する。ⅰ.個人的大富豪の出資による，ⅱ.ベンチャーキャピタル専門企業，ⅲ.金融機関の子会社，ⅳ.大企業のベンチャー部門ないし子会社，ⅴ.中小企業投資育成会社の転換したものである。

第9章　ベンチャーファンドの研究

3　ベンチャーキャピタル・ブーム

（1）　日本におけるベンチャーキャピタル・ブーム

　ベンチャーキャピタルが日本に登場してわずか40年である。アメリカにおいては約90年前から活動をしていた。しかしファンドとして表に出たのは前項で述べたようにARDのことで約60年前である。

　1920年代のアメリカの起業はどのようなものだったかは，ベッセマー・セキュリティ（カーネギー），スターウッド（シアーズローバック），ホイットニー，メロン，ロックフェラーなどいわゆる財閥が当時の新技術を企業化したことでわかる。ホイットニーはテクニカラー，スターウッドによりリットン・インダストリー，さらにロックフェラーはマクダネル航空機によって成功した[3]。

　この時点からベンチャーキャピタル的に大富豪が活動していたものと考えられる。しかし個人投資の場合はエンジェルファンドとも捉えられる。エンジェルという言葉は1980年代に入ってから使用された。日本でもベンチャー企業ブームと歩調をあわせるようにベンチャーキャピタルブームが興った。

　第1次ブームは1970年代前半で，京都エンタープライズデベロップメント（KED）等の日本の初期段階の設立ラッシュであった。この時期に設立されたベンチャーキャピタルで現在も大手として活躍しているのは野村證券系のジャフコ（JAFCO）が代表である。

　第2次ブームは1980年代前半である。この時期の新興ベンチャーキャピタルは全国に設立された。主導は好景気に支えられた都市銀行，地方銀行であった，銀行名の後にキャピタルと付いたベンチャーキャピタルが中心であった。

　第3次ブームは1990年代中期で，バブル経済崩壊を受けて国策としてもベンチャー企業を多く育てる必要があった。このころからストックオプション（Stock Option：自社株行使価格購入権利）制度や税制改革が始まった，新しいベンチャーキャピタルの流れとして，成長したベンチャー企業自体が名乗りをあげた。CSK系CSKベンチャーキャピタル，ソフトバンク系ソフトバンク・イ

ンベストメント,オリックス系オリックス・キャピタル,楽天系楽天インベストメントなどである。

浜田［1996］は,第3次ブームと言われているが実はそうではなく,ブームなのは政策によってであると現状を分析した。さらにこのようなブームは"周辺"が大騒ぎしているだけであり,いわゆる「ベンチャー支援政策ブーム」なのである。しかしこの大騒ぎからホンモノが出現する可能性は十分あると述べた。

（2） ベンチャーファイナンスの多様化時代

ベンチャー企業が成長していくには成長ステージ（シード：Seed期・スタートアップ：Start Up期・アーリーステージ：Early Stage期・グロース：Growth期）に応じて資金が必要となる。

本章においては成長ステージを上記の4段階とする。資金後さらにマネジメント変革も必要とされる。シード期はエンジェルファンドによって必要な資金の多くがまかなわれる。さらにアーリーステージ期には,資金,特に設備資金が豊富に必要とされる。そこで担保資産に乏しいベンチャー企業は資金確保のために,ベンチャーキャピタルにアタックする。

日本では,民間ベンチャーキャピタルよりも早く,中小企業投資育成会社が官主導によって,東京,名古屋,大阪で設立されていた。厳密には中小企業投資育成会社はベンチャーキャピタルではないが,ベンチャー企業のシード期,スタートアップ期の旺盛な資金需要に応えた。設立は1963年であり,民間より10年も始動が早かった[4]。

堀内［1997］はベンチャーキャピタルのベンチャー企業に対する投資は法律的には私募であって情報公開の義務はないが,慣行的に情報公開をしていると述べている。しかし,ベンチャー企業は私募を求めるのではなくIPO（株式公開）をあくまで目指すものと考えられる。

　私募債：特定少数（50人未満）に対する株式などの募集のこと,IPOまでの
　　　　　成長資金,あるいは事業協力者からの出資を公募でなく私募による

もの第三者株式割当で募るもの。

星野［2001］が言うように，ベンチャーキャピタルは厳選したベンチャー企業を相手に投資それを育成し，ＩＰＯや企業売却などにより高収益をあげることを目的とした事業である。

ベンチャーキャピタルは利潤を生むために顧客であるベンチャー企業を成長させる必要があるので，行為としてはビジネス・インキュベーションと似ている。しかし，彼らが顧客にする対象はＩＰＯに至る見込みのあるベンチャー企業だけで，ＩＰＯなどの「出口」を作って顧客との関係を終了させる。

出口戦略（Exit Strategy：ベンチャー企業への投資回収方法，主なものにＩＰＯ，Ｍ＆Ａ，ＭＢＯ）はベンチャー企業戦略の中においても重要であると考える。

（3） ベンチャー企業の資金調達先

前田［2001］は，ベンチャーキャピタルやエンジェルは，ベンチャー企業に資金を提供するだけでなく様々なサポートを行うとし，以下の様々な役割を指摘している。ベンチャーキャピタルは，新規に創業されたベンチャー企業に，資金を提供して成長を支援するものであり，アメリカでは，ベンチャーキャピタルがコーディネイトして，アップル，サンマイクロシステムズ，インテル，コンパック，デル，マイクロソフト，シスコシステム，オラクル，ロータス，ジェネンテック，アムジェンなどのハイテクベンチャー企業が生まれたのである。

ベンチャーキャピタルが，どのような業務の流れをしているかは章末の資料を参照されたい。さてベンチャー企業はベンチャーキャピタル以外にどのような所から資金を調達しているか。百瀬［1997］の調査より，日本の現状が読み取れる。図表9－4では都市銀行72.0％が筆頭で，次に地方銀行46.1％，自己資金25.9％，国民金融公庫（現国民生活金融公庫）22.2％，信用金庫21.8％となっており，ベンチャーキャピタルは7.5％，エンジェルに至っては0.3％である。この点からすると，1997年の時点において日本ではベンチャー企業とベンチャーキャピタル，エンジェル共にうまくマッチングされてないものと考えら

第2部　エンジェルファンドとベンチャーキャピタル

れる。

　シード期・スタートアップ期のベンチャー企業では資金調達がどのようになされているかについては，本章の中心テーマではないので次の研究課題としたい。

図表9－3　ベンチャー企業の資金調達先（単位％）

	前回調査	今回調査	製造	情報	サービス
都市銀行	82.6	72.0	69.2	81.0	71.1
地方銀行	22.1	46.1	52.2	34.5	42.1
自己資金	52.9	25.9	23.3	22.4	32.9
国民金融公庫	33.7	22.2	18.9	36.2	18.4
信用金庫	25.6	21.8	29.6	13.8	11.8
中小公庫	40.1	18.4	26.4	5.2	11.8
商工中金	14.0	14.0	19.5	8.6	6.6
第二地銀協加盟行	12.2	11.9	8.8	10.3	19.7
民間ベンチャーキャピタル	9.9	7.5	6.9	10.3	5.3
株式市場	1.7	6.8	3.8	5.2	14.5
地方自治体融資制度	5.8	6.1	8.2	5.2	2.6
取引先	5.8	4.4	5.7	3.4	2.6
友人・知人	0.0	4.4	3.8	6.9	2.6
親・兄弟・親戚	0.0	4.1	3.1	6.9	3.9
ＶＥＣ	13.4	2.7	2.5	1.7	1.3
日本投資育成会社	8.1	2.7	1.9	1.7	5.3
エンジェル	0.0	0.3	0.0	1.7	0.0
その他	5.8	9.9	9.4	3.4	14.5

出所：百瀬・森下［1997］，47頁より筆者が修正作成（複数回答のため合計は100にならない）。

注：前回調査は関東一円のベンチャー型企業249社，有効回答172社であったが，今回は全国レベルでの調査である。また資金をどこから調達しているかの調査であって資金のボリュームや内容を意味するものではない。

第9章 ベンチャーファンドの研究

4　ベンチャーキャピタルとキャピタリスト

（1）ベンチャーキャピタルの現状

　前田［2001］は，日本政策投資銀行によるベンチャーキャピタルの現状分析として「ベンチャーキャピタルも銀行も商売でやっているわけで，慈善事業ではない，ベンチャー企業が利益になることを話さないと投資がまとまらない。儲かるベンチャー企業に投資する方が良いと考えられる。資金調達の交渉はビジネスそのものである。ベンチャー企業・アントレプレナーがいくらＩＰＯすると言っても，いつ，何年後に基準を満たすか具体的に説明しないとはじまらない」と指摘している。

　朝日監査法人編［1995］によると，日本におけるベンチャーキャピタルは企業のアーリーステージ期における資金供給者の重要な一員である。

　さらに，ベンチャー企業のスタートアップ期においては，国民生活金融公庫，中小企業金融公庫などの政府系金融機関からの低利融資や，信用保証協会などの保証による金融機関からの融資が中心となっている。

　アメリカの場合，ベンチャーキャピタルはシード期・スタートアップ期・アーリーステージ期などで入口～出口（出口経営戦略）までかかわっている。ベンチャー企業，アントレプレナーはシード期に資金調達に苦労している。この点が解決すればベンチャー企業育成に役立つ。エンジェルファンドの多いアメリカでは，1990年初頭に約350万社が起業している。いままであった企業が約500万社であるのでその勢いがわかる。

　日本でのエンジェルファンドの少なさは，百瀬［1997］の調査（図表2－4）でもよくわかる。友人・知人＋親・兄弟・親戚＋ＶＥＣ＋投資育成会社＋エンジェルファンドを合計すると18.6％である。ほぼこれらはエンジェルファンドと考えられる。それでも信用金庫の21.8％と中小企業金融公庫の18.4％の間である。

　具体的にベンチャーキャピタルにかかわる企業を1例あげる。林・浅田

第2部　エンジェルファンドとベンチャーキャピタル

[2001] によれば，ＮＥＣでは，経営戦略として2001年から3年間にグローバルNo.1事業を目指すドメインを中心に総額6,000億円程度の戦略的事業投資（Equity Finance：新株発行方式資金調達・エクイティ投資）を行う計画で，アメリカ・日本のベンチャーキャピタルに400億円を投資する。その後のＮＥＣの投資については今後の検討とする。

（2）　ベンチャーキャピタリスト

　日本の代表的ベンチャーキャピタリストである，村口和孝（日本テクノロジーベンチャーパートナーズ代表）を取り上げる。2002年7月1日にサイベックなど3社の半導体関連のベンチャー企業が合併した。村口代表は合併交渉を側面から支援した。半導体業界を取り巻く環境は厳しい。早期にＩＰＯを実現するためには，合併して企業規模を拡大すべきだと強調する。3社の内2社を経営する村川順之代表は，法務や財務面で上場を準備するには，多くの企業を知る村口代表の助言が必要と語った。

　村口代表はジャフコに7年半勤務した。企業の発掘から上場までを担当し，同社有数の投資実績を残した。企業育成にはアメリカのように，エンジェル（Angel：個人投資家）が一貫して深く関与すべきだという理念を実践するため1998年に独立，4本のファンドで約60億円を集めた。

　村口代表は，特に取締役会の活性化が重要と考える。成長できないベンチャー企業の取締役会では経営者の独演会に陥るなど機能不全が多いとみている。システム開発のトリニティーセキュリティーシステムズが2002年6月19日に開いた取締役会は販売手法がテーマで，村口代表は複数の選択案を提示し，たたき台を準備した。

　アントレプレナーへの助言は，メンターとして出資前からスタートし，成長性が高いと判断すれば高い株価で投資する。独立以来の投資先は14社になる。しかしＩＰＯまで到達したベンチャー企業はまだない[5]。村口代表のベンチャーキャピタルが投資した実績は図表9－5に提示する。

　ベンチャーキャピタルとキャピタリスト（Venture Capitalist：挑戦する資本家），

第9章　ベンチャーファンドの研究

それにエンジェルファンドとそれぞれ違う面がキャピタリストの実務を検討することによって浮き上がってくる。ここでキャピタリストの定義をする。本章でのキャピタリストの定義を「ベンチャーキャピタルに所属する投資家であり，経営ノウハウを持ち，経営に参画する。時には経営者を解雇することもある」としよう。

ベンチャーキャピタルは，資金が100億円～1,000億円を超える大きなファンドである。キャピタリストはベンチャーキャピタルの直接の担当者，および資金が100億円未満のファンド運用者と言える。エンジェルファンドの多くはBenjamin・Margulis [2000] のアメリカでの調査から個人が投資できる1,200万円未満のファンドと考えられる。

アメリカではどのような人物がキャピタリストになっているか。秦・上條[1996]らによると，ベンチャーキャピタルのキャピタリストは大学で技術を学び，大学院で経営学を修めＭＢＡ (Master of Business Administration：経営学修士) を取得した人が多い。その間あるいはその後，社会でメーカー，コンサルタント，金融法人等々の実務経験を積んでベンチャーキャピタルに入社する人が多い。

ベンチャーキャピタルはワンパターンの経歴の持ち主ではなく，多種の経歴の持ち主が集まった方が，事業の性格から成功率が高いと考えられる。日本でも今後，こうした真のベンチャーキャピタリストが台頭してくることが期待される。

図表９－５においては日本テクノロジーベンチャーパートナーズとともにジャフコの投資先ベンチャー企業を最近のＩＰＯのみ提示する。

ジャフコについては広報部 [2004] の資料等により最新のものを以下提示する。日本のベンチャーキャピタルの草分けであるジャフコは1973年4月5日東京都千代田区に設立された。2003年3月末の資本金332億5,167万3,571円で代表者は伊藤社長である。従業員357名（連結），株式公開市場は東証第一部である。

ジャフコは，国内のみならず，北米，北東アジアとグローバルに展開するプ

第2部　エンジェルファンドとベンチャーキャピタル

ライベート・エクイティ投資の専門会社であり，2003年12月までに投資した企業数は内外あわせて約2,600社，そのうち約700社がＩＰＯした。

ジャフコのプライベート・エクイティ投資は，ⅰ．インキュベーション投資，ⅱ．ベンチャー投資，ⅲ．デベロップメント・キャピタル投資，ⅳ．バイアウト投資である。これまでの世界で上場した企業数は日本562社，アメリカ44社，アジア79社，ヨーロッパ18社である（2004年2月18日現在）。

ベンチャーキャピタルはファンドを組むことが多く投資事業組合を活動の中心に据え投資する。投資事業組合は出資者を組合員としてファンドを組み未公開ベンチャー企業へ投資し，出口であるＩＰＯ，Ｍ＆Ａにより投下資本の回収と売却益を得る。各投資事業組合には運用期間が定められている。図表9－4にてジャフコ出資による関連投資事業組合によるファンド投資を提示する。参照されたい。

図表9－4　投資事業組合のしくみ

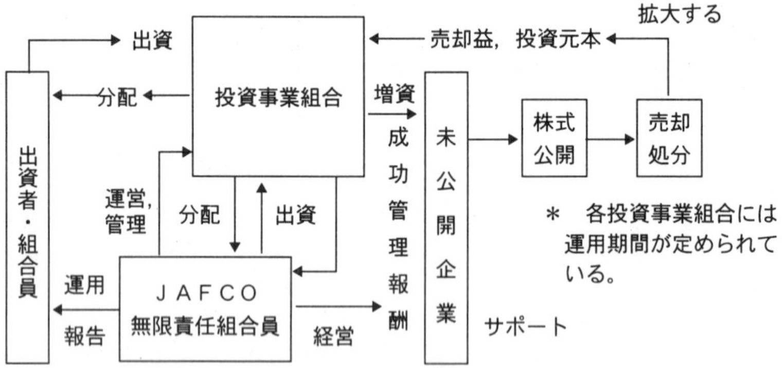

出所：JAFCO広報部，http://www.jafco.co.jp/business/main-00-kumiai.html [2004]

第9章 ベンチャーファンドの研究

図表9―5―a　ベンチャーキャピタルの投資先

日本テクノロジーベンチャーパートナーズ			
＜会社概要＞　　本社　東京都千代田区　　代表　村口和孝 　　　　　　　ファンド規模　　約60億円			
主な投資先ベンチャー企業			
投資先企業	本社所在地	事業内容	投資時期
インフォテリア	東京・品川	ＸＭＬベースのサーバーシステム	1999年3月
ディ・エヌ・エー	東京・渋谷	ネットオークションシステム	1999年12月
イチレイヨン	東京・文京	モバイル用データベース	2000年1月
トリニティセキュリティーシステム	東京・品川	セキュリティーシステム	2000年4月
ノース	東京・豊島	高密度実装技術の開発	2000年4月
ナイトライド・セミコンダクター	徳島・鳴門	窒化ガリウム半導体の開発	2000年6月
サイベック	東京・文京	半導体開発・製造の支援	2000年7月

出所：日本経済新聞社2002年6月29日朝刊「投資ファンドの実力」記事より。

第2部　エンジェルファンドとベンチャーキャピタル

図表9—5—b

ジャフコ			
<会社概要>　本社　東京都千代田区　　代表　伊藤俊明 ファンドは投資事業組合へ出資			
主な投資先ベンチャー企業			
投資先企業	本社所在地	事業内容	設立，市場
(株)アーテストハウス	東京都	書籍，映像，音楽などエンターテイメント各種権利	設立　2000年2月 市場　マザーズ
Wistron Corporation	台湾	パソコン，サーバー，ストレージネットワーク製品 OEM開発，製造販売	設立　2001年7月 市場　台湾証券取引所
ウインテスト(株)	神奈川県	フラットパネルディスプレイ及び撮像素子向け検査装置の開発，設計，販売及び技術サポート等	設立　1995年7月 市場　マザーズ
サイレックス・テクノロジー(株)	大阪府	ネットワークインターフェース技術を利用したプリントサーバおよびネットワーク周辺機器開発等	設立　1973年9月 市場　JASDAQ
セントケア(株)	東京都	在宅介護 サービス事業等	設立　1983年3月 市場　JASDAQ
(株)サイネックス	大阪府	50音別電話帳 「テレ＆パル50」発行等のメディア事業	設立　1966年2月 市場　ヘラクレス
(株)アプリックス	東京都	組込み向けソフトウェアの研究開発及び販売，パソコン向けソフトウェア開発等	設立　1986年2月 市場　マザーズ
トーカロ(株)	兵庫県	表面処理加工，機械加工製品の製造，販売	設立　1973年6月 市場　東証2部
(株)京王ズ	宮城県	移動体通信端末の販売，飲食店の経営	設立　1993年12月 市場　マザーズ
(株)オプト	東京都	インターネット上のマーケティング活動支援	設立　1995年4月 市場　JASDAQ

出所：ジャフコ広報部［2004］，http://www.jafco.co.jp/ipoflash/index.html［2004］

（3） 日本におけるベンチャーキャピタルの課題

　豊田［1996］は，アメリカのベンチャーキャピタルは，日本の金融系のベンチャーキャピタルのようにスタートアップ期を過ぎたメザニン段階に投資するのでなく，比較的早い時期に投資しているとする。

　単に資金を提供するだけでなく，アイデア（技術）と市場のニーズをいかに結びつけるかという戦略を練ること資金調達についての助言，税務，法律，会計問題，マーケティングなどコンサルティングを行っている。

　ベンチャー企業に投資を決めると，プロジェクトにつき4名ぐらいのチームを作り，役員（社長のこともある）はもとより，技術，マーケティングの専門家を経営陣に送る。

　日本においては，ベンチャー企業の経営者はなかなかベンチャーキャピタルに対して経営権を渡さない傾向にある。よって高い志しが低くなりベンチャー企業ではなく一般の中小企業になり，高成長できなくなる。

　日本のベンチャーキャピタルの資金規模はアメリカの大手に匹敵する規模になっているが，才覚ある個人に依存する独立系ベンチャーキャピタルが中心のアメリカに比べて，ほとんどが金融系のベンチャーキャピタルである。よって一番資金の必要なシード期，スタートアップ期に日本のベンチャーキャピタルは対応ができないことが多い。これまでは融資が中心だったため融資案件一件ごとに確実な元利の返済，担保，保証人が要求される。これではベンチャーキャピタルと名を変えた銀行融資と変わりがない。

　図表9-6にて，日本の主なベンチャーキャピタルを提示するので参照されたい。

第2部　エンジェルファンドとベンチャーキャピタル

図表9－6　日本の主なベンチャーキャピタル

アイシーピー	あおぎんリース
あおぞらインベストメント	あさひ銀事業投資
朝日生命キャピタル	阿波銀リース
イグナイト・ジャパン	伊藤忠ファイナンス
いよぎんキャピタル	インキュベイトキャピタルパートナーズ
インテラセット	エイパックス・グロービスパートナーズ
ウエルインベストメント	エム・ブイ・シー
ＳＭＢＣキャピタル	ＭＢＬベンチャーキャピタル
エヌ・アイ・エフベンチャーズ	大分ベンチャーキャピタル
エムティービーキャピタル	岡三ファイナンス
エンゼル証券	香川銀キャピタル
大阪中小企業投資育成	勧角インベストメント
オリックス・キャピタル	きたぎんリース
鹿児島リース	キャピタルスター
関西ベンチャーキャピタル	共立キャピタル
ぎふしん総合ファイナンス	ごうぎんキャピタル
紀陽リース・キャピタル	コスモエンタープライズ
グローバルベンチャーキャピタル	佐銀ベンチャーキャピタル
国際キャピタル	ケンブリッジ
コンステレーションベンチャーズ	しがぎんリース・キャピタル
三生キャピタル	静岡キャピタル
ＣＳＫベンチャーキャピタル	十八キャピタル
四銀キャピタルリサーチ	シュローダー・ベンチャーズ
ジャフコ	拓銀キャピタル
十六キャピタル	しんわベンチャーキャピタル
荘銀ベンチャーキャピタル	世和
新光インベストメント	ソフトキャピタル
スミセイキャピタル	第一生命キャピタル
泉銀ファイナンス	大和銀企業投資
ソフトバンク・インベストメント	中央三井キャピタル
ダイヤモンドキャピタル	つばさハンズオンキャピタル
ちばぎんキャピタル	東京海上キャピタル
中信ベンチャーキャピタル	東洋キャピタル
デー・ブレイン・キャピタル	特許キャピタル
東京中小企業投資育成	西銀経営情報サービス
徳銀オリックス	日興プリンシパル・インベストメント
ナショナルエンタープライズ	日本テクノロジーベンチャーパートナーズ投資事業組合
日興キャピタル	

第9章　ベンチャーファンドの研究

日本アジア投資	バイオフロンティアパートナーズ
日本商工経済研究所	八十二キャピタル
日本ベンチャーキャピタル	肥銀ベンチャーキャピタル
野村プリンシパルファイナンス	船井キャピタル
バイオテック・ヘルスケア・パートナーズ	ベッグワンキャピタル
ビー・エル・パートナーズ	ベンチャーイノベーション
ひろぎんキャピタル	ボストンベンチャーパートナーズ
フィーチャーベンチャーキャピタル	みずほキャピタル
北陸キャピタル	三井住友海上キャピタル
北海道ベンチャーキャピタル	宮崎太陽キャピタル
みちのくキャピタル	明治生命キャピタル
宮銀ベンチャーキャピタル	モバイル・インターネットキャピタル
ミレニア・ベンチャー・パートナーズ	山梨中銀キャピタル
安田企業投資	楽天インベストメント
山口キャピタル	
ＵＦＪキャピタル	
ワールドビューテクノロジーベンチャーキャピタル	

計109社

出所：2002年7月8日　日経産業新聞「ベンチャーキャピタル調査」。
注：2002年において活動中の日本のベンチャーキャピタルである。
　　109社の経営母体別の数
　　銀行系64社，証券系8社，保険系4社，独立系24社，その他9社
　　ほとんどを銀行系が占めている。独立系，その他が約30％であるが独立系がいかに増加するかが今後の課題である。独立系が増加しなければいままでの銀行融資と変わりがないと言える。果敢に挑戦するベンチャー企業には，銀行でない同じく果敢に挑戦するベンチャーキャピタルが求められる。

5　まとめ

　本章において，ベンチャーキャピタルの登場から形成，ブーム，現状，課題を論じてきた。アメリカより日本のベンチャーキャピタルは約10年のノウハウ蓄積の違いがあり，現状を見る限りまだ満足できる状態ではない。しかし，ベンチャー企業論からベンチャーキャピタル論と日本での研究は急速に進化している。今，日本でのベンチャー企業振興は産学官あげて取り組まれている。イ

第2部　エンジェルファンドとベンチャーキャピタル

ンキュベーション施設も全国都道府県に設置されつつある。

　今後，日本においてベンチャーキャピタル，ベンチャーキャピタルファンドが成長シード期のアントレプレナー，ベンチャー企業への積極的投資があれば，現在形成されているベンチャー企業クラスター（Cluster）地域の京都，浜松のような地域が各地に登場するものと考える。予想される新ベンチャー企業クラスター地域は大学や工場の集積の多い横浜，東大阪，神戸，広島，北九州，長崎と考えられる。ベンチャー企業のクラスター化ができれば様々な業種の集まりになり，相当数の相乗効果が期待できる。たとえばＩＴベンチャー企業，ナノテク（Nanotechnology：微小技術）ベンチャー企業，バイオ（Biotechnology：生命工学）ベンチャー企業，環境（Environment：環境）ベンチャー企業等の融合体が望ましい。

　アメリカのシリコンバレーの急成長はスタンフォード大学を中心とする大学，リサーチパーク，研究所（ショックレー半導体研究所）とそこをスピンオフした優秀なアントレプレナーやフェアチャイルド・セミコンダクター，東部ベル研究所，テキサス・インスツルメント，ウエスティングハウス等の先端企業から移ってきたアントレプレナー，イントラプレナーによってＩＴベンチャー企業クラスター地域として発展し，世界中のＩＴ関連新技術を凌駕した。

　アメリカの事例でもわかるように今後ベンチャー企業クラスター地域の拡大により，日本経済は急成長して行くものと考える。次章においてはベンチャー企業およびベンチャーキャピタルにつづく最重要点であるエンジェルファンドについて検証する。

第 9 章　ベンチャーファンドの研究

資料　ベンチャーキャピタルの業務の流れ

```
                          ベンチャー  ←── 出資 ──┐
 ┌──────┐ ┌──────┐  キャピタル              │
 │ 組合員 │ │ 組合員 │      ↑↓                   │
 └──┬─┬─┘ └──┬─┬─┘       │                    │
    ↑↓       ↑↓           │                    ↓
 ┌──────────────────────────┐     ┌──────────┐
 │       投資事業組合        │     │ 業務推進本部 │
 └──────────────────────────┘     └──────────┘
                                       運営，管理

          ┌─────────────────────────────────────┐
          │         投資実行に至るまで            │
 ┌──────┐ │        ┌──────────────┐            │
 │ 投資本部 │ │        │   会社訪問    │            │
 └──────┘ │        ├──────────────┤            │
          │  有望   │ 提案および基本的合意 │       │
 ┌──────┐ │  成長   ├──────────────┤            │
 │ 審査本部 │ │  企業   │  投資先候補会社 │          │
 └──────┘ │        ├──────────────┤            │
          │        │    開発会議   │            │   ┌──────┐
          │        ├──────────────┤            │   │コンサル│
          │        │    審　査    │ ←──────────┤ ← │ティング│
          │        ├──────────────┤            │   │センター│
          │        │   経営者面接  │            │   └──────┘
          │        ├──────────────┤            │        ↑
          │        │    常務会    │            │     コンサル
          │        ├──────────────┤            │     ティング
          │        │   投資決定   │            │
          └─────────────────────────────────────┘
                         ↓
                  ┌──────────────┐
                  │   投資実行    │
                  └──────────────┘
                         ↓
  投資資金      ┌──────────────┐  ┌──────────┐
 ────────→   │ 投資先会社育成 │  │ 投資先本部 │
              └──────────────┘  └──────────┘
  キャピタルゲイン    ↓                         コンサル
 ┌──────────────────────┐                      ティング
 │   ＩＰＯ（株式公開）へ   │ ←──────────────────
 └──────────────────────┘
```

出所：浜田［1996］, 52頁。

第 2 部　エンジェルファンドとベンチャーキャピタル

【注】
1）　後藤・秋野［1988］p.65。
　　ベンチャーキャピタル活動が一定の組織をもって発足したのがＡＲＤ（アメリカン・リサーチ・アンド・デベロップメント社）からである。
2）　野田［1994］p.88。
　　ベンチャー企業への投資はハイリスクハイリターンである。
3）　清成・中村・平尾［1971］p.181。
　　最初にベンチャーキャピタルがアメリカで脚光を浴びたのは1967年〜1971年頃であった。新技術の企業化への資金提供はすでに20世紀からはじまっていた。
4）　秦・上條［1996］p.42. p.239。
　　1972年〜1974年にかけ，ベンチャー企業ブーム（第1次）に刺激されて銀行，証券会社主導により，民間ベンチャーキャピタルが次々に設立された。
5）　日本経済新聞社2002年6月29日朝刊投資ファンドの実力」記事より
　　少額を多くのベンチャー企業に投資する一般的なベンチャーキャピタルに比べ，村口代表のベンチャーキャピタルは成功時の収穫が大きい半面，リスクも大きい。

第10章

ベンチャーファンドの一形態
―エンジェルファンドの日本,アメリカ,ヨーロッパでの形成―

1 はじめに

　ベンチャーキャピタルがアメリカにおいて誕生してから約60年が経過し,多くのベンチャー企業の成長に関与している。ベンチャーキャピタルの存在が多くのベンチャー企業の発生を容易にしている。

　ベンチャー企業は,いわばイノベーター(Innovator：事業変革する人,者)であるが,単なるイノベーターではない。ベンチャー企業が目指すべきは,まさにイノベーションそのもの,すなわち世の中で未だ存在しないか,完成していない技術を開発し,それを応用して新事業化することである。

　経営者が旺盛なアントレプレナーシップをもって,積極的に経営を拡大するためには豊富な資金が必要となる。シード期,スタートアップ期に対応してくれるのがエンジェルファンドである。

　本章では特にベンチャー企業における資金供給の面で重要性を増しているエンジェルファンドの特性を明らかにしようと試みる。

2 エンジェルファンドの定義と形成

(1) エンジェルとは

　日経経済用語辞典をひもとくと「エンジェル」とは,「資金を提供したり経

第2部　エンジェルファンドとベンチャーキャピタル

営に助言したりして、ベンチャー、アントレプレナーを支援する個人投資家」とエンジェル像が提示してある。

松田［1998］は『ベンチャー企業』において「ベンチャー企業には人材が集まらない」と嘆くアントレプレナーは多いが、それは、彼の志しや夢がほとんど感じられないか、感じられても単に空理・空論であったり、あるいは夢想であったりするからである。優秀な人材を集め最適な経営チームを形成し、エンジェルなどの出資者から資金調達をするためには、自己の志しや夢の高さとそれに至るプロセスを明確にしなければならないとエンジェルとアントレプレナーとの関係を述べた。

小野［1997］によれば「エンジェルファンドとはエンジェルと呼ばれる個人投資家群」である。さらに起業家が事業開始当初に必要な資金は、スタートアップ資金と呼ばれるが、この資金を第三者から公に広く集めることは難しい。したがって、自己資金や友人、家族、知人等のコネクションを使って資金援助を得る方法をとらざるをえない。しかしアメリカではこうした私的関係による資金調達以外にエンジェルと呼ばれる個人投資家が多数存在し、これらの全米に広がった不特定多数の個人投資家の出資が、ベンチャービジネス、特にスタートアップ資金には重要な役割を担っている。

秦ら［1996］は、アメリカでは第2次世界大戦前から個人投資家は産業発展に多大な貢献をし、それが戦後のベンチャーキャピタルへ系譜的につながっているとしている。

アメリカ、ヨーロッパのエンジェル像とその投資活動の特徴の概要を示すと、年齢50歳、年間1社のスタートアップおよび成長初期企業に投資、起業経験のある個人投資家、年収約10万ドル（約1,060万円）、ほとんどの時間を使い投資先に技術指導や経営指導をする時があるので、家から50マイル（約80km）以内にあるベンチャー企業に投資する場合が多い。

エンジェルは能動的投資家であり、付加価値を与えるべく努力するが、経営陣に入らなければパートタイムの投資家である。機関投資家やベンチャーキャピタルは自身はベンチャー企業から離れて見ているがフルタイムの投資家であ

る。エンジェルの80％が会社の起業を経験していてベンチャー企業での経験が重要な価値になっている[1]）。

小野［1997］はエンジェルの特徴をあげた。それを図表10－1にまとめた。

図表10－1　エンジェルの特徴

不特定多数の個人であり，誰がどこにいるか正確に把握できない。このためアントレプレナーが簡単に接触できない。
彼らはミリオネアと呼ばれる層は多数ではなく，大半は年収10万ドル前後の層である。
エンジェル自身が，投資する企業の分野に詳しい人が大多数である。
資金提供を求めてきたアントレプレナーの意見を良く聞き，かつ経営のアドバイス等の支援に熱心である。

出所：小野正人［1997］，116頁より筆者作成。

（2）　エンジェルファンドの定義

浜田［1996］によれば，エンジェルとは，言うまでもなく「天使」のことである。起業に資金が必要だが十分な自己資金がない時，そこに登場する個人投資家がまるで天使のように見えるので「エンジェル」と言ったと述べた。その資金がエンジェルファンドと言える。

小野［1997］は，エンジェルの特徴（図表10－1）として，すべてに経営情報の仲介等まで提供してくれる「天使」のような存在であり資金というのが，エンジェルの語源であると述べた。エンジェルはスタートアップ期のベンチャー企業に主に投資する。こうした高いリスクの投資を長期間維持するところにエンジェルファンドの特徴があり，彼らの投資収益は，投資リスクの高い起業時に出資，成長しＩＰＯの時期に売却することにより得られる。エンジェルファンドの定義を図表10－2にて提示する。

エンジェルファンドとは，個人投資家が直接，アントレプレナーに投資する資金と定義できる。すこぶるハイリスクな投資で，1,000の内1つ，ＩＰＯまでいけるかは，定かではない。アメリカでは第2次世界大戦前より存在し活発に投資をしていた。具体的な例として，ロックフェラー，モルガン，デュポンがいる。戦後はボストン近郊，シリコンバレーを中心にエンジェルファンドが

第2部　エンジェルファンドとベンチャーキャピタル

発生している。

図表10－2　エンジェルファンドの定義

松田修一	ベンチャー企業をスタートするとき，家族や友人とともに出資するある特定分野に専門的な個人投資家の資金
浜田康行	Informal Risk Capital Investors
小野正人	資金提供とともに経営，経営情報に対するメンター（助言者）
金井一頼・角田隆太郎	ベンチャー企業に投資し経営に深くハンズオン（関与）し，ＩＰＯをめざす資本

出所：松田［1998］174－175頁，浜田［1996］140頁，小野［1997］116頁，金井・角田［2002］125－126頁より筆者作成。
注：小野のメンター（Mentor：師，助言者）を本論においては「事業助言者」とした。

　1945年～1970年代までは，エンジェルがどこにいて，どのような人か，誰も知らなかった。1980年代に入ると「口コミ」そして「セミナー」「ベンチャーフェア」「ベンチャー発表会」を通してアントレプレナーとエンジェルのマッチングができるようになった。さらにマッチング専門の会社も登場し，広範囲にエンジェルもファンドを組み投資できるようになった。アメリカでのエンジェルファンドの投資額は，ベンチャーキャピタルファンドの約3倍と言われている。

　日本のエンジェル像としては，年収1,000万以上で年収の20％程度を投資できる人，自身がベンチャー企業を売却してその資金を投資できる40歳～70歳の仕事の経験の豊かな人と言える。エンジェルは直接メンターとして経営に参加したい積極性も持つ。

　エンジェルの資金の総称，多数のエンジェルの資金をエンジェルファンドと言う。

（3）　エンジェルファンドの形成

　金井・角田［2002］はアメリカにおけるベンチャー企業向け投資において，以下の見解を述べた。

　ベンチャー企業向け投資においてベンチャーキャピタルとエンジェルの投資

第10章　ベンチャーファンドの一形態

は補完関係にあり，両市場はアーリーステージのベンチャー企業に対する株主資本の供給システムとしてともに重要な役割を果たしている。

たとえばシリコンバレー，ルート128，シリコン牧場（オースチン）等のベンチャー企業の集積地を抱えるカリフォルニア，マサチューセッツ，テキサスや，金融中心地のニューヨークといった一部の州にベンチャーキャピタル，ベンチャーキャピタルファンドは偏っており，地方ベンチャー企業の投資においてはエンジェルファンドが重要な役割を果たしている。

日本でも，エンジェルファンドは微増ではあるが増加している，1996年2月に設立された日本ベンチャーキャピタル（NVCC）は，成功した起業家，エンジェルや財界トップの会社17社で先輩としての起業家がメンターとエンジェルファンド機能を有する総合的な経営支援組織であるが，投資事業組合を通しての投資をする[2]。

エンジェルは株式投資をボランティアで実施するのではない。あくまでもビジネスとしての投資効率と投資回収を明確にした投資のはずである。当然，支援先のベンチャー企業が株式を公開して初めてその目的は達成される。自己の体験に基づくIPO指導もあるはずであり，エンジェル機能を果たすには強固な財政基盤も必要である[3]。

松田［1998］は，アメリカ，ヨーロッパでは，エンジェルファンドを形成するエンジェルはアントレプレナーや専門性の高いビジネス経験者が多く，彼らのベンチャー企業への投資ファンドは5～10兆円あると言われていると述べた。

エンジェルは組織で動くベンチャーキャピタルと異なり個人でベンチャー企業に投資する特徴がある。彼らは，インベスターであるだけでなくメンターの役割を持っている。

さらに松田［1998］は，エンジェルが形成される中で，エンジェル像を明らかにした。エンジェルの典型的な事例は，アメリカでは大学教授に見ることができる。自己の研究成果を最もよく理解し，その実践者となり得るのは，修士および博士課程の学生である。教授はアントレプレナー志望の学生に技術移転指導をし，事業をスタートするために不可欠な多くのエンジェルを紹介，さら

第2部　エンジェルファンドとベンチャーキャピタル

に優秀な人材を紹介することによって，メンター機能も果たす。同時に，自らもエンジェルとしてファンドを形成し投資する。

　ベンチャー企業成長の中でのエンジェルの位置付けは，図表10－3にて提示する。ＩＰＯへの動きが見れるので参照されたい。

図表10－3　ベンチャー企業成長の中でのエンジェル

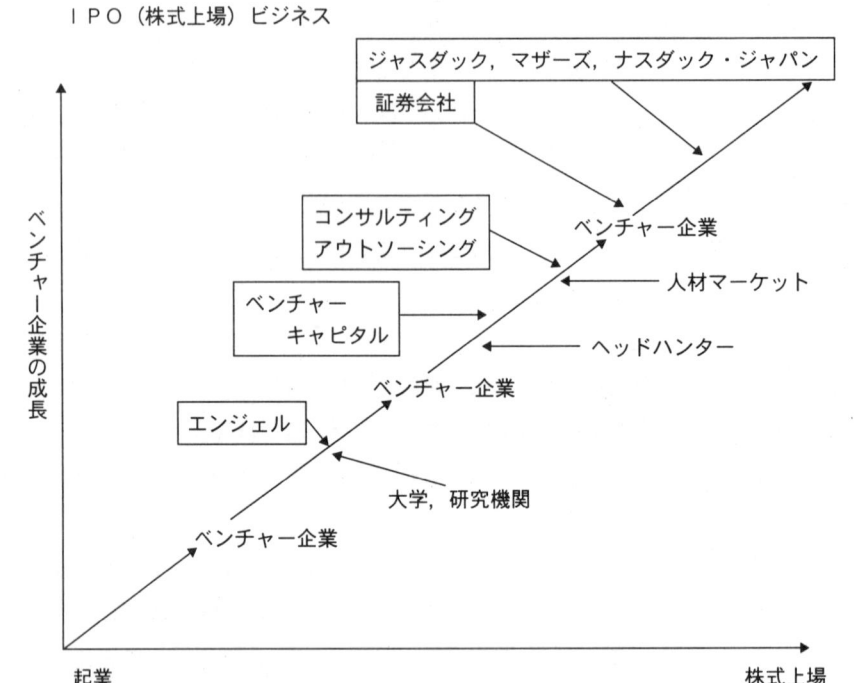

ＩＰＯ（株式上場）ビジネス

[図：縦軸「ベンチャー企業の成長」，横軸「起業」から「株式上場」への矢印上に，エンジェル→ベンチャー企業，大学，研究機関→ベンチャー企業，ベンチャーキャピタル→，コンサルティング　アウトソーシング→ベンチャー企業，ヘッドハンター→，人材マーケット→，ジャスダック，マザーズ，ナスダック・ジャパン　証券会社→が配置されている]

出所：松田修一[1998]，181頁筆者が作成。

注：アウトソーシング（Outsourcing）情報システムの構築や運用，保守といった業務をすべて一括して外部の企業に委託すること（日経経済用語辞典[2001]，3頁）。現在では様々な外部委託をさす場合が多い。

ナスダック・ジャパン現ニッポンニューマーケット「ヘラクレス」ソフトバンクの撤退により名称変更。

第10章 ベンチャーファンドの一形態

3　エンジェルとアントレプレナー

（1）エンジェルの人物像と役割

　松田［1998］は，エンジェルは「ベンチャー企業を支援する個人投資家からの資金であり，富裕層と専門職業者の多いアメリカ，ヨーロッパに多い」人物像としては「すでにＩＰＯを果たしたアントレプレナー（起業家）が多い」と述べた。アントレプレナーの成功者は自身が無の状態から立ち上がり果敢に挑戦しベンチャー企業の急成長の良い面，悪い面を熟知している。その経験を基に新しいアントレプレナーの育成に積極的に関わると考えられる。

　日本とアメリカの文化のちがいはあるがエンジェルとして活動を希望する考えは同じと考えられる。根底にあるのはハイリスクハイリターンを求めるメンターとしての喜び，地位の確保等があると考えられる。

　図表10－1でエンジェルの特徴をすでに整理したが，ここではより具体的エンジェルの人物像を取りあげる。松田［1998］は，日本でのベンチャー企業のスタートアップ期から支援するエンジェルが少ないのでアメリカ，ヨーロッパのエンジェルの平均像を中心に提示している。

　エンジェルの人物像は図表10－4において提示した。日本のエンジェル（人名，所属）については，4項と図表10－14　日本の主なエンジェルにて提示した。

　図表10－4からエンジェルの共通する人物像が読み取れるデータは，以下5点である。

　①　年齢は50歳前後
　②　自宅近くのベンチャー企業に投資する
　③　年収は10万ドル前後
　④　起業の経験，企業の経営の経験がある
　⑤　知識のある業界に投資する。

これが平均的なエンジェルの人物像と言えるであろう。

第2部　エンジェルファンドとベンチャーキャピタル

図表10－4　エンジェルの人物像（アメリカ，ヨーロッパ，日本）

松田　修一	年齢50歳，年間1社のスタートアップ期に投資する。起業経験のある専門的能力を有する個人投資家。年収10万ドル前後，自宅から50～100マイル以内に投資する。
Gaston	年齢50歳弱で圧倒的に男性が多い（平均年齢47歳で男性が全体の95％）。平均年収は9万ドル（1,000万弱）である。自ら事業経験があり，その投資する業界を知っている 83％が事業経験者。
前田　正史	投資額が数億円規模までの投資ができる。 特定の産業や技術，市場に深い知識をもっている。
秦　　信行 上條　正夫	企業経営者としての先輩起業家が多い。 スタートアップ期の起業家に対して，最適な技術指導，経営指導ができる。

出所：松田［1998］176頁，忽那［1997］(Gaston) 224頁，前田［2001］91頁，秦・上條［1996］より筆者が作成。
注：1マイル（ヤード・ポンド法長さの単位約1,609m）。

　エンジェルの役割はベンチャー企業がシード期，スタートアップ期で自己資金，親・兄弟からの資金，友人からの資金しか確保できない時に，強力にプラスできる大事な資金となる。ここにエンジェルの重要性がある。また，エンジェルの起業経験やその業界の知識をアントレプレナーに与えることにより，ベンチャー企業の成長がより早くなる効果もある。

　忽那［1997］は，アメリカにおけるエンジェル研究はニューハンプシャー大学のウェツェル教授による研究が基になっているとする。「1980年代前半のエンジェルの全体像を把握するための研究から，現在は，州，地域別，業種別の投資状況の比較，ビジネスエンジェルと潜在的投資家（potential investor）の投資行動の比較，ビジネスエンジェルとベンチャーキャピタルの投資行動の比較といった様々な視点から投資行動の特徴や独自性を明らかにする研究へと進んでいる」とエンジェルファンド研究の現状を分析した。

　さらに忽那［1997］は，いわゆるエンジェルの役割として，アメリカ，イギリスにおいて，成長初期段階とりわけシード期のベンチャー企業の資金源を

第10章　ベンチャーファンドの一形態

担っているとする。

　忽那はアメリカにおけるインフォーマル・リスク・キャピタル（Informal Risk Capital）投資の規模について，1年間の投資で，ベンチャーキャピタル投資の金額ベースで5倍，件数ベースで20倍の規模を持つと推定した。これを図表10－5に示した。

図表10－5　インフォーマル・リスク・キャピタルとベンチャーキャピタルの投資規模

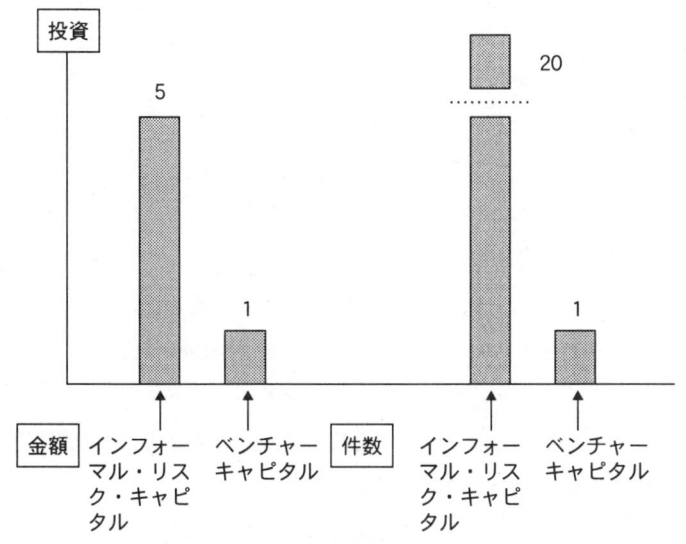

出所：忽那［1997］，224頁より筆者作成。

　秦ら［1996］は，エンジェルのスタートアップ期での投資とアントレプレナーに対する最適な技術指導や経営指導の役割を高く評価しながらも，課題も多いと指摘し，「関与方法による課題」「資金供与方法による課題」「投資事業組合運営の課題」をあげた。

　さらに前田［2001］は秦らと同様に，「エンジェルが特定の産業や技術，市場に深い知識を持っていて，資金供給以上の効果をアントレプレナーにもたらしている」とエンジェルの役割を評価した。

　ベンチャーキャピタル，ベンチャーキャピタルファンドや金融機関が資金支援をする前に，アントレプレナーを支援するエンジェルファンドが日本で少な

第 2 部　エンジェルファンドとベンチャーキャピタル

いのはアメリカ，ヨーロッパと社会インフラ（インフラストラクチャーの略）が異なるからである。

　松田［1998］によると，際だったちがいは投資先企業への役員派遣制度で，アメリカの企業では，取締役会は社外取締役と執行役員（社長など）で構成され，執行役員の数より社外取締役が多いのが通常である。ベンチャー企業においてもベンチャーキャピタルのメンバーが社外取締役として取締役会を構成し，常時，経営の一角を担っている。

　日本では公正取引委員会が1972年に，「ベンチャーキャピタルに対する独占禁止法上の取り扱いについて」というガイドラインを作成し，投資先への役員派遣を禁止していた。そのことによりベンチャーキャピタル，エンジェルファンドの投資が積極的でなかった。しかし1994年8月にようやく法改正によりベンチャー企業への役員派遣が可能となった。

　本章においてはアメリカ，ヨーロッパを中心に検証しているが，東アジア，東南アジア，西アジアにおいては株式市場の整備が1980年代からスタートしていて，とくにタイ，シンガポール，マレーシア，インドネシアの株式市場は活況をおびている。しかしベンチャー企業に対する市場がまだ未整備状態のため，今回は取り上げない。今後の研究課題としたい。

　図表10−6にてベンチャー企業支援インフラを提示する。

　次項ではエンジェルとアントレプレナーの結びつきを取りあげる。

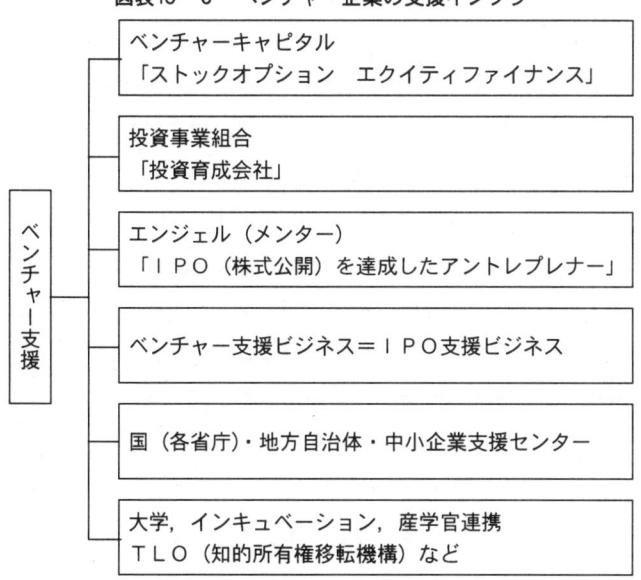

図表10-6　ベンチャー企業の支援インフラ

```
               ┌─ ベンチャーキャピタル
               │  「ストックオプション　エクイティファイナンス」
               │
               ├─ 投資事業組合
               │  「投資育成会社」
               │
   ベンチャー　 ├─ エンジェル（メンター）
   支援        │  「ＩＰＯ（株式公開）を達成したアントレプレナー」
               │
               ├─ ベンチャー支援ビジネス＝ＩＰＯ支援ビジネス
               │
               ├─ 国（各省庁）・地方自治体・中小企業支援センター
               │
               └─ 大学，インキュベーション，産学官連携
                  ＴＬＯ（知的所有権移転機構）など
```

出所：松田［1998］，148頁より筆者が作成。
注：ＴＬＯ（Technology Licensing Organization）
　　知的所有権移転機関と言う場合もある。「エクイティファイナンス（Equity Finance）エクイティ（持ち分）となる株式や転換社債，ワラント債（WB：Warrant Bond），優先株発行などがある。日本では1980年代に大量（1989年度，26兆円）発行された。
　　投資育成会社
　　1963年に制定された「中小企業投資育成会社法」に基づき設立された
　　ストックオプション（Stock Option：自社株行使価格購入権利）
　　役員や従業員の努力の成果としての報酬を市場が支払う制度，挑戦者に対する最高のインセンティブである（松田，23頁）。日本では1995年に法整備され1997年より本格導入された。
　　インフラ（Infra：インフラストラクチャーInfrastructureの略：社会的生産基盤，通信ネットワークなど）」。

（2）　アントレプレナーとの結びつき

　エンジェルとアントレプレナーとは，どこで出会いマッチングするのだろうか。小野［1997］は「アントレプレナーが自分に投資してくれそうなエンジェ

第2部　エンジェルファンドとベンチャーキャピタル

ルをどこで見つけるのかは千差万別（アメリカの社会は一般に外部のネットワークを尊重し，その領域内，同業者といった共通の関心をつなげたサークルが無数に存在）である，方法はまだ明確でない」と述べ，さらに「アントレプレナーが身近な有力者や指導教授，先輩を通して知り合ったり，諸々の交友関係や会合を経てエンジェルに出会うようなケースが多い」と現状を述べた。日本でのエンジェルとアントレプレナーとの結びつきは，各地で開催される「ベンチャーフェア」「ベンチャーマーケット」「ベンチャーセミナー」などによるところが大きい。

　日本ソフトバンクの起業時にシャープがエンジェル機能を果たしたことが，さらにソフトバンクがヤフーにエンジェル投資をすることにつながった。

　松田［1998］は，戦後の素晴らしい経済成長が，年功序列，終身雇用の幻想を生みビジネスマンは多くの職種と複数の企業や起業経験がない。起業スタート全般を指導できる能力をもっていない。しかし一生一社という意識が崩れ自己の専門能力を追求する人が多くなり，ベンチャー支援のエンジェルが急増する可能性を示唆した。

　さらに松田［1998］は，日本でのエンジェルは成功したアントレプレナーが多く，アントレプレナーのグループが後輩のスタートアップ期のアントレプレナーやベンチャー企業に資金を提供すると述べた。

　日本でもエンジェルが多くなってきているが，それはネットワークの構築が進んでいるからと考えられる。ネットワークが完備し情報が多くなれば，それだけエンジェルファンドとアントレプレナーとの出会いが多くなり，良いマッチングができる。ネットワークに関しては後述する。

　アメリカではアントレプレナーとの結びつきはどうなっているかについて，検証する。Benjamin・Margulis［2000］は，富裕資産家であるエンジェルは，彼らが精通している開発段階ベンチャー企業に投資の興味目標を絞っている。秘密度の高い特異な直接投資は情報があまりない。エンジェルはプライバシーを大切にし，エンジェルとして市場に出たがらない。エンジェルはまさしく「プライベートファンド（Private Fund）」である。彼らはプライバシーを守り，いかなる勧誘もはっきり断る。

第10章　ベンチャーファンドの一形態

　Benjaminら［2000］はエンジェルへの「売込み」方法を以下のように明らかにした。もしエンジェルがあなたに「お金」を投資することを望むなら，あなたはエンジェルに「時間」を投資しなければならない。高リスク投資を集めるには「売込み」以外にない。この「売込み」はエンジェルに友好的に投資してもらえる意思決定をしてもらうことである。図表10－7において売込みのプロセスを表にした。

図表10－7　売込みのプロセス

面と向かっての話し合い
思考様式（資金に対する考え方，投資拒絶）
事前に情報を伝えておく（ベンチャー企業，インベスター）
質問や反対意見に備える
説明する「最適」な人材を選ぶ
頼む前に事前レビューをする
チームとして説明を行う
視覚接触（アイコンタクト），体全体での表現（ボディランゲージ）を大事にし，かつ言葉をよく選ぶ
内容：ビジョンを明確に示す，価値について明確に説明する
タイミング：あまりに性急に資金要求をしない
資金をお願いする
お礼状を送るかまたはフォローの電話を入れる
データベースを更新する

出所：Benjamin・Margulis［2000］p.80を筆者が作成。

　アントレプレナーは，書類を準備するのに時間と費用をかける前に，エンジェルファンドからコミットメント（Commitment：約束）を得ることにより資金調達の効率を上げることができる。

　エンジェルによる投資を得るには2種類の書類が必要である。「ビジネスプラン」「プライベートプレースメント（Private Placement：私募）のためのメモランダム（Memorandum：メモ，覚え書き）」，すなわちリスク開示に関する書類である。基本的には投資のための積極的理由（プラス面）を提示し，リスク開示書類は投資の危険面（マイナス）を示す[4]。

　アントレプレナーがエンジェルファンドに接する時，エンジェルが実際はだ

185

れなのかを把握しなければならない。エンジェルの人物像については前述した。さらに図表10－4にてエンジェルの人物像を提示したが，図表10－8にてアメリカのエンジェルのプロフィールを図としたので参照されたい。

図10－8　アメリカのエンジェルのプロフィール

```
プロフィール
●年齢：48～59歳，男性
●大学院での学位，技術系が多い
●過去の経営経験：ベンチャー企業の起業，運営，成功企業の売却
●1投資案件当たりの投資額：2.5万～25万ドル
●一人の出資より，他の財務にたけているエンジェルとの共同歩調
●技術力のある案件を優先
●60％は自宅近くの案件を選ぶ
●ポートフォリオ投資戦略と行動力ある専門家との関係重視
●1年間の投資件数：1～4件
●分散投資や税の対策ではない，ＲＯＩが目的ではない
●投資期間：5～7年
●期待回収率：22.5～50％，最小ポートフォリオリターン：20％
●投資機会を友人や同僚から得る，もっと投資機会を求める
●収入：最低でも年10万ドル
●自力で築いた億万長者
```

出所：Benjamin・Margulis [2000] p.123を筆者が作成。
注：ROI(Return On Invetment：総資本利益率，投資利益率) 投下した資本の利益。ポートフォリオ（Portfolio）リターン相場下落時でも安定運用を目指す投資方法，あらゆる投資方法を駆使し高いリターンを求める。日本では1987年に商品化。ポートフォリオインシュランス（Portfolio Insurance）とも言われる。

（3）エンジェルからの資金調達と関わり合い

　効果的にエンジェルを探すにはエンジェル像をくわしく知る必要があると考える。やみくもに行動しても成果は上げられない。富裕な個人投資家であるエンジェルはもともと投資する必要がない。しかしエンジェルよりの投資を追い求めるなら巧みさと粘り強さを必要とする。

　ベンチャー企業を始めようとするアントレプレナーは懸命に資金調達手段を

第10章　ベンチャーファンドの一形態

見つけようとする。どこにいるかわからないエンジェルを求めて情報収集からスタートする。出版物からインターネット，住所録，インキュベーション（Incubation：事業孵化器）施設，ベンチャーフェアなどが一般的である。この資金調達先のアメリカでの事例を図表10－9にて提示しているので参照されたい。

図表10－9　エンジェルを見つけるには，どこから探しはじめればよいか

ニュースレターおよび出版物	環境，投資家ニュースレター 個人未公開株式レビュー
インターネット電子ネットワークおよび投資資本	Ace-Net, Financehud, Moneysearch Adventure-capital, Idea cafe, Scor-Net Direct Stock Mar-ket, Iponet, Witcapital, Edie-Online, Moneyhun-ter Yourbusiness
コンピュータマーケティングネットワーク	The Capital Network, NorthCarolina Investor Network CD A／Investnet Pacific Venture Capital, Investor Circle Seed Capital Network Kansas Venture Capital Network Venture Capital Network, MIT Ven-ture Capital Network, Ventre Connect Website
ベンチャー会議	キャピタルコンファレンス（Capital Conference） アメリカ広域中西部会議（The Great Midwest Venture）
住　所　録	プラットガイド（Pratt's Guide） プライベートフォーチュンズ（Private Fortunes） バンカーク（Vankirk） プライベートエクイティ名簿（Private Equity Direc-tory）
ソフトウェア	データマージ社（Datamerge） データクエスト社（Dataquest） オールリサーチ社（All Research, Inc）
インキュベーター	アクセレレータテクノロジー社（Accelerate Tec-hnology）
フォーラム	ベイエリアベンチャーフォーラム オレンジカウンティベンチャーフォーラム MITエンタープライズフォーラム

出所：Benjamin・Margulis［2000］p.201。

　図表10－9からはエンジェルを見つける手段が出版物からインターネットへ移行していることが見てとれる。情報収集の主体は世界的にインターネットになりつつあるがエンジェルについてはインターネットに載らない部分も多いと

第2部　エンジェルファンドとベンチャーキャピタル

考えられる。たとえば地道であるが，エンジェルの朝食会，ベンチャーフェア，ベンチャー会議，ベンチャーショー等にて，足を使うことが重要である。

　Bygrave［1994］はエンジェルを見つける方法を多数発表した。

① 家の近くで探す。ほとんどのエンジェルは，半日のドライブで行けるベンチャー企業に投資する。

② 業界や技術に馴染みがある人を探す。事業に興味をもってくれる。

③ 多くのエンジェルは，チャリティや地域の活動に積極的だ。地方新聞の記事や市民団体などのスポンサー，役員名簿の中から名前を見つける。

④ エンジェルの多くは，仕事だけでなく趣味でもリスクを恐れないため，個人の飛行機やヨットはＦＡＡ（アメリカ連邦航空局）やＵＳコースト・ガード（沿岸警備隊）に登録しなければならない。この登録は一般に公開されている。

⑤ 州の自動車事務所に行って高級・高性能車の持ち主を見つける。

⑥ ベンチャー企業を専門に顧客としている弁護士，特許弁護士（弁理士），経理士（税理士・公認会計士），ベンチャーキャピタリスト，経営コンサルタント，バンカーにあたる。

⑦ 資金を集める6ヵ月前には，エンジェルをリストアップする。

　これらがエンジェルと出会える第一歩といえる。資金援助だけでなく専門分野での助言や企業ネットワークの紹介までしてくれる。まさに天使と言える。

　アメリカのエンジェルの一例としてはエレクトリック・データ・システムのアントレプレナー（スティーブ・ジョブス）が，ネクスト社が起業した際に同社アントレプレナーに対して資金援助を行った。

　ＩＰＯ達成エンジェルの平均投資額は，200〜300億ドルにものぼるとされている。ロス・ペローやビル・ゲイツなどの成功者ばかりがエンジェルになるわけでなく1万ドル〜50万ドル程度の少額の投資を行うエンジェルの存在がアメリカのベンチャー企業への投資の一端を担っている[5]。エンジェルがベンチャー企業へ投資する場合，どの程度そのベンチャーへ関わってくるのか見てみる。図表10－10にて関わりのレベルを表示した。

第10章　ベンチャーファンドの一形態

図表10-10　エンジェル（個人投資家）の関わりレベル

| 取締役の席をもつエンジェル | 略式のコンサルタント型投資家 | 非常勤または常勤の経営投資家 | 投資家所有者 |

あまり活動的でない　　　　　　　　　　　　　　　　　　　　より活動的

出所：Benjamin・Margulis [2000] p.132。

　関わり合いのレベルは，経営者の業績および投資家の投資リスクに依存して両方向にめざましく変化し得る。Benjaminら [2000] は，受動的エンジェルは取締役会の席をもらうことで決着するか，または定期的に詳細な財産報告書を提出することを要求するが，最高経営責任者にはなりたくないと考えた。

　コンサルタント投資家は，投資とコンサルタント業務の両輪でベンチャー企業に関わり合いをもとうとする。

　次にHarrison・Mason [1996] の研究の中で，どこにエンジェルファンドがあるか，Wetzel（ニューハンプシャー大学）の調査をもとにエンジェルファンドがどのように一般の人に見られているか紹介する。エンジェルにとって身近で，信頼できる投資情報源は，ほとんどが友人や同僚に限られていた。これが最も大きな問題であった。

　Wetzeは，投資マーケットが非効率であるということを立証した多くの研究を引用して，エンジェルをうまく探せない人，それを探そうとする人，特にアントレプレナーに失望感を与えた。

　1988年に出版された研究報告書「リスクのある投資をするエンジェル」に関する調査でも，投資における最初の身近な情報源は親類や友人であることが確認された[6]。

　エンジェルからの資金調達関係は，エンジェル，アントレプレナー両方にとって「手さぐり」状態と考えられる。あまりにもマッチングの機会が少ないと，ウェツェル教授が述べたように「非効率」である。しかし，少しずつであ

第2部　エンジェルファンドとベンチャーキャピタル

るが，エンジェルファンドネットワークも整備されつつある。

　初期的なベンチャー企業，アントレプレナーは，エンジェルとの出会いに90％の力をそそぐ。「非効率」の出会いを求めてさまざまな手法をもちいる。しかし初期段階（シード期）に力強い味方になるエンジェルは，友人，家族，親戚，同僚である。エンジェルから見た取引は，1998年のＩＣＲ（Internatioal Capital Resources）の調査で57％を上記の友人等が占めた。31％が専門機関から，12％が他となっている。この調査結果を図表10-11で提示する。

図表10-11　1998年ＩＣＲによる600人の投資家からのアンケート結果

友人，家族，親戚，同僚との取引 57%	専門機関からの紹介 31%	その他 12%

出所：Benjamin・Margulis [2000] p.198（ＩＣＲ）より筆者が作成。

　図表10-11のようにアントレプレナー，エンジェル共に「手さぐり」の中で出会っている。その後ネットワークの確立が進み，さまざまなマッチングシステムが現われている。

　忽那［1997］は，アメリカのエンジェルの動きを，Roberts［1991］の調査より分析した。アントレプレナーは起業時の資金調達においては，圧倒的に自己資金に依存しているベンチャー企業が多い。調査のサンプル企業154社のうち74％にあたる114社が自己資金に依存している。

　この中でエンジェルに依存しているのは，11社，構成比にして7％を占める。その後の追加資金の依存は24社，構成比34％とエンジェルの依存度は急激にアップする。さらに特長として追加資金でＩＰＯと事業会社からの資金がそれぞれ11社，構成比それぞれ15％と起業後の認知度アップによってエンジェルファンド外の資金調達先が増加する。この調査結果は図10-12にて提示する。

第10章　ベンチャーファンドの一形態

図表10-12　アメリカにおけるハイテク・ベンチャー企業の資金調達状況（単位：社．％）

	起業時の資金調達先		追加資金の調達先			
	第1次調達		第2次調達		第3次調達	
	企業数	構成比	企業数	構成比	企業数	構成比
自己資金	114	74	5	7	4	13
親族，友人	8	5	4	6	0	0
エンジェル	11	7	24	34	9	29
ベンチャーキャピタル	8	5	9	13	2	6
事業会社	9	6	11	15	3	10
銀行	0	0	7	10	8	26
IPO	4	3	11	15	5	16
合計	154	100	71	100	31	100

出所：Roberts [1991] p.143, p.191より忽那 [1997]，19頁作成を筆者が作成。

忽那 [1997] のエンジェルの研究により，エンジェルからの資金調達の詳しい内容が次々に明らかにされている。エンジェルとベンチャーキャピタルの投資金額の違いについては，図表10-5でも提示したように，金額でエンジェルの方が5倍，件数で20倍の規模をもっている。

Wetzelら [1990] の研究を，忽那 [1997] がさまざまな角度から分析し，エンジェルとベンチャーキャピタルの対比，またアントレプレナーやベンチャー企業に対する各投資段階（シード期，スタートアップ期，アーリーステージ期等）の件数，金額の構成比率を図表にしている。

図表は今回ベンチャーキャピタルもデータとして構成されているため，図表10-13にて参照されたい。

第2部　エンジェルファンドとベンチャーキャピタル

図表10-13　エンジェル，ベンチャーキャピタルの投資段階別構成

投資段階	個人投資家（エンジェル）				ベンチャーキャピタル			
	件数	構成比	金額	構成比	件数	構成比	金額	構成比
シード	52	29	12	16	11	6	11	3
スタートアップ	55	31	29	38	38	22	63	7
第1段階	29	16	13	17	56	32	118	2
第2段階	26	15	15	20	46	27	111	0
第3段階	10	6	2	3	19	11	59	6
ブリッジ	5	3	5	6	3	2	8	2
合　計	177	100	76	100	173	100	370	100

出所：Freear・Wetzel［1990］より忽那［1997］，226頁作成を筆者が作成。

　小野［1997］は，忽那と同じくWetzelの研究の中で，「アメリカエンジェルのベンチャー発展段階別の投資割合」をグラフ化した。忽那が分析したように，小野も各フェイズ（Phase：段階）ごとに投資割合を計算した。

　本章でエンジェルの定義，形成，人物像，役割，アントレプレナーとの結びつき，資金調達を考察してきた。ここでBenjaminら［2000］の「資金源としてのエンジェル」について述べる。

　シエラ・デザイン社（Sierra Design）の前社長でデジタルレコーズ・コーポレション社（Digital Records Corporation）の創業者でもあるカス・アップル（Cas-Apple）は，機関投資家ではなくエンジェルに対して関心を向けるようになった動機は，エンジェルが投資する代わりに経営に口を差し挟むという了解のもとに，個人ベースのベンチャー企業に喜んで大型の投資を行うことができるからであると述べた。

　またアップルはサンフランシスコ・ビジネスタイムズ紙上で，次のように述べた。「ベンチャーキャピタルは，相当先までうまくいけることが，見えているときしか投資しないが，アントレプレナーがエンジェルと組むのは，スピードときめ細かな打合わせができることである」。

これらのエンジェルに会うには長期的な粘りも必要としている。一例として、ジュリアン・ダラ (Julian Dara) をあげる。ジュリアンはその著書『西部の巨人 (Giant in the West)』の中で「ジョセフ・シュトラウス (Joseph-Strauss) は金門橋を建設する資金集めに19年間苦心した」と書いている。19年かかってやっとシュトラウスはA.P.ジヤニーニ (A.P.Giannini) に出会い、600万ドルの融資を受けた。

なぜエンジェルはハイリスクのシード期、スタートアップ期のベンチャー企業、アントレプレナーに投資をするのか。安全な株式市場やさまざまな金融商品がある中、あえて投資するのは「エンジェルがインベスターとして、自身で新たにベンチャー企業を起こすより、若い才能あふれるアントレプレナーにメンターとして、企業を育てる喜びと、ハイリターンを求めるところにある[7]」と考える。

次節において、エンジェルについてさらに深く掘り下げたいと考える。これまで日本、アメリカの事例が多かったが、ヨーロッパも取りあげたい。

4　日本、アメリカ、ヨーロッパのエンジェルファンド

(1)　日本のエンジェルファンド

北海道経済産業局 (新規事業課) の調査 [2000] による日本のエンジェルファンドは、エンジェルとアントレプレナーの最大の課題として、お互いの情報不足をあげた。エンジェルのほとんどが、いままで出資や会社経営、企業支援を経験している。支援目的は「地域振興」「企業育成」「高収益」等である。

エンジェルの情報収集は「経営者から」「専門家から」等である。投資額は「年間500万円以下」が60％、投資形態は半数が「個人単独」を希望する。

また、アントレプレナーの開業時の課題は、「開業資金」が60％、開業資金は「500万円以下」40％、半数が自己資金と親戚からの資金調達である。

今回の調査では、50％の人がエンジェルの存在を知らない。そして、エンジェル支援の「受入意向」と「受ける意思なし」がそれぞれ30％と同数存在し

第2部　エンジェルファンドとベンチャーキャピタル

た。

　上記調査においてエンジェルファンドを組織する山田郁夫によると，日本の経済の停滞，閉塞感から抜け出るために，政府，民間とも日々努力中である。新規開業より廃業が多いと言う現状打破のため，大学発ベンチャー1,000社（3年で）計画を提唱し，シーズとニーズの出会いのため「デジタル・ニューデール（DND）」プロジェクトなど政策展開がされている。

　金融不況でアントレプレナーに逆風が吹く日本でも，個人資産をエンジェルファンドや投資事業組合の形にして，起業を支援する活動が全国で始まっている。事例としては，東京目黒のエンジェルファンド「エコ社会投資組合」，エンジェルファンドの「ウエル」がある[8]。

　日本のエンジェルについては後で図表にして提示するが，エンジェルとして第1人者である京都にある堀場製作所を取りあげる。1953年にエンジェルの出資によって設立され，戦後の無の状態から堀場雅夫が立ち上げた。現在では，日本で数少ないエンジェルの1人である。堀場の投資方針は「自分の人生を賭けるという気持ちが伝わってこないとお金は出せない」である[9]。

　柳[1997]は，エンジェルの多くが成功したアントレプレナーである。次世代のアントレプレナーを育成することと，キャピタルゲインを得ることの2つの目的がある。このため投資先は自分の知っている業界や，興味ある分野に特化し投資する，さらに自らのネットワーク（Network）を使ってメンターとして，アドバイスをすると述べた。日本の主なエンジェルを図表10-14にて提示する。

　日本でのエンジェルの活動が，アメリカのエンジェルと同じようにあまり表面に出ていない。なぜかというと「エンジェル税制の不備」がある。アメリカ，ヨーロッパに比較しても内容が劣る。

　エンジェル，エンジェルファンドの活動が日本でもっと活発になれば，ベンチャー企業やベンチャーキャピタル，ベンチャーキャピタルファンドも育ち，経済は確実に上向くと考えられる。

　日本のエンジェルの代表例を図表10-14より，堀場以外に2名あげる。CSKの大川とトステムの潮田である。彼らが投資してIPOした会社が各2社ある。

第10章　ベンチャーファンドの一形態

図表10-14　日本の主なエンジェル

ＣＳＫグループ	大川功
トステムグループ	潮田健次郎
日本電産	永守重信
北部通信工業	川村斉
エイチ・アイ・エス	澤田秀雄
アルプス技研	松井利夫
シダックス	志太勤
みずき	金山昇一
オムロン	立石一真
堀場製作所	堀場雅夫

出所：柳［1997］30頁，「日経ネットライナー」1999.11月号より筆者が作成。

　ＣＳＫの投資先は，亜土電子工業（電子商社，パソコン小売），ベルシステム24（テレマーケティング）で，それぞれ出資比率は，25.8％と26.1％であった。トステムは，日商インターライフ（内装下請け工事），アイフルホームテクノロジー（木造住宅）に出資し，比率はそれぞれ22.6％と72.3％となっている[10]。

　秦ら［1996］は，大川や潮田らは「第１次アントレプレナーエンジェル」と言えると述べた。投資のタイミングがスタートアップ期投資（アントレプレナー，エンジェル）とは限らず，ベンチャー企業経営が行き詰まった時の投資（救済型エンジェル）もある。

　日本では，成功したアントレプレナーがエンジェルファンドを形成することが多いので，その結果投資を受けたベンチャー企業は成功したアントレプレナーのベンチャー企業の子会社になり得る。これにより独立性のないベンチャー企業は，本来のベンチャー企業ではなくなる。

　日本でのエンジェルファンドは成功したアントレプレナーや財界トップ企業によるベンチャーキャピタルファンドと区別がつきにくい面がある。たとえば，1996年２月１日に設立した日本ベンチャーキャピタル（NVCC）は，アントレプレナー，エンジェル，財界トップ含めて17社の出資によるが，投資は投資事業組合によって行われる。この例はエンジェルとベンチャーキャピタルのジョ

イントと言える。

　さらに秦ら［1996］は、「エンジェルの投資目的は、支援先のベンチャー企業がIPOすることにある」と、目的をメンターよりも上のフェーズに位置付けた。しかし、IPOに関するメンターが最終的に必要となると考える。

　日本でのエンジェルファンドの新しい動きが見られるようになってきている。2002年7月16日に大阪で開かれた「関西を元気にする会（出席者約70名）」では、「意欲ある企業に投資しベストを尽くす」と概要が発表された。新ファンドは1口1,000万円で総額3億〜5億円を目標としている。同会はIPOを目指すベンチャー企業を支援する会員組織である[11]。

　日本でもエンジェルファンドができつつあるがベンチャーキャピタルファンドや銀行融資との違いとしては「あいまいさ」が残っている。ベンチャーキャピタルファンドや銀行融資であって実はエンジェルファンドであったりする。しかし、「あいまい」であっても、ベンチャー企業に対して両者共、発展におおいに貢献していると考える。次項では、エンジェルファンドの先行地のアメリカ、ヨーロッパのエンジェルファンドを検証する。

（2）　アメリカ，ヨーロッパのエンジェルファンド

　1980年代の日本は、「もうアメリカに学ぶものはない」と言った。そのアメリカが1990年代に再び世界経済の中心となれたのが、IT関連ベンチャー企業の急成長であった。急成長を支えたのが、エンジェル、エンジェルファンド、ベンチャーキャピタル、ベンチャーキャピタルファンド、新興株式市場ナスダック（NASDAQ：National Association of Securi-ties Dealers Automated Quotation：1971年全米証券業協会NASDが設立した株式店頭市場）等である。

　特に知的所有権、知識経営を武器にマイクロソフトは、世界中のIT関連ソフトを独占した。エンジェルファンドの多いルート128、シリコンバレー、シリコン牧場等から急成長し世界企業になったのは、デル、マイクロソフト、アップル、サンマイクロシステムズ、ヤフー、ロータス、アマゾンドットコム、ヒューレット・パッカード、ネットスケープ、オラクル、シスコシステムズな

第10章　ベンチャーファンドの一形態

どである[12]。

　小門［1996］によると，アメリカのエンジェルの代表的人物は，キャピタリストのアーサー・ロックではなく，スタンフォード大学のフレデリック・ターマン教授である。1937年大学院生ウイリアム・ヒューレットとデビッド・パッカードに，彼らの設計したオシロスコープの事業化を進め，エンジェルとして投資した。その他，リットン社，バリアン社を育てた。

　特にシリコンバレーでは，技術者が見知らぬ紳士（エンジェル）にサポートされ，起業する例が後を絶たない。エンジェルは，不動産に投資するのではなく，若い有能な人物に投資する。資金だけでなく，その事業に主体的に関わっていく。まさにメンターと言える。アメリカ，特にシリコンバレーの代表的なエンジェルを，図表10－15にて提示する。

図表10－15　アメリカの主なエンジェル

育てたベンチャー企業	エンジェル名
ヒューレット・パッカード	フレデリック・ターマン
ラズナ	ポール・イーライ
カウンター・ポイント・コンピュータ	稲盛和夫
ヤフー	ジム・クラーク
スターライト・ネットワーク	チャーリー・バス
ベータム	ジョージ・モロー
ピコ・パワー・テクノロジー	三洋セミコン平強会長
アトメル	三洋セミコン平強会長
ISD	三洋セミコン平強会長
SST	三洋セミコン平強会長
アイプラネット	ロバート・リー
クレッセンド・コミュニケーション	テリー・イーガ
ニューポート・システムズ	テリー・イーガ
エイムネット	ジー・リー

出所：小門［1996］より筆者作成。

　図表10－15から読み取れるように，成功したエンジェルは次々と投資の連鎖を繰り返す。
　エンジェル的投資のメイフィールドはシリコングラフィックス，カンタム，

第2部　エンジェルファンドとベンチャーキャピタル

ミップス・コンピュータ・システム、バックマン・インフォメーション、ノレッジ・アドベンチャー、スリーコム、コンプレッション・ラボ、アスペクト・テレコミュニケーション、ＬＳＩロジック、サイプレイス・セミコン、ラム・リサーチへ投資し成功した[13]。

シリコンバレーを代表するベンチャー企業を育てたメイフィールドは、エンジェル的投資により大手ベンチャーキャピタルに成長したと言える。

枝川［1999］によると、アメリカを代表するベンチャー企業のインテルのアントレプレナー、ノイスとムーアは、アーサー・ロックからスタートアップ資金を受けた。前にも述べたように、アーサー・ロックはベンチャーキャピタルであるが、インテルの場合エンジェル的に250万ドルを投資した。

なぜエンジェル的かと言うと投資を受ける時ノイスとムーアは、アイデアだけで何も商品を持っていなかったからである。アーサー・ロックと共に投資したのは、ノイスの母校、グリンネル・カレッジの30万ドルであった。

これまではシリコンバレー中心にエンジェル活動を述べ考察しているが、次にアメリカ国内のシリコンバレー、ルート128、シリコン牧場以外でベンチャー企業活動の盛んなテネシー州を取りあげる。

Harrisonら［1997］により、テネシー州中心にエンジェルの動きを明らかにする。ルート128やシリコンバレーと極めて異なる地理的条件を有しており、テネシー州は、多くの点でアメリカ中部の平均的な地域である。巨大都市は存在せず（最大の都市ノックスビルで1990年の人口は約17万人）、主要な産業もほとんど存在しない。しかし、大学（ヴァンダービルト大学等4校）が多く州立大の学生だけで約3万人がいる。さらにベンチャー企業クラスター地域の条件に合う、多くの研究機関（オークリッジ国立研究所、マーチンマリエッタ、ＴＶＡ、テネシー州技術財団他）が立地している。

Harrisonら［1997］は、ノックスビルおよびオークリッジ周辺の4つの郡において900人の個人にアンケート調査を行った。調査対象としては、他のエンジェル調査で関連されるとされた地域のリーダー、経営幹部、特定の専門家集団に属する人を選定した。

第10章　ベンチャーファンドの一形態

　回答者493人（回答率55%），うち有効回答473人（有効回答率52.5%）であった。有効回答者のうち214人が過去5年以内にエンジェルとして投資をした。なお69名は，過去にエンジェルとして投資した経験をもっていた。

　エンジェルは一般的に投資に対するリスクが高く，不確実性な投資と言える。なぜリスクの高い投資をするのか。ハリソンらの調査からエンジェルの投資目的を以下に提示した。

- 株価の値上がり益（ハイリターン）
- 配当の蓄積
- 税制上の特典
- 友人や家族に対する支援
- 投資によりベンチャー企業に対しての発言権が得られる
- アントレプレナーの役割を果たすことの楽しみ
- 興味ある産業に投資し育てる楽しみ
- 地域発展に貢献できる
- 社会に求められて，社会貢献する喜び
- 地域において名声を得ることができる

　投資目的は明らかに金銭的なものであるが，一部のエンジェル投資家は非金銭的であった。アメリカの調査であるが，日本でもエンジェルの数は少なく，同じような投資理由が出てくるものと考えられる。

　ヨーロッパ（本章はイギリス中心）では，エンジェル研究は1990年初頭から行われている。1993年において17のエンジェル，ネットワークが存在した，1996年にその数は40に増加した。その後，西ヨーロッパ，オーストリアでもエンジェル，ネットワークが設立された。

　ヨーロッパにおいては個々のエンジェルの活動よりネットワーク型が多いものと考えられる。

　Harrisonらは，イギリスのエンジェルの現状はACOST（Advisory Council on Science and Technology：イギリス科学技術審議会）の提言「新規創業を促進させるためには，エンジェルからの投資を促進せねばならない」との言葉で表現され

第2部　エンジェルファンドとベンチャーキャピタル

ていると考えた。またACOSTの更なる提言は「エンジェルの資金量などの正確な調査資料がない」ことを指摘した。

そしてアメリカに比べてエンジェル活動が不十分であることを明らかにした。しかし，イギリスでも，1980年代にはエンジェル活動ははじまっていた1990年代にはエンジェルとベンチャー企業のマッチングシステムの整備が進められていた。エンジェル活動は，時を同じくしてスカンジナビア諸国でも生まれていた。

1980年代のイギリスにおいては，所得税の最高税率の引き下げストックオプション，割増退職金制度，大企業による中小企業の買収などにより多額のキャピタルゲイン（Capital Gain：資本的資産売却益）を得たアントレプレナーや経営者が増加し，その資金がエンジェルとしてベンチャー企業へ流入した。

イギリスのエンジェルの投資は一生に1回程度であり，平均的な投資実行率（投資実行件数／投資案件紹介数）は8％程度である。投資案件は友人や親戚に紹介されることが多い。1件当たりの投資額は，1万～3万ポンドであり，投資金額が多くなるとシンジケート（Syndicate：企業連合）を組む場合もある。投資手段としては，株式，融資，債務保証，担保提供などがある。

エンジェルはあらゆる業種に投資しているが，投資時期はシード期～スタートアップ期に集中している。エンジェル人物像のところでも述べたようにアメリカと同じく地理的にも自宅に近いベンチャー企業に投資している。

投資を受けたイギリスベンチャー企業がＩＰＯをめざす先は，ＡＩＭ(Alternative Investment Market：イギリスのベンチャー企業向け店頭市場，ロンドン証券取引所運営）である。ＡＩＭでは株式公開企業の利益，資産，株数等の数値基準は一切なく，1995年6月の開所以来2001年4月末で550社の上場があった（日経経済用語辞典[2001]p.324）。今回は日本やアメリカの事例ように具体的にエンジェル名をあげられないのが残念である。次回の研究の課題としたい。

Harrisonらのイギリスでの調査によるエンジェルの投資状況を図表10-16にて参照されたい。

図表10-16 エンジェル（イギリス）の投資状況

	LINCに登録しているエンジェル	その他のエンジェル
回答数	53	86
直近3年間に投資したエンジェル数	33	60
同上比率	62	70
実際に検討した案件割合(%)	10	17
直近3年間の投資実行数	76	172
投資実効率(%)	2	8
直近3年間のエンジェル平均投資額	10万ポンド	2万2000ポンド
1社当たりの平均投資金額	3万ポンド	1万ポンド以下
シンジケートを組んだ場合(%)	42	36

出所：Harrison・Mason [1997] p.17より筆者が作成。
注：図表の中のLINCとはThe Local Investment Networking Companyのことである。

　図表10-16からも読み取れるように，ネットワークに加盟しているエンジェルより非加盟のエンジェルは2倍の投資実行を行った。さらに実行件数においても2倍となっている。しかし投資実行金額は反対に加盟の方が2倍となった。また加盟して行動するエンジェルは資金量が多いことが明らかになった。

　Harrisonらは，イギリスのエンジェルが投資案件を，どのように得ているのかを検証した。ベンチャーキャピタルのような人名録もなくアントレプレナーがエンジェルを求めるように，エンジェルもアントレプレナーを求め発掘に時間をかけすぎ徒労に終わることも多いと考えられる。投資案件や投資内容を決める発掘能力は，友人や親戚，仕事関係者からの紹介をどれだけ得られるかに依存する。非加盟のエンジェルの投資案件発掘に対する不満は多い。その不満をハリソンらは調査し図にした，図表10-17を参照されたい。

　アントレプレナーとエンジェルの不満解消に役立っているイギリスのLINCは，1987年に創設され，各地の企業支援および投資仲介機関を結びつけ，全国的なネットワークを構築している。詳しくは後で各国のエンジェルネットワークを取り上げる際に紹介する。

第2部　エンジェルファンドとベンチャーキャピタル

図表10-17　エンジェルが投資案件を入手する経路に対する不満

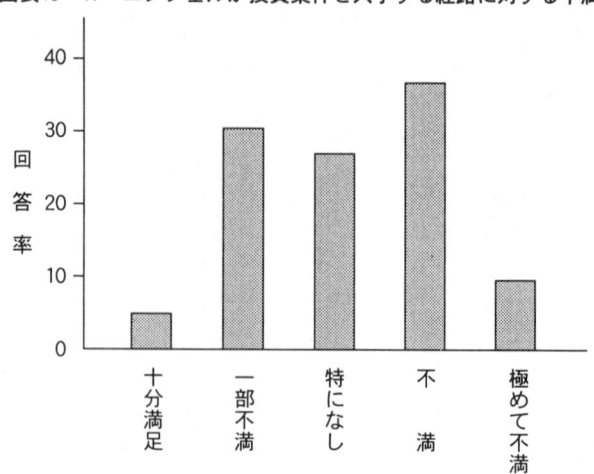

（縦軸：回答率／横軸：十分満足、一部不満、特になし、不満、極めて不満）

出所：Harrison・Mason [1997] p.20。

（3）　日本，アメリカのエンジェルファンド比較

　本項においては，日本とアメリカのエンジェルファンドの比較をする。イギリスでは，エンジェルファンドネットワークが発達していることから，次項にて詳しく述べることにする。エンジェルの直接投資とファンドを組んでの投資があるが，本章ではエンジェル投資全般をエンジェルファンドとする。

　エンジェルファンドとベンチャーキャピタルファンドが積極的に投資することにより，ベンチャー企業は急成長できる。エンジェルファンドが多数集まることにより，1年～3年でIPOまで達するベンチャー企業が登場している。日本でのエンジェルファンド投資は，一般的にベンチャーキャピタルの呼びかけによる形成が多く存在する。このことは，日本のエンジェルファンドが他人まかせで，ハイリスクハイリターンの投資をしていることになる。つまり日本とアメリカのエンジェルファンドの性質が違っていると考えられる。

　アメリカのエンジェルは，自分自身の活動による直接投資が大部分を占めている。しかしネットワークを即決で組むこともある。

　日本のネットワークは，名称がエンジェルファンドとなっている。ベン

チャーキャピタルファンドが主流である。日本とアメリカのベンチャー企業の起業時の資金調達先の比較図を作成した。図表10－18を参照されたい。

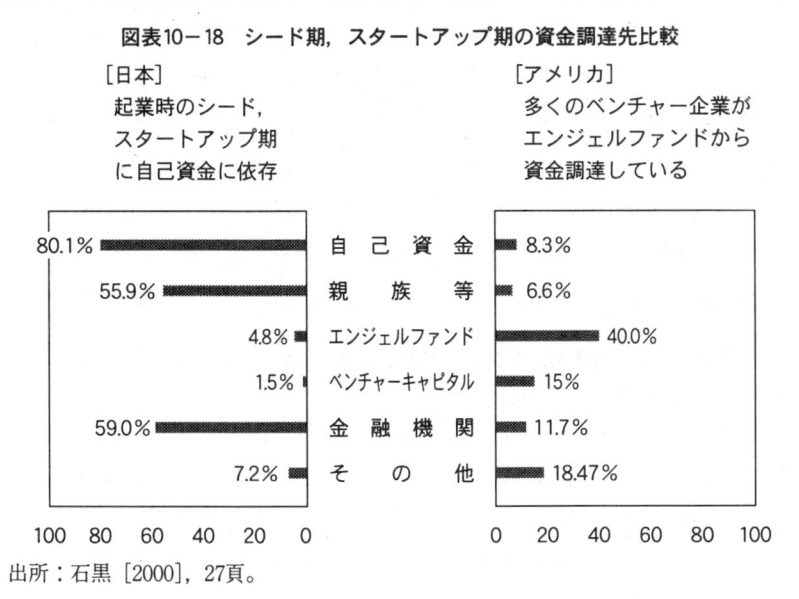

図表10－18　シード期，スタートアップ期の資金調達先比較

［日本］
起業時のシード，
スタートアップ期
に自己資金に依存

［アメリカ］
多くのベンチャー企業が
エンジェルファンドから
資金調達している

日本	項目	アメリカ
80.1%	自己資金	8.3%
55.9%	親族等	6.6%
4.8%	エンジェルファンド	40.0%
1.5%	ベンチャーキャピタル	15%
59.0%	金融機関	11.7%
7.2%	その他	18.47%

出所：石黒［2000］，27頁。

　日本のシード時，スタートアップ期は自己資金が80.1％とアメリカの約10倍である。エンジェルに関しては，日本の親族等をエンジェルとするとアメリカとほぼ同じである。その他で目立っているのが日本の金融機関からの資金導入が非常に多い点である。またベンチャーキャピタルが早くから投資しているのは，アメリカの方である。

　日本ではベンチャーキャピタルや金融機関でさえ，金融商品にエンジェルファンド等をネーミングし，一般的には区別がつきにくくなっているのが現状である。

　アメリカのエンジェルファンド・ネットワーク規模を日本で展開できれば，仮説であるが，アメリカ以上のエンジェルを発掘できると考えられる。

　2003年度の日本経済は成長率1％しかない。中国では毎年10％前後成長し，世界の工場と呼称されている。中国ではインキュベーション施設の設置が盛んであり，上海においては研究学園都市開設等，次々に経済政策が行われている。

第2部　エンジェルファンドとベンチャーキャピタル

　本章においては中国を含めて東アジア，特に東南アジア（タイ，シンガポール，マレーシア，インドネシア）は，次の課題として今回は取り上げない。

　ドイツにおいても，1997年ころからベンチャー企業支援のレギオン（Region：インキュベーション地域）等を発足させ日本を上回る勢いである。

　日本は第1次ベンチャー企業ブームから，すでに30年以上経っているが，エンジェルファンドシステムがまだ確立してないと考える。日本の個人資産は，1,400兆円と言われている，この資金がエンジェルファンドに流入するように，システムを構築できればと考える。低金利時代の今，エンジェルファンドを設立する絶好のチャンスと見る。

図表10-19　日本およびアメリカのエンジェルファンド・マトリックス

出口戦略（Exit Strategy）

```
                  │
       ┌────┐     │
       │IPO │     │
       │(出口)│    │
       └────┘     │        アーリーステージ期
         ↑       │
         │       │
       ┌────┐   ┌──────┐
       │ベンチャー│←──│ベンチャー│
       │ 企　業 │   │キャピタル│
       └────┘   │ファンド │
         ↑   ＼   └──────┘
─────────┼────◇──────────────
         │    ＼
       ┌────┐   ┌──────┐
       │エンジェル│  │アントレ │
       │ファンド │  │プレナー │
       └────┘   └──────┘
                  │
  スタートアップ期    │     シード期
```

出所：筆者作成。
注：出口戦略はベンチャー企業への投資の回収方法。

第10章　ベンチャーファンドの一形態

日本とアメリカの，エンジェルファンドの比較において，エンジェルファンドからＩＰＯへの共通のマトリックスを提示する。図表10-19を参照されたい。

5　エンジェルファンド

(1)　エンジェルファンド・ネットワーク

　金井・角田 [2002] は，エンジェルの住所，名前を公表すると，多数のアントレプレナーからの出資依頼が殺到するため匿名で出資することが多い。このため，エンジェルのベンチャー企業向け投資環境は，エンジェルがどこにいるのかわからず，アントレプレナーが十分に事業計画をＰＲできない状況にある。また，エンジェルの方も，投資案件の把握ができない状況がある。すなわち，投資市場としては非効率である。

　このような状況を打破するには，コンピュータによるマッチングシステム (Matching System：組合わせ制度) が必要となる。マッチングシステムには，アントレプレナーやエンジェル以外に，ベンチャー企業，ベンチャーキャピタル，ベンチャーキャピタルファンド，金融機関，証券会社，機関投資家，会計事務所，法律事務所，経営コンサルタント等を中心とするネットワークの構築が不可欠である。

　日本での，エンジェルファンド・ネットワークの構築はスタートしたばかりである。2002年に最初のネットワークが設立された。

　本項においては，日本最初のネットワークを取り上げアメリカ，イギリスの先行ネットワークを検証する。

　日本最大で最初のエンジェルファンド・ネットワークが2002年に誕生した。名称は「全国エンジェルズ・フォーラム連合（東京）」であり，参加人数は，約2,000名である。

　設立の目的は，井浦代表によると「アントレプレナーがインベスターに出会えるチャンスを拡大するため」である。参加しているのは，「日本エンジェルズ・フォーラム（ＮＡＦ東京）」「かがわニュービジネスサポート協会（香川）」「八

戸エンジェルズ・フォーラム（青森）」など8団体である[14]。

Harrisonら［1997］は，アメリカにおけるエンジェル・ネットワークの最初の設立を，1984年ニューハンプシャー大学ウイットモアビジネススクール，Wetzel教授のエンジェル・ネットワークとした。Wetzel教授と助手によって開発，改良された投資仲介モデルにて1984年以来アメリカの19州とカナダの計21のエンジェル・ネットワークが構築された。

これらのネットワークは，情報を共有し提供することにより，エンジェルのマーケットの非効率性を改善しようとした。基本的には，情報を流し，潜在的なエンジェルとアントレプレナーとの接触を促進した。

さらにHarrisonらは，ネットワークの成功に必要な要素としてハイテク・ベンチャー企業やベンチャーキャピタルのクラスター地域，その周辺で，なければならないとした。ネットワークは，インベスターやアントレプレナー，エンジェルの強い財政基盤や十分な時間を持つ必要がある。エンジェルやアントレプレナーはネットワークの構築そして成功に欠かせない。

Harrisonらは，エンジェルネットワークは，将来性のあるベンチャー企業と見識の高いインベスターを引きつけるために，十分な期間，効率的に機能する必要があるとする。

ネットワークに対する信頼を得るためには，極秘情報の開示が求められると述べた。最も成功を収めたエンジェルがいる地域は，いくつかの重要な要素を重ね持っている。ベンチャー企業クラスター地域と言える。これらのクラスター地域は，ネットワークが構築されていない地域よりも，ハイテク（High Tech：High Technologyの略：高度先端技術）ベンチャー企業の数が多い。

ハイテクベンチャー企業は，成功したエンジェル・ネットワークにとって不可欠な見識のあるエンジェルと，将来性あるアントレプレナーという2つの重要なグループを生み出すクラスター地域を構成するメリットを持っている。

ハイテクベンチャー企業がクラスター地域を構成することにより，将来性あるアントレプレナーが案件を実施しようと，資金を求めて多数輩出されることになる。ここで，ネットワークの組織，従業員数などを図表10-20で検証する。

第10章　ベンチャーファンドの一形態

図表10-20　エンジェル・ネットワークにおける平均従業員数,
　　　　　　参加料,参加者数（1989, 1993年）

	従業員数（人）		参加料（ドル）			（人）	
	常勤	パート	エンジェル	起業家	法人	エンジェル	起業家
ブラウンとストウ研究1990a	0.3	1.2	125	100	—	42	73
成功したエンジェル・ネットワーク1993b	3	3	238	3	25	128	23
他のネットワーク1993b	0	1	200	100	—	45	3

出所：Harrison・Mason [1997] p.121。
注：Harrisonらの参考データ a 1990年のブラウン・ストウの研究の平均データ, b 1983年8-9月電話調査の平均データ。

　イギリスにおけるネットワークの代表は，図表10-16で取り上げたLINC (The Local Investment Networking Company) であり，多数のエンジェルが，登録されている。1987年に設立され，イギリス各地のベンチャー企業支援および投資仲介機関を結びつけた。組織形態はネットワークを形成する地域投資仲介ネットワーク公司である。LINCのエンジェルにベンチャー企業を紹介すために以下の3つのサービスを提供している。

① 月刊 Investment Bulletin の発行

　　投資を求める企業を，短い文章でまとめ，LINCに登録したインベスターに送る。

② 投資データベース

　　インベスターの投資基準に合う企業を，コンピュータでマッチングさせ，合うデータをインベスターへ送る。

③ インベスター集会

　　エンジェルを集めて，アントレプレナーがプレゼンテーションを行う。インフォーマルな，話し合いの場を作る。

　LINCは，連邦制に似た組織構成をし，LINCの傘下ベンチャー企業支援機

関によって運営されている[15]。エンジェルがLINCを知った情報源は，マスメディア，広告等いくつかある。図表10-21を参照されたい。

図表10-21 LINCを知った情報源

情報源	投資家	ベンチャー企業
マスメディア	30.8	2.6
アントレプレナー支援機関および商工会議所	15.3	19.2
友人，仕事上	13.5	19.2
広告	7.7	7.7
ダイレクトメール	7.7	—
専門家の紹介（銀行，会計士）	13.5	29.5
自身による調査	3.8	11.5
その他	7.6	10.3

出所：Harrison・Mason [1997] p.137筆者が作成。

図表10-21により，エンジェルとベンチャー企業は様々な方法によりネットワーク（LINC）を知っていることがわかる。インベスターは，マスメディアによって最大の情報を得ている。なかでも記者や編集者の記事によるところが大きい。次に友人や仕事上の付き合い，加盟機関を通しての口コミが重要な情報チャネル（Channel：道筋）となっている。

ベンチャー企業は，専門家集団からの情報でネットワークを知り参加している。そして，アントレプレナー支援機関，友人，仕事関係から情報を得ている。エンジェルとベンチャー企業の情報チャネルの違いが見て取れる[16]。しかし，すべてのネットワークのマッチングがうまくいっているとは限らない。交渉の結果，投資を受けられなかった理由として，Harrisonらは次の4つをあげた。

- インベスターのマーケティング・商品・技術不足
- インベスターが真剣に投資判断をしてない
- 紹介を受けた人物が仲介業者であった

第10章　ベンチャーファンドの一形態

- インベスターがリスクとリターンの関係で断念した

ここでのインベスターはエンジェルである。

さらに、上記はアントレプレナー側からの見解であるが、インベスター側からのうまくいかなっかった理由も4つあげられる。

- アントレプレナーに対する信頼性の不足
- 経営陣の手腕と知識が不足
- コンセプトの絞り込み不足
- ビジネスの成長性に限界がみられること

ベンチャー企業の方からは、紹介者数が少ないという苦情が発生した。アントレプレナーからは、たとえ資金調達ができなかったとしてもインベスターとの交渉は有益であったとされた[17]。エンジェル・ネットワークの日本とアメリカ、イギリスの現状が本章において検証できたと考えられる。次項においては、エンジェルにとって将来にわたって密接に関連するエンジェル税制を取り上げる。

(2) エンジェル税制

山本[1999]は、エンジェルの税金問題において、日本は課税累進性が高いと言われている。そのこと自体は必ずしも悪いことではないが、正当労働所得者の高額納税者の高課税は勤労意欲をそぐことにつながるとする。

不労所得資産家の高額納税の一部がベンチャー企業の研究開発費にまわるように減税優遇措置をとるべきである。たとえば、ベンチャー企業投資はすべて課税所得から控除すると良いと考えられる。

アメリカやイギリスでは、すでにエンジェルのキャピタルゲインは、再度ベンチャー企業に投資することによって税金優遇措置がとられている。するとエンジェルは収益があがる限りベンチャー企業に投資を繰り返すことになる。よって景気回復の原動力になれる。

石黒[2000]によると、スタートアップ期のベンチャー企業へのエンジェルからの投資をスムーズにするために1997年6月に創設されたのがエンジェル税

制である。これによりベンチャー企業の直接金融による資金調達がしやすくなった。

　ベンチャー企業に投資したエンジェルが，その投資により欠損が生じた場合，欠損を3年間繰り越し，他の譲渡益から控除できる制度とした。その後，2000年4月の税制改正により，損失が発生した場合も利益が発生した場合も税制優遇措置が受けられるようになった。これを，新エンジェル税制と言う。エンジェル税制が1997年に導入され，2002年までにこの制度を利用した投資は226件，投資額4億円，投資を受けたベンチャー企業は15社である。制度は個人が投資し，損失を被った場合，その損失を他の株式譲渡益と相殺できる。2000年4月には，利益が出た場合に株式譲渡益の4分の3を非課税とした[18]。

　経済産業省は2002年7月にエンジェルがIPOのベンチャー企業に投資した時点で，投資額の一定割合を税額控除するエンジェル税制改正案を明らかにした。これまでのエンジェル税制があまり活用されていないので，改正することになった。改正案では，投資した時点で10％前後の税を控除する[19]。

　山本[1999]は，政府の税制改革においてストックオプション（Stock Option：幹部社員等の報奨制，または自社株行使価格購入権利）の促進税制改正，ベンチャー企業設備投資減税，欠損金の繰り越し延長などもエンジェル税制とともに税制改革を行っている。

　イギリスにおいては，投資額の20％を税額控除している。投資すれば直ちに恩恵が及ぶ措置を採用している。このため2000年9月から1年間で4万5千人が利用し，投資額も1,250億円に上がった。イギリスと違って，日本は高度成長期を支えてきた企業の研究開発費に対する優遇税制も行き詰まっている[20]。

　石黒[2000]は，行政の立場からエンジェル税制の要件のなかでエンジェル税制の適用を受けるための株式発行に関する5つ要件とエンジェルに関する3つの要件を示した。

発行会社の要件
- スタートアップ期（起業以後10年未満）の中小企業であること
- 研究開発，市場開拓に多くの費用を支出していること

第10章　ベンチャーファンドの一形態

- 外部資本が3分の1以上取り入れていること
- 大規模会社の子会社でないこと
- 未登録，未上場の株式会社であること

エンジェルの要件

- 発行会社と投資契約を締結していること
- 金銭払い込みにて発行株を取得していること
- 発行会社が同族の場合，その同族に属してないこと

　エンジェル税制の適用を受けるには，各経済産業局（旧通商産業局）（沖縄の場合は沖縄経済産業部）の確認を必要とする。

　本章でのエンジェル税制については，日本のエンジェル税制を中心に述べた。これまで，さまざまな角度からエンジェルを検証した。最後に，エンジェルファンドの課題と展望を，エンジェルの現状に照らし合わせて論じたい。

(3)　エンジェルの課題と展望

　日本のエンジェルは，アメリカのエンジェルと同様にほとんど表面に出ない。積極的に出ているのは，ＣＳＫ，パソナ，トーヨーサッシ，堀場製作所，京セラ，ソフトバンク等のベンチャー企業成功経営者達である。

　日本のエンジェルは，小規模経営者やベンチャー企業経営者でキャシュフロー（Cashflow：見かけの利益でなく現金利益）の多い人が，知人，友人関係により投資する。投資額は100〜300万が多く，投資に失敗しても打撃を受けない範囲とするインベスターが多い。年令は30代〜50代が多く，特に50代はエンジェルとして活動する人が多い。また30代〜40代前半は，エンジェルとして投資とともに取締役等の役員になることを望んでいる。

　日本のエンジェルはアメリカのように2〜3年の短期間で利益を求めていない。株式市場制度の違いもあり，日本では長期投資する場合が多い。リビングデッドと言われる投資でも日本のエンジェルは受け入れている。金井らはリビングデッドなどの長期投資状態を回避するためにＩＰＯとＭ＆Ａ（Merger＆Acquisition：吸収合併と取得）が投資回収の2つの両輪であると述べた。

第2部　エンジェルファンドとベンチャーキャピタル

　Ｍ＆Ａの回収手段を持たない場合，ＩＰＯ市場が停滞した時のベンチャーキャピタル投資への影響が直接的なものになる。ここではＭ＆ＡにＭＢＯ（Management Buy Out：経営陣による自社買収）を含ませたいと考える。アメリカにおいてはベンチャーキヤピタルが投資を回収する代表的方法としてＩＰＯとＭ＆Ａの２つの手段が有効に機能している。1991年以降はＩＰＯが伸びている。

　このことでも，日本の証券市場の改革が急務であると，考えられる。証券市場の規制緩和が最重要課題と言える。

　日本のエンジェルが投資を決定するのは，ベンチャー企業の内容や製品よりも，なによりもアントレプレナー自身に魅力を感じた時である。アメリカでも同様に考えられている。

　日本のアントレプレナーはどこにエンジェルがいるのかわかっていない。アメリカのようにルート128，シリコンバレー，シリコン牧場とエンジェルが多く集まる場所が，特定されるとアントレプレナーも行動しやすくなる。

　日本のベンチャー企業，エンジェルファンド・クラスター地域としては札幌バレー，渋谷ビットバレー，浜松，京都があげられるが集積規模が小さい。民間主導の自然発生的なベンチャー企業クラスター地域が誕生することを期待したい。浜松，京都が大規模集積場所として発展することが，今後の課題と言える。

　日本でのエンジェルとアントレプレナーとのマッチングは，ネットワーク未整備状態のため，現在ではベンチャー企業ショーやベンチャー企業発表会，ベンチャー企業フェア等でのブースでの話し合いからスタートしている。今後，未整備のネットワークをどのように構築するかが課題となる。イギリスのように，公社的な公的ネットワークも初期段階では必要と考えられる。

　今後の展望としては，株式市場，特に新興市場マザーズ（Mothers：Markat of The High-Growth），ニッポンニューマーケットヘラクレス（旧ナスダック・ジャパン），グリーンシート，アンビシャス（札幌），セントレックス（名古屋），Ｑボード（福岡）等に多くのインベスターが集まり投資して，ベンチャー企業投資はハイリターンであることが広まればアントレプレナーやエンジェルも増

第10章　ベンチャーファンドの一形態

加すると考えられる。

　株式会社設立制度においても，今後，資本金1円会社が，5年後に資本金1,000万に増額しなければならない制度が，2004年から撤廃されることになった。

　1990年代のアメリカで，ベンチャー企業が多く起業できたのは，このような制度にあった。日本でのベンチャー企業が今後エンジェル，エンジェルファンド，ベンチャーキャピタル，ベンチャーキャピタルファンドのサポートによって，さらに発展して行くと考えられる。

　先行するアメリカのベンチャー企業群に遅れること10年の日本は，様々なアメリカの制度を吸収し2015年には拮抗してもらいたいと考える。

　ベンチャー企業を支えるエンジェル，エンジェルファンド，ベンチャーキャピタル，ベンチャーキャピタルファンドの中で，シード期，スタートアップ期のベンチャー企業にとって特に重要な位置にあるエンジェルファンドは，早くネットワークを構築する必要がある。

　私達のまわりにもエンジェルは多数存在する。彼らをどのように見つけ，投資してもらうかは，アントレプレナーの能力にもよる。果敢に挑戦するアントレプレナーにより，多くの起業が発生しベンチャー企業が誕生することによって，多くの雇用をつくり経済の活性化につながる。

　普通どこにいるのかわからないエンジェルに出会うには，アントレプレナーは行動力を発揮する能力と忍耐が必要だ。

　エンジェルも，すぐれたアントレプレナーを探している。ベンチャー企業フェア，ベンチャー企業フォーラム，ベンチャー企業発表会，各種インキュベーション施設等へ出向きアントレプレナーを求める。

　エンジェル活動においてハイリスクハイリターンを求める国民性は，日本よりアメリカ，イギリス，カナダの方がはるかに強い。何にでも挑戦する国民性は，イギリスの例では産業革命以来新しい産業を数々構築してきていることでもわかる。古代より各地に進出し，世界中を支配下に置いた時代もあり，その時の船団の経費捻出方法が株式会社の基礎をつくったと言われている。まさに

第2部　エンジェルファンドとベンチャーキャピタル

ベンチャー企業である。

　アメリカ，カナダにおいても，ヨーロッパからの入植により国家が成立した。西へ西へと開拓するにも多大な費用が必要となり，インベスターの投資により鉄道や橋などの公共施設もつくられた。このように各国での，国家経済の源にインベスター，エンジェルファンド，ベンチャーキャピタルファンドが位置していた。近年においては，世界中でエンジェル活動を助けるため税制整備が急がれている。

　今回の検証はエンジェルファンド中心であり，ベンチャー企業，ベンチャーキャピタル，ベンチャーキャピタルファンドの内容が薄いものとなった。エンジェルファンドにおいても実例等が不足している。今後の課題である。

　今後の目標としてベンチャー企業の発生から現在の状況を，さらに検証し日本，アメリカのベンチャーキャピタル，ベンチャーキャピタルファンドさらにエンジェルファンドを掘り下げて行きたいと考える。

　ベンチャー企業は各国共情報産業，サービス産業が中心となっている。様々なベンチャー企業，ベンチャーキャピタルをケーススタディとして取り上げ体系化したいと考える。

6　まとめ

・本論における成果と今後の課題

　ベンチャーファンドの一形態であるエンジェルファンドの検証を行った。エンジェルが何のために存在し，どこにいるのかさえわからない状況で検証がスタートした。エンジェルがインベスト対象とするベンチャー企業の検証が先だった。

　本論においてのキーワードであるアントレプレナー，ベンチャーキャピタル，ベンチャーキャピタルファンド，ＩＰＯ，シリコンバレーがベンチャー企業という果敢に挑戦する新しい企業によって噛み砕かれ，吸収されて動いているように感じられる。検証の中心点を以下へ提示する。

第10章　ベンチャーファンドの一形態

① インフォメーション・テクノロジーの領域においてベンチャー企業，ベンチャーキャピタル，ベンチャーキャピタルファンド，エンジェル，エンジェルファンドの果たしている役割は計り知れない，また資源の少ない国においてもベンチャー企業というイノベーションを伴う組織による経済産業の成長に対する影響は大きい。

② ベンチャー企業が急成長し出口経営戦略となるＩＰＯ・Ｍ＆Ａに達するためのエネルギーは既存の中小企業の数十倍も発せられると考えられる。アントレプレナーがシード期にベンチャーファンドの一形態であるエンジェルファンドから投資を受け，スタートアップ期へステップアップすることは本研究において検証されたと考える。

③ 第8章においてベンチャー企業をとりあげ，第9章においてベンチャーキャピタル，第10章において本題であるエンジェルファンドを検証した。このようにベンチャー企業，ベンチャーキャピタル，ベンチャーキャピタルファンドを検証した上でなければエンジェルファンドを正確に検証できないと考え三部だてとした。果敢に挑戦するベンチャー企業はシード期，スタートアップ期，アーリーステージ期において多額の資金を必要とする。

挑戦している企業はまた非常に危険な投資先とも言えベンチャーキャピタル，政府系金融機関，銀行，証券会社，保険会社とも出資をしない。そこでエンジェルの登場となる。しかしエンジェルファンドも危険な出資には変わりない，ではなぜ出資するかは本章においても取り上げているが「ハイリターン」と「メンター」の喜びが根底にあると検証した。

アメリカが1980年代の急成長を遂げたのは活発なエンジェル，エンジェルファンド，ベンチャーキャピタル，ベンチャーキャピタルファンドの投資行動があったためと今回の検証において理解できた。日本では1997年エンジェル税制改正が1999年ナスダックジャパン（現ヘラクレス）開設など近年基盤整備が進んでいる。ベンチャー企業という言葉も定着してきていると感じられる。日本において更なるアントレプレナー，ベンチャー企業への支援があれば日本経済も景気回復すると考えられる。

第2部　エンジェルファンドとベンチャーキャピタル

　本研究の成果として経済社会におけるベンチャー企業の占める割合が急速に増大している。さらに社会資本だけでは経済の底支えはきびしい状況であるため，エンジェル活動がローリスクで行えることによりプライベートインベスターの掘り起こしが急務となる。そのためにはハイリターンとメンターのリスクの少ない活動支援（税制改正）が望まれる。

　本章においてはエンジェル，エンジェルファンド中心の検証となっており，ベンチャー企業においては事例不足になり，今後の課題と言える。さらにベンチャーキャピタル，ベンチャーキャピタルファンドについてもM＆A，MBO，におけるシナジーやIPO，エクイティファイナンス，リビングデッドの問題等に触れてなく今後検証が必要と考える。エンジェルファンドにおいてもネットワークの事例が不足しているので次回の検証により，よりいっそう深めたいと考える。

【注】
1）　Benjamin・Margulis[2000] p.116。
　　ベンチャーキャピタルのほうは，20％が会社起業の経験があり大学卒業が重要視される。エンジェルはアントレプレナーに焦点を当てるが，ベンチャーキャピタルは，企業理念や成長能力に焦点をあてる。
2）　秦・上條 [1996]，177頁。
　　個々の会社が直接投資をすることは少ない。多忙なメンターが真のアドバイスを果たせるか疑問である。
3）　同掲書，178頁。
　　起業家エンジェルは，安易にエンジェルファンド活動をすべきでない。自社のIPO後の，経営基盤の確立後の活動が望ましい。
4）　前掲書，Ⅴ頁，70－71頁。
　　ICR（International Capital Resources）では，投資機会プロフィール（IOP：Investment Opportunity Profile）が，書類準備に時間と資金をさく前の大事なツールである。このIOPをエンジェルファンドへ先に提出するとアントレプレナーは自信をもって次の書類作成ができる。
　　ジェラルド・ベンジャミンは，資金運用会社であるICRの経営幹部である。本社はカリフォルニア，サンフランシスコにある。
　　アメリカ最大のエンジェルファンド・ネットワークを設立した。
　　「カリフォルニア北部ベンチャーフォーラム」，および「エンジェルキャピタルサミット」の事務局長を務めている。また，「エンジェル・レーク・キャピタル・パー

トナーズ」の起業時の一員でもある。
　ジョエル・マーグリスはフリーランスの記者で，マネージメントおよびコンピュータを含む幅広い分野で書籍および記事を出版している。
5)　田村・平田 [1995], 134−135頁。
　エンジェルファンドは，自らの経験を生かして投資するため，ハイリターンを得れる。
6)　Harrison・Mason [1996] p.115。
　エンジェルファンドの投資マーケットは，非効率であると示唆する論文が多い。
7)　Timmons [1977] によるとマーク・トウェインは，「私は，チャンスを失ったとき初めてそれがチャンスであったことに気がつくことが多かった。今こそよりよいビジネスをもって未来へ邁進しようではないか」と述べた。また日本の大学教授が言った「アメリカ留学中にスタートしたばかりのDELL製のパソコンを買ったが数年後マイクロソフト社のウインドウズが発売され高額のパソコンが使い物にならなくなった。なぜあの時パソコン代金でDELLの株を買わなかったのか」。
8)　日本経済新聞1999.5.25夕刊「エンジェルファンド奮闘」記事。
　　エコ社会投資組合
　　東京目黒の事務所に毎週木曜日10数名のアントレプレナーが集まる。資金量は1億円である。
　　ウエル
　　浅井代表は通産省，公的ベンチャーキャピタルの勤務経験を持つ。資金さらにはメンターを重要視してエンジェルファンドを設立した。
9)　日経ネットライナー 1999年11月号。「金も出すが口も出すネットベンチャーを育成するベンチャーキャピタルとエンジェル」記事。
　堀場雅夫は，「日本人は自分の熱い気持ちや思いを表現するのが苦手である。出資者を感激させ，共感させるプレゼンテーションの腕を磨くことが重要」と述べた。さらに「魅力あるアントレプレナーが少ない」と嘆いた。
10)　前掲書，177頁。
　トステム，CSK共に，メンターとしての要素であるその業界への，投資をしている。
11)　日本経済新聞2002.7.29記事。
　出資者はIPOした企業，経営者が中心である。経営者の視点での事業戦略などのメンター活動が特徴である。
12)　Bygrave・Timmons [1994] p.113。
　エンジェルによって，アメリカはよみがえった。
13)　小門 [1996], 191頁。
14)　日経ベンチャー 2002.3月号「日本最大のエンジェルネットワーク」，12頁記事。
　各団体でエンジェルを組織しアントレプレナーとの交流会を定期的に開催している。
15)　前掲書，129頁。

第2部　エンジェルファンドとベンチャーキャピタル

　　　　LINCにふさわしくない企業は排除している。
16)　前掲書，136頁。
17)　前掲書，139－140頁。
18)　日本経済新聞2002.5.29朝刊記事。
19)　読売新聞2002.7.29「日本のエンジェル税制」記事。
20)　読売新聞2002.5.29「エンジェル（天使）が日本では飛び立てない」記事。

参 考 文 献

第1部

1. 朝日監査法人［1995］『ベンチャー企業の資金調達』総合法令研究会。
2. 石黒憲彦［2000］『ベンチャー支援政策ガイド』日経ＢＰ社。
3. 伊東維年・田中利彦・鈴木茂・勝部伸夫・荒井勝彦［2002］『ベンチャー支援制度の研究』文眞堂。
4. 小野正人［1997］『ベンチャー企業と投資の実際知識』東洋経済新報社。
5. 金井一頼・角田隆太郎［2002］『ベンチャー企業経営論』有斐閣。
6. 関東学院大学経済学会［2005］『研究論集経済系』第225集。
7. 清成忠男・中村秀一郎・平尾光司［1971］『ベンチャービジネス』日本経済新聞社。
8. 清成忠男［1993］『中小企業ルネッサンス』有斐閣。
9. 忽那憲治［1997］『中小企業金融とベンチャー・ファイナンス』東洋経済新報社。
10. 近藤正幸［2002］『大学発ベンチャーの育成戦略』中央経済社。
11. 坂本英樹［2001］『日本におけるベンチャー・ビジネスのマネジメント』白桃書房。
12. 城下賢吾ほか［2004］『コーポレート・ガバナンスと資本市場』税務経理協会。
13. ＪＡＦＣＯ［2005］「Value Creation through Private Equity」ジャフコ。
14. ＪＡＦＣＯ［2005］「第33期営業のご報告」ジャフコ。
15. ＪＡＦＣＯ［2005］「ジャフコ投資先上場会社一覧表」ジャフコ。
16. 田中康介［1997］「起業に関する理論的枠組みの考察」『産能大学紀要』第18巻, 第1号。
17. 同志社大学経済学会［2006］『経営学論集』第58巻, 第1号。
18. 中小企業庁［1997］『中小企業白書』大蔵省印刷局。

19. 中小企業庁［1998］『中小企業白書』大蔵省印刷局。
20. 中小企業庁［1999］『中小企業白書』大蔵省印刷局。
21. 中小企業庁［2000］『中小企業白書』大蔵省印刷局。
22. 中井　透［2005］『入門アントレプレナー・ファイナンス』中央経済社。
23. 日本経済新聞社編［2000］『日経大予測』日本経済新聞社。
24. 日本経営学会編［2001］「経営学の新世紀：経営学の100年の回顧と展望」『経営学論集71』千倉書房。
25. 浜田康行［1996］『日本のベンチャーキャピタル』日本経済新聞社。
26. 星野　敏［2001］『ビジネス・インキュベーション』同友館。
27. 松田修一・大江　建［1996］『起業家の輩出』日本経済新聞社。
28. 松田修一［1997］『起業論』日本経済新聞社。
29. 松田修一［1998］『ベンチャー企業』日本経済新聞社。
30. 前田正史［2001］『ベンチャー起業論講義』丸善。
31. 前田　昇・安部忠彦［2005］『ベンチャーと技術経営』丸善。
32. マズロー［2001］『完全な経営』日本経済新聞社。
33. 三菱総合研究所［2003］『所報NO.42技術経営と産業再生』三菱総合研究所。
34. 三井逸友［2001］『現代中小企業の創業と革新』同友館。
35. 百瀬恵夫［1985］『日本のベンチャービジネス』白桃書房。
36. 百瀬恵夫・森下正［1997］『ベンチャー型企業の経営者像』中央経済社。
37. 柳　孝一［1997］『起業力をつける』日本経済新聞社。
38. 山本尚利［1999］『スーパーベンチャー戦略』同友館。
39. 早稲田大学アントレプレナー研究会編『ベンチャー企業の経営と支援』日本経済新聞社。
40. 株式公開企業のＩＰＯまでの年数とリターンの関係，そしてベンチャーキャピタルとの関係
　　「http://wwwl.tcue.ac.jp/homel/arai/contents/excel/excel.03.html/.」
41. Jason Draho［2004］『The IPO Decision』pp. 215−217
42. Oliver Pfirrmann・Joshua Lerner・Udo Wupperfeld『Venture Capital

and New Technology Based Firms』,日本語訳代表者：忽那憲治[2000]『ベンチャーキャピタルとベンチャービジネス』日本評論社

43. Paul A. Gompers and Josh Lerner『The Venture Capital Cycle』,日本語訳代表者：吉田和男[2002]『ベンチャーキャピタルサイクル』シュプリンガー・フェアラーク東京。
44. William D. Bygrave & Jeffrey. A. Timmons『VENTURE CAPITAL AT THE CROSSROADS』,日本語訳代表者：日本合同ファイナンス[1994]『ベンチャーキャピタルの実際と戦略』東洋経済新聞社。

第2部

1．朝日監査法人[1995]『ベンチャー企業の資金調達』経済法令研究会。
2．井上善海[2001]「ベンチャー企業の成長条件を探る」『日本中小企業学会論集第20集』日本中小企業学会。
3．井上善海[2001]「ベンチャー企業の経営行動の特性について」『経営行動研究会年報第10集』経営行動研究会。
4．井上善海[2001]「わが国ベンチャー企業の経営行動に関する調査研究」『九州情報大学論集第3巻2号』九州情報大学。
5．井上善海[2002]『ベンチャー企業の成長と戦略』中央経済社。
6．石黒憲彦[2000]『ベンチャー支援政策ガイド』日経BP社。
7．エム・ブイ・シー，三井物産業務部[1997]『ベンチャー投資の実務』日本経済新聞社。
8．小野正人[1997]『ベンチャー起業と投資の実際知識』東洋経済新報社。
9．太田肇[2001]『ベンチャー企業の「仕事」』中央公論社。
10．金井一頼・角田隆太郎[2002]『ベンチャー企業経営論』有斐閣。
11．忽那憲治[1997]『中小企業金融とベンチャーファイナンス』東洋経済新報社。
12．小門裕幸[1996]『エンジェルネットワーク』中央公論社。
13．後藤光男・牧野正司[1988]『株式公開会社倍増時代』産業能率大学出版部。

14. 清成忠男・中村秀一郎・平尾光司［1971］『ベンチャービジネス』日本経済新聞社。
15. 清成忠男［1984］『経済活力の源泉・日米欧ベンチャー比較』東洋経済新報社。
16. 清成忠男［1993］『中小企業ルネッサンス』有斐閣。
17. 清成忠男［1993］『スモールサイジングの時代』日本経済評論社。
18. 清成忠男［1996］『ベンチャー企業・中小企業優位の時代』東洋経済新報社。
19. 生産研究所［1997］「わが国ベンチャー企業の経営課題」(財)社会経済生産性本部。
20. 総合研究開発機構［1996「ベンチャー企業支援のあり方に関する研究］『NIRA研究報告』総合研究開発機構。
21. 田村義則・平田公一［1995］『店頭特則市場とベンチャー企業』経済法令研究会。
22. 中小企業庁［1983］『中小企業白書』大蔵省印刷局。
23. 中小企業庁［1987］『中小企業白書』大蔵省印刷局。
24. 中小企業庁［2000］『中小企業白書』大蔵省印刷局。
25. トーマツ・ベンチャー・サポート(株)［2001］『ベンチャー企業等の直接金融の活用に関する調査研究』財団法人産業研究所。
26. 豊田博［1996］『アメリカ発ベンチャー特電』東洋経済新報社。
27. 中村秀一郎・石井威望［1983］『ベンチャーマネジメント』日本経済新聞社。
28. 中村秀一郎［1990］『新中堅企業論』東洋経済新報社。
29. 日本経済新聞社［2001］『日本の経済人Ⅱ』日本経済新聞社。
30. 日本経済新聞社［2001］『日経経済用語辞典』日本経済新聞社。
31. 野田由紀子［1994］『米国ベンチャービジネス最前線』ＰＨＰ研究所。
32. 林昇一・浅田孝幸［2001］『グループ経営戦略』東京経済情報出版。
33. 浜田康行［1996］『日本のベンチャーキャピタル』日本経済新聞社。
34. 秦康行・上條正夫［1996］『ベンチャーファイナンスの多様化』日本経済新聞社。

35. 堀内俊洋［1997］『ベンチャー企業経済論』文眞堂。
36. 星野敏［2001］『ビジネス・インキュベーション』同友館。
37. 松田修一［1994］『ベンチャー企業の経営と支援』日本経済新聞社。
38. 松田修一・大江健［1996］『起業家の輩出』日本経済新聞社。
39. 松田修一［1997］『起業論』日本経済新聞社。
40. 松田修一［1998］『ベンチャー企業』日本経済新聞社。
41. 前田正史［2001］『ベンチャー起業論講義』丸善。
42. 毎日新聞経済部［1983］『これがベンチャーだ』毎日新聞社。
43. 百瀬恵夫［1985］『日本のベンチャービジネス』白桃書房。
44. 百瀬恵夫・森下正［1997］『ベンチャー型企業の経営者像』中央経済社。
45. 百瀬恵夫・D.H.Whittaker・森下正［1999］『中小企業これからの成長戦略』東洋経済新報社。
46. 森谷正規・藤川彰一［1997］『ベンチャー企業論』放送大学教育振興会。
47. 山川晃治［1995］『ベンチャー企業経営の時代』産能大学出版部。
48. 山本尚利［1999］『スーパーベンチャー戦略』同友館。
49. 柳孝一［1997］『起業力をつける』日本経済新聞社。
50. Gerald A. Benjamin・Joel B. Margulis[2000] *Angel Financing* How to Find and Invest in Private Equity John Wiley & Sons, Inc.（桑原祐他訳［2001］『エンジェルファイナンス』オーム社）。
51. Richard T. Harrison・Colin M. Mason［1996］*Informal Venure Capital* Evaluating the impact of business introduction services Woodhead-Faulker (Publishers) Limited（西沢昭夫監訳［1997］『ビジネスエンジェルの時代』東洋経済新報社）。
52. William D. Bygrave・Jeffry A. Timmons[1994] *NEW VENTURE CREATION Entrepreneurship* The 21st Century Richard D. Irwin, Inc（日本合同ファイナンス訳［1994］『ベンチャーキャピタルの実際と戦略』東洋経済新報社）。
53. Annareetta Lumme・Colin Mason・Markku Suomi[1998] *Informal Venture Capital* Investors, Investments and Policy Issues in Finland Kluwer Aca-

demic Publishers.

54. Dirk Hansn[1982] *THE NEW ALCHEMISTS Silicon Valley and the Microelectronics Revolution* c/o Frederrick Hill Associates, San Francisco（北野邦彦訳［1983］『シリコンバレーの錬金術師たち』講談社）。

55. Gary Hamel・C.K.Prahalad[1994] *COMPETING FOR THE FUTURE* Harvaed Business School Press in Boston（一條和生訳［1995］『コア・コンピタンス経営』日本経済新聞社）。

56. William H.Gates Ⅲ [1995] *THE ROAD AHEAD by Willam H. Gates Ⅲ* Published in the United States by Viking Penguin, a division of Penguin Books USA Inc.（西和訳［1995］『ビル・ゲイツ未来を語る』アスキー出版局）。

57. William H.Gates Ⅲ [1999] *BUSINESS @THE SPEED THOUGHT* The edition published by arrangement with Warner Books, Inc., New York（大原進訳［1999］『ビル・ゲイツ@思考スピードの経営』日本経済新聞社）。

58. Peter F.Drecker[1969] *THE AGE OF DISCONTINUITY* Published by Harper&Row:Publishers Inc., New York（林雄二郎訳［1969］『断絶の時代，来るべき知識社会の構想』ダイヤモンド社）。

59. Peter F.Drecker[1977] *Management Case Book* Published by Harper&Row.Publishers Inc., New York（久野桂・佐々木実智男・上田惇夫訳［1978］『状況への挑戦，実践マネジメント・ケース50』ダイヤモンド社）。

60. Peter F.Drecker [1989] *THE NEW REALITIES In Government and Politics/In Economics and Business/In Society and World View* Published by Harper&Row, Inc., USA（上田惇夫・佐々木実智男訳［1989］『新しい現実，THE NEW REALITIES政府と政治，経済とビジネス，社会および世界観にいま何がおこっているか』ダイヤモンド社）。

61. Peter F.Drecker[1992] *MANAGING FOR THE FUTURE* Published by Truman Talley Books Dutton. New York, U.S.A（上田惇夫・佐々木実智男・田代正美［1992］『未来企業，生き残る組織の条件』ダイヤモンド社）。

62. http://www.jafco.co.jp/ipo/index.html

63. http://www.jafco.co.jp/ipoflash/index.html
64. http://www.jafco.co.jp/ipoflash/more1.html
65. http://www.jafco.co.jp/about/index.html
66. http://www.jafco.co.jp/business/main.html
67. http://www.jafco.co.jp/business/main-00-kumiai.html
68. http://www.jafco.co.jp/investor/upper.html

索　引

（A～Z）

ACOST ……………………………199
Advisory Council on Science and
　Technology ……………………199
American Research and
　Development …………………152
AMGEN …………………………145
Angel Fund………………………143
ARD…………………………41, 152
Benjamin・Margulis ……………163
Biotechnology……………………145
Bit Valley ………………………138
Boston College Management
　Seminar ………………………133
B to C ……………………………134
Capability ………………………133
CCC…………………………………18
Commitment ……………………185
Compliance ……………………143
Core Competence ………………136
CPU…………………………………17
CSK ………………………………194
CSKベンチャーキャピタル ………157
Digital Records Corporation …192
DND ………………………………194
Domain……………………………131
Early Stage ……………………158
EBO…………………………………81
Entrepreneur ……………………131
Entrepreneurship ………………132
Environment ……………………170
Equity Finance ……………162, 183
FAA ………………………………188
GE …………………………………153
Giannini …………………………193

Giant in the West ………………193
Growth……………………………158
HEWLETT＝PACKARD …………135
High Tech ………………………206
High Technology ………………206
ICR ………………………………190
Incubation ………………………131
Informal Risk Capital …………181
Information Technology ………138
Infra ………………………………183
Infrastructure …………………183
Initial Public Offering …………139
Innovation ………………………131
Innovator…………………………173
International Capital Resources …190, 216
Intrapreneur ……………………137
Invest Fund ……………………153
Investment Bulletin ……………207
Investment Opportunity Profile ………216
IPO…………………………………14
JAFCO …………………………152
Japan Association Finance Co. Ltd …152
Joseph-Strauss …………………193
Julian Dara ……………………193
KED ……………………………152
Knowledge Management ………140
LBO…………………………………57
LSI…………………………………17
Management ……………………146
Management Buy Out …………212
M＆A………………………………14
Marketing …………………134, 146
Master of Business Administration …163
Matching System ………………205
MBA ……………………………163
MBI…………………………………81

MBO	212
Memorandum	185
Mentor	139
Merger & Acquisition	211
Mission	131
Mothers	212
NASDAQ	17
NEC	162
NED	152
Network	194
New Paradigm	133
NVC	152
NVCC	177
Old Paradigm	133
Outsourcing	178
Portfolio	186
Portfolio Insurance	186
potential investor	180
Private Fund	184
Private Placement	185
Qボード	35
Region	204
Return On Invetment	186
Roberts	190
ROI	186
SBIC	152
Seed	158
Sierra Design	192
Silicon Valley	136
Small Business Investment Act of 1958	152
Small Business Investment Company	152
Start Up	158
Stock Option	157
Technology Licensing Organization	183
Timmons	153
TLO	18, 183
TVA	198
USコースト・ガード	188
Venture Business	131
Venture Capital	131
Venture Capitalist	162
Venture Cluster	137
Warrant Bond	183
Yahoo	139

(あ)

アーサー・ロック	197
アーリーステージ	44
アイフルホームテクノロジー	195
アウトソーシング	178
アップル	13, 135
亜土電子工業	195
アノマリー	8
アムジェン	145
アメリカ連邦航空局	188
アルコア	153
アントレプレナー	3
アントレプレナーシップ	3
アンビシャス	35

(い)

イノベーション	4
イノベーター	173
インキュベーション	13
インキュベーター	7
インテル	13, 135
イントラプレナー	63
インフラ	183
インフラストラクチャー	183
インベストファンド	138

(う)

ヴァンダービルト大	198
ウイリアム・ヒューレット	197
ウィンドウズ	126
ウエスティングハウス	170

索　引

ウェツェル ……………………180

（え）

エイチ・アイ・エス………… 8
エクイティファイナンス ………183
エジソン ………………………133
沿岸警備隊 ……………………188
エンジェル ……………………8,22
エンジェル税制…………………64
エンジェルファンド……………64,143

（お）

オークリッジ …………………198
オークリッジ国立研究所 ………198
オースチン ……………………13
オールドパラダイム …………133
オシロスコープ ………………197
オラクル ………………………159
オリックス・キャピタル ………158

（か）

カーネギー ……………………157
株式公開 ………………………156,158
勧業電機機器 …………………143
カンタム ………………………197

（き）

キャピタリスト ………………162
キャピタルゲイン………………20
京都エンタープライズ・デベロップ
　　メント ……………………152

（く）

グーグル ………………………13
クラスター地域 ………………119
グロース期 ……………………155

（け）

ケイパビリティ ………………133

（こ）

コアコンピタンス………………14
国立大学等独立法人化…………18
コミットメント…………………185
ゴンパース………………………62
コンパック………………………17
コンプライアンス………………123,143

（さ）

札幌バレー ……………………138
サンドヒル3000番地 ……………138
サンマイクロシステムズ ………135
サンマイクロソフト……………13

（し）

シアーズローバック ……………157
シーズ …………………………194
シード期 ………………………155
ジェネンテックス………………17
シエラ・デザイン社 ……………192
シスコシステムズ ……………135
渋谷ビットバレー………………138
私募………………………………185
ジヤニーニ………………………193
ジャフコ ………………………76,163
ジュリアン・ダラ ……………193
シュンペーター…………………4
ジョセフ・シュトラウス………193
ショックレー半導体研究所……170
シリコングラフィックス………197
シリコンバレー…………………13
シリコン牧場……………………177
新技術開発型……………………114
新ビジネスモデル型……………135

（す）

スタートアップ期………………118
スタンフォード大………………13

229

ステークホルダー……………………13
ストックオプション…………………18, 157

（せ）

潜在的投資家………………………180
セントレックス………………………35

（そ）

総資本利益率………………………186
ソード…………………………………143
ソフトバンク…………………………139
ソフトバンク・インベストメント……157
孫正義…………………………………139

（た）

大日機工………………………………143
大日産業………………………………143
ダウケミカル…………………………153
ダック・エンジニアリング……………143

（ち）

知的財産基本法………………………18
中小企業創造活動促進法……………27
中小企業庁……………………………47
中小企業挑戦支援法…………………18
中小企業投資育成会社………47, 114

（て）

ティモンズ……………………………53
テキサス・インスツルメント…………170
出口経営戦略…………………………103
デジタル・ニューデール……………194
デジタルレコーズ・
　　コーポレーション社………………192
テネシー州技術財団…………………198
デビッド・パッカード…………………197
デューデリジェンス…………………156
デュポン………………………………175

デル……………………………13, 135

（と）

トステム………………………………194
ドラッカー……………………………4
トロン…………………………………126

（な）

ナノテクノロジー……………………122
ナレッジマネジメント………………140

（に）

ニーズ…………………………………194
日商インターライフ…………………195
日本エンタープライズ・
　　デベロップメント…………………152
日本テクノロジーベンチャー
　　パートナーズ………………………163
日本ベンチャーキャピタル…………152
ニューパラダイム……………………133
ニューハンプシャー大………………180
任天堂…………………………………17

（ね）

ネットスケープ………………………13
ネットワーク…………………………194

（の）

ノックスビル…………………………198

（は）

ハーバード・ビジネススクール……60
バイアウト……………………………77
バイアウトファンド…………………20
バイオテクノロジー…………………122
バイグレイブ……………………6, 8, 53
ハイテク………………………………206
ハイリスクハイリターン……………42

索引

（ひ）
ビジョン …………………………… 7
ヒューレットパッカード …………… 13
ビル・ゲイツ ………………………… 8

（ふ）
フェアチャイルド・セミコンダクター ……………… 170
フェデラルエキスプレス …………… 17
プライベートファンド ……………… 184
プライベートプレースメント ……… 185
フレデリック・ターマン …………… 197

（へ）
ヘラクレス …………………………… 35
ベル研究所 ………………………… 170
ベルシステム24 …………………… 195
ベンチャー企業 …………………… 103
ベンチャーキャピタル ……………… 8
ベンチャーキャピタルファンド …… 64
ベンチャークラスター …………… 137

（ほ）
ポアソン回帰分析 ………………… 91
ホイットニー ……………………… 157
ポートフォリオ …………………… 186
ポートフォリオインシュランス …… 186

（ま）
マーケティング ……………… 134, 146
マーチンマリエッタ ……………… 198
マイクロソフト ………… 13, 126, 135
マクダネル航空機 ………………… 157
マザーズ ……………………… 35, 212
マサチューセッツ工科大 …………… 13
マッチング ………………………… 159
マッチングシステム ……………… 205
マネジメント ……………………… 146

（み）
ミッション ……………………… 7, 131
ミロク経理 ………………………… 143

（め）
メモランダム ……………………… 185
メロン ……………………………… 157
メンター …………………………… 8

（も）
モービルオイル …………………… 153
モルガン …………………………… 175

（や）
ヤフー ……………………… 13, 139

（ゆ）
ユニオンカーバイト ……………… 153

（ら）
ラーナー …………………………… 62
楽天インベストメント …………… 158

（り）
リサーチパーク …………………… 145
リビングデッド ……………… 63, 156

（る）
ルート128 ………………………… 13

（れ）
レギオン …………………………… 204

（ろ）
ロータス …………………………… 17
ロックフェラー …………… 157, 175

(わ)

ワラント債 ……………………………183

＜著者略歴＞

宮脇　敏哉（みやわき　としや）

1955年	宮崎県出身
1978年	関東学院大学経済学部経済学科卒業
1979年	早稲田大学システム科学研究所経営科学講座マーケティング専攻修了

その後，流通会社勤務，アントレプレナーとしてＦＣ型ベンチャー企業２社を起業，代表取締役社長として24年間会社経営，経営コンサルタント組織体１を経営する

2003年	文部科学省（財）科学技術振興事業団環境経営格付機構格付委員
2004年	九州情報大学大学院博士前期課程経営情報学研究科経営情報学専攻修了
2005年	福岡国際大学国際コミュニケーション学部講師
同　年	独立行政法人中小企業基盤整備機構支援コーディネーター
同　年	九州国際大学経済学部講師
2006年	山口大学大学院東アジア研究科後期博士課程東アジア専攻単位取得
2007年	大阪経済法科大学経済学部准教授
2008年	新潟経営大学経営情報学部教授

専　門：経営学（経営戦略論，経営管理論，経営組織論，マーケティング論
　　　　　　　ベンチャー企業論，起業論，環境経営論）

著　書：（単著）「ベンチャー企業概論」創成社
　　　　　　　　「ベンチャー企業経営戦略」税務経理協会
　　　　　　　　「ベンチャー企業産学官連携と財務組織」学文社
　　　　　　　　「ベンチャー企業マーケティングと経営管理」同友館
　　　　　　　　「急成長現代企業の経営学」大阪経済法科大学出版部
　　　　　　　　「マーケティングと中小企業の経営戦略」産業能率大学出版部
　　　　　　　　「現代経営管理と経営戦略モデル」流通経済大学出版会
　　　　　　　　「中小企業・地場産業のリスクマネジメント」第一法規
　　　　（共著）「サスティナブルマネジメント」日本工業新聞社
　　　　　　　　「ＴＡＸ＆ＬＡＷ事業再生の実務－経営・法務・会計・税務－」第一法規
　　　　　　　　「経営診断学の基礎理論と未来展望」同友館
　　　　　　　　「経営教育事典」学文社
　　　　　　　　「ＴＡＸ＆ＬＡＷ事業再生の実務－経営・法務・会計・税務－追録集13集」
　　　　　　　　　　　　　　　　　　　　　　　　　　　　　　　　第一法規
　　　　　　　　「ＴＡＸ＆ＬＡＷ事業再生の実務－経営・法務・会計・税務－第２巻14集」
　　　　　　　　　　　　　　　　　　　　　　　　　　　　　　　　第一法規
　　　　　　　　「企業経営の基礎」東京経済情報出版
　　　　　　　　「日本と中国の現代企業経営」八千代出版

著者との契約により検印省略

平成22年3月30日　初版第1刷発行

ベンチャービジネス総論
－イノベーションによる成長経営戦略－

著　者	宮　脇　敏　哉
発行者	大　坪　嘉　春
印刷所	税経印刷株式会社
製本所	株式会社　三森製本所

発行所　東京都新宿区　　株式　税務経理協会
　　　　下落合2丁目5番13号　会社
郵便番号 161-0033　振替 00190-2-187408　電話(03)3953-3301(編集部)
　　　　　　　　　FAX(03)3565-3391　　　(03)3953-3325(営業部)
URL http://www.zeikei.co.jp/
乱丁・落丁の場合はお取替えいたします。

Ⓒ　宮脇敏哉　2010　　　　　　　　　　　Printed in Japan

本書を無断で複写複製（コピー）することは，著作権法上の例外を除き，禁じられています。本書をコピーされる場合は，事前に日本複写権センター（JRRC）の許諾を受けてください。
JRRC(http://www.jrrc.or.jp　eメール:info@jrrc.or.jp　電話:03-3401-2382)

ISBN978-4-419-05455-7　C3034